Gleich einer literarischen Kollage möchte der vorliegende Sammelband in Gedichten, Erzählungen und Romanausschnitten das Thema »Maler in der Literatur« als unterhaltsames Handbuch für Maler, Künstler und Kunstliebhaber vorstellen. In Fabeln, Kurzgeschichten, lyrischen Momentaufnahmen entstehen Bilder und Denkfiguren, die einen augenzwinkernden Blick auf die Kunst werfen.

Stilgeschichtliche Momente werden zuweilen bizarr und seltsam angedeutet.

Sonderbare Malweisen und grotesk anmutende Lebensläufe von Künstlern finden sich neben Auszügen aus Malerromanen. Die Anthologie endet mit dem Kapitel »Schwarze Palette«: Maler und Tod.

Manfred Schneckenburgers Nachwort beschreibt aus kunstsoziologischer Perspektive das literarische Motiv des Malers.

insel taschenbuch 1847
Mit Pinsel und Palette

Mit Pinsel und Palette

Geschichten und Gedichte
über Maler
Herausgegeben von Joachim Rönneper
Mit einem Nachwort
von Manfred Schneckenburger
Insel Verlag

Umschlagabbildung:
Pablo Picasso, Maler und Modell, 1963

insel taschenbuch 1847
Erste Auflage 1996
Originalausgabe

Textnachweise am Schluß des Bandes
Vertrieb durch den Suhrkamp Taschenbuch Verlag
Umschlag nach Entwürfen von Willy Fleckhaus
Satz: Firma Otto Gutfreund GmbH
Druck: Nomos Verlagsgesellschaft, Baden-Baden
Printed in Germany

1 2 3 4 5 6 – 01 00 99 98 97 96

Inhalt

»Die Welt um ihn ging auf und unter: Er malte Rosen«

In Gottes Namen malen

»Nein das haben Sie gemacht«

Leinwand voller Lust

Maler lassen Bilder sprechen

Schwarze Palette

Joachim Rönneper
Vorwort(e)

»Was ist Kunst? Wenn ich es wüßte, würde ich es für mich behalten. Ich suche nicht – ich finde.« *Pablo Picasso*

Die vorliegende Sammlung von Gedichten, Erzählungen und Romanausschnitten etc. widmet sich dem Thema *Maler in der Literatur* vom 16. Jahrhundert bis heute – mit Ausnahme der jüdisch überlieferten Erzählung *Zwei Künste* sowie der altchinesischen Fabel *Was schwer zu malen ist* (im Chinesischen gibt es die literarische Gattungsunterscheidung von Parabel und Fabel nicht). Das 19. und 20. Jahrhundert bilden den Schwerpunkt dieser Textauswahl.

Anekdoten der klassischen Antike über legendäre Maler kennzeichnen den historischen Hintergrund für das Motiv des Malers in der Literatur. So ist zum Beispiel durch Plinius folgende Begebenheit belegt: »Zeuxis malt Weintrauben, Sperlinge fliegen herbei und picken an den Trauben. Parrhasios bittet den Zeuxis, ihn in sein Atelier zu begleiten, dort werde es sich erweisen, daß auch er dergleichen vermöge. In der Werkstatt des Parrhasios bittet Zeuxis diesen, den Vorhang, der das Bild verdeckt, beiseite zu schieben. Der Vorhang ist gemalt.« (Ernst Kris/Otto Kurz *Die Legende vom Künstler*).

Aufgrund des umfangreichen und erlesenen Materials konnten jedoch viele Texte wie z. B. Auszüge aus den Malerromanen, eine besonders häufige Form des Künstlerromans, *Der grüne Heinrich* von Gottfried Keller, *Maler Nolten* von Eduard Mörike oder *Das Bildnis des Dorian Gray* von Oscar Wilde sowie Honoré de Balzacs Erzählung *Das unbekannte Meisterwerk* oder Gert Hofmanns Bild- und Malergeschichte *Der Blindensturz* nach dem Gemälde Pieter Breughels d. Ä. *Parabel von den Blinden* (1568) u.v.a.m. in dieser Veröffentlichung leider nicht aufgenommen werden. Ebenso war es nicht möglich, Künstlergeschichten etwa der italienischen Renaissance z. B. aus dem Novellenzyklus *Das Dekameron* von Giovanni di Boccaccio, und einen großen, im Grunde eigenständig zu behandelnden Teil von Balladen und Gedichten auf und über namhafte Maler zu berücksichtigen. In diesem Zusammenhang sei auf die Wortschöpfungen wie *Malsteller* (Robert Musil) oder *Dichterei und Malung* (Kurt Schwitters) hier stellvertretend für die bereits seit der Antike bestehende und immer wieder neu zu entdekkende Wechselbeziehung von Literatur und bildender Kunst hingewiesen.

Gleich einer literarischen Collage möchte dieser Sammelband, der kein wissenschaftlich spezielles Fach-, sondern ein unterhaltsames Handbuch für Maler, Künstler und Kunstliebhaber darstellt, verschiedene Kunstauffassungen und ihr jeweiliges Verständnis vergleichend präsentieren. Die Textzusammenstellung enthält bis auf wenige Ausnahmen weder kunstgeschichtliche Bildbeschreibungen im Sinne einer literarischen Ikonographie noch Auszüge aus Biographien historischer Künstler wie z. B. *Die Wahrheit, nicht der Traum/Das Leben des Malers Courbet* von Marie Luise Kaschnitz oder *Die Lebensbeschreibungen der berühmtesten Architekten, Bild-*

hauer und Maler von Giorgio Vasari, die mit anekdotischen Einzelheiten versehen die Grundlage der Kunstgeschichtsschreibung über das 13. bis 16. Jahrhundert bilden; vielmehr konzentriert sich dieser Band allgemein und in Auswahl auf das facettenreiche Motiv *Maler in der Literatur*.

In Fabeln, Kurzgeschichten, lyrischen Momentaufnahmen – literarischen Fiktionen – entstehen Bilder und Denkfiguren, die einen augenzwinkernden Blick auf die Kunst werfen. Stilgeschichtliche Momente werden zuweilen bizarr und seltsam angedeutet. Stichworte wie ›Idee‹ und ›Intuition‹, ›Erfolg‹ und ›Kunstkritik‹ sind u. a. wiederkehrende Merkmale und Attribute für den Maler und sein künstlerisches Schaffen.

Die Aufteilung der Texte in sieben Kapitel versucht das stoffgeschichtliche Thema nach inhaltlichen Schwerpunkten zu gliedern, wenngleich die Grenzen natürlich vielverzweigt ineinander übergehen. Werden im ersten Kapitel *Mal richtig – mal verkehrt* sonderbare Malweisen und grotesk anmutende Lebensläufe von Künstlern vorgestellt, enthält das Kapitel *»Nein das haben Sie gemacht«* Texte, die von einer politisch begründeten Notwendigkeit zu malen handeln. Der Titel dieses Kapitels zitiert eine Antwort Picassos im Jahre 1944 auf die Fragen eines Beamten der Geheimen Staatspolizei nach der Urheberschaft des Gemäldes *Guernica* (F. C. Weiskopf *Souvenir*). Größtenteils deuten die für diesen Band gewählten Kapitelüberschriften auf eine wortbildnerische Weise ihren jeweiligen Inhalt an. So endet diese Anthologie wie alles Leben mit dem Kapitel *Schwarze Palette*: Maler und Tod.

Bei der Lektüre dieser Textzusammenstellung fällt

auf, daß malende Frauen in der Literatur kaum einen Platz haben; eine bis dato literarhistorische Tatsache und Denkwürdigkeit, die beim Lesen zu dem Rollentausch statt *Maler – Malerin* im eigentlichen Sinne frag-würdig anregen möge.

Abschließend sage ich Manfred Schneckenburger für sein Nachwort meinen herzlichen Dank. In gleicher Weise gilt mein Dank der Nordrhein-Westfalen-Stiftung Naturschutz, Heimat- und Kulturpflege, die meine Arbeit, die konzeptionelle Entwicklung von Ausstellungsessays, durch die Vergabe des Max-Imdahl-Stipendiums für neue Methoden der Kunstvermittlung fördert. Als ein vorläufiges Teilergebnis meines Vorhabens – Kunstvermittlung via Literatur – möge diese Anthologie, die ich auch als eine Materialsammlung für mögliche Ausstellungskonzepte in der Verbindung von bildender Kunst und Literatur verstanden wissen möchte, ein Beispiel geben:

Malerei – eine stumme Poesie, Poesie – eine redende Malerei. Simonides (nach Plutarch)

...wenn Sie wüßten, wie diese verfluchte Malerei unsern Geist fesselt und uns gefangen hält. Man legt sich abends zufrieden hin; vollständig erleichtert von einer Arbeit, die man für gut hält, beim Aufwachen kommt die Stunde der klaren Einsicht und der Nachprüfung; alle Fehler werden sichtbar, und man fängt wieder von neuem an mit der Hoffnung, es besser zu machen. Auf diese Weise geht es bis zum Ende unserer Tage. Ach! Arme Maler! Es muß sehr viel angenehmer sein zu schreiben, wenn man etwas zu sagen hat. Odilon Redon (aus einem Brief an Jean Frizeau)

Das frühste Werk der Malerei war jene Linie, die jemand um den Schatten eines Menschen zog auf einer besonnten Wand. Leonardo da Vinci

Um ein guter Maler zu sein, braucht es vier Dinge: weiches Herz, feines Auge, leichte Hand und immer frisch gewaschene Pinsel. Anselm Feuerbach

Ein rechter Maler, klug und fleißig,
Trägt stets 'n spitzen Bleistift bei sich.
Wilhelm Busch, Maler Klecksel

Der Maler soll nicht bloß malen, was er vor sich sieht, sondern auch, was er in sich sieht. Sieht er aber nichts in sich, so unterlasse er auch zu malen, was er vor sich sieht. Caspar David Friedrich

Der Maler muß malen!
Theodor Fontane (über Adolph Menzel)

Das Modell kann es nicht geben, man muß es in sich haben. Moritz von Schwind

An einem wahren Porträt muß man erkennen, welchen Maler es vorstellt. Karl Kraus, Pro domo et mundo

Die Arbeiten des Malers X. haben etwas Gottähnliches: wenn er Landschaften malt, wird's genial, wenn er Menschen malt, wird's miserabel. Gabriel Laub, Verärgerte Logik

Cacatum non est pictum
Heinrich Heine, Deutschland. Ein Wintermärchen

An meinen Bildern müßt ihr nicht schnuffeln, die Farben sind ungesund. Rembrandt

Erklär' mir das doch mal, das mit der modernen Kunst. – Wenn man das erklären könnte, mit Worten, dann würde ich nicht malen. Patrick White, Der Maler

Um über eine Bildidee zu sprechen, braucht der Künstler Bleistift und Papier. Emil Preetorius, Sprache der Kunst

Das Schönste, was der Dichter singt, unmöglich ist's zu malen! Das Schönste, was der Maler bringt, mit Worten nicht zu lallen! Carl Spitzweg

Der Maler malt eigentlich mit dem Auge.
Novalis, Fragmente

Wir malen mit Augen der Liebe, und Augen der Liebe müssen uns auch beurteilen. Gotthold Ephraim Lessing, Emilia Galotti

Ich könnte jetzt nicht zeichnen, nicht einen Strich, und bin nie ein größerer Maler gewesen als in diesem Augenblick. Johann Wolfgang Goethe, Die Leiden des jungen Werther

Wenn man eine Gemeinschaft mit Malerfreunden aufbauen will, erlebt man höchst sonderbare Sachen, und ich schließe mit den Worten, die Du so oft sagst: qui vivra verra. – Wer's erlebt, wird's sehen. Vincent van Gogh (aus einem Brief an den Bruder Theo)

Es sind die ›Anschauer‹, die die Bilder machen. Heute entdeckt man El Greco; das Publikum malt seine Bilder dreihundert Jahre nachdem der eigentliche Urheber sie gemalt hat. Marcel Duchamp

Man glaubt die Malerei zu fassen, man hat sie aber nie: Ich könnte hundert Jahre, ja tausend malen, ohne sie zu ergründen. Paul Cézanne

Mal richtig – mal verkehrt

August Heinrich Hoffmann von Fallersleben
Die freien Künste

Unsere Maler malen
Vieles und mancherlei,
Aber zu tausend Malen
Sind die Maler nicht frei.

Immer wird zur Schablone
Ihnen die Fürstengunst,
Immer in alter Frone
Regt sich die freie Kunst.

Immer Traditionen,
Bibel und Mythologie,
Fremdes aus allen Zonen,
Selbstempfundenes nie.

Ist es denn da ein Wunder,
Wenn sich erhebt ein Geschrei:
Laßt doch den alten Plunder,
Maler, und werdet frei.

Alexander Roda Roda
Malerei

Immer wieder bitten mich Freunde vom Land, bitten mich naive Beamte der Kontore, sie in das Wesen der Malerei einzuführen. – Hier ein dünner Leitfaden:

Allgemeines. Malerei ist eine Handfertigkeit, die vorgibt, ebene Flächen durch Aufpinseln von Farbe zieren zu können. Um die Preisspannung zwischen blanken und bepinselten Flächen etwas zu steigern, bezeichnen interessierte Kreise oberwähnte Geschicklichkeit gern als einen Zweig der Kunst; ohne zu bedenken, daß die willkürliche Ausdehnung des Begriffes »Kunst« nicht ungefährlich ist: morgen könnte, vielleicht mit dem gleichen Recht, die Musik mit ebensolchen Ansprüchen auftreten.

Lassen wir aber Musik und Malerei als Künste gelten, so ist zu sagen: daß die Malerei zwar angenehm durch ihre Geräuschlosigkeit auffällt, hinwieder vermöge der dauerhaften Materialien, auf denen sie ausgeübt wird, Folgen von Geschlechtern beunruhigen kann.

Urgeschichte. Schon die Höhlenbewohner wußten die Umrisse der Dinge spielerisch-primitiv nachzuzeichnen. Die Ägypter und Babylonier füllten die so umgrenzten Flächen dann bunt aus. Als man erst entdeckte, daß Leinöl ziemlich rasch trocknet, stand der Weg zu den höchsten Firnissen offen.

Manche Religionsstifter haben das Malen verboten, weil es die Gläubigen zu Gotteslästerungen anreizt.

Technik. Man kann Öl malen, Aquarell, Pastell, Gouache und Tempera; auf Leinwand, Papier, Pappe, Holz und Mörtel.

Am billigsten ist Pappe. Sie ist als Malgrund sehr sympathisch, schon weil ihr Format nicht über Klafterbreite wachsen kann.

Soziales. Die Fachbildung der Maler geschieht auf Akademien und kunstgewerblichen (nicht, wie man oft fälschlich sagen hört: kunstverderblichen) Schulen. Dort sucht, wer sich irgend liebt, alles, was er da gelernt hat, möglichst bald abzuschütteln.

Sehr wichtig sind Privatschulen – wenn auch nicht so sehr als Bildungsstätten wie als die den Malersleuten eigentümliche Form der Polygamie.

Die Maler leben bald paarweis, bald scharenweis am Rand der Großstadt, auf die private Wohltätigkeit angewiesen, nagend am Bettelstab.

Sie kaufen einander gegenseitig die Bilder ab, um sie zu übermalen – da Gemälde doch immer wohlfeiler sind als Leinewand.

Die ewige Beschäftigung mit Kohle und Farben stumpft ihren Reinlichkeitssinn ab, schon nach wenigen Tagen kann selbst das scharfe Auge der Schlawinermutter den Sohn aus dem schwärzlichen Gewimmel nicht mehr herausfinden. Der Mangel an Modellgeld entfernt von der Naturanschauung; Hungerhalluzinationen führen zu verzerrten Linien, Farbenillusionen. Daher: Expressio-, Infantil-, Dada-, Explosionismus.

Kauft man aber ein Bild, so kommt der Maler zu Geld und hört sofort zu schaffen auf, wodurch die Kunst wiederum geschädigt ist. Für Mäzene ein schreckliches Dilemma.

Wenig Maler nämlich üben l'art pour l'art aus. Von diesen wenigen nur kann man sagen: sie wären, auch ohne Hände geboren, Maler geworden.

Die meisten malen nur mit dem Maul.

Wie benehme ich mich als Besitzer von Gemälden?

Man kaufe nur gerahmte Bilder – Rahmen sind unter allen Umständen eine vorteilhafte Kapitalanlage, da sie im Preis immerfort steigen. Man kann einen schönen Rahmen auch stets für wenig Geld neu füllen lassen, wenn einem das alte Sujet nicht mehr gefällt.

Man hänge das Bild so auf, daß des Malers Signum rechts unten bleibt, und ist dann beinah sicher, nicht verkehrt gehängt zu haben. Doch kann man moderne Gemälde ohne Schaden für die künstlerische Wirkung als Quer- oder Längsformat gebrauchen – je nachdem, ob die zu schmückende Wand schmal oder breit ist.

Immer suche man dunkle Winkel der Wohnung aus: da stören die Gemälde nicht so sehr und schlagen nicht leicht ein.

Endlich: Wie reinigt man Bilder?

Bei Pastellen wird ein Teppichklopfer genügen.

Aquarelle wäscht man mit heißem Wasser und Seife.

Ölgemälde mit einer Mischung von Terpentin und rauchender Schwefelsäure zu gleichen Teilen.

Bleistiftzeichnungen sind am leichtesten zu reinigen: mit Radiergummi; nötigenfalls helfe man mit einem scharfen Messer nach.

André Maurois
Die Geburt eines Meisters

Der Maler Pierre Douche legte gerade letzte Hand an ein Stilleben (Blumen in einem Apothekergefäß und Auberginen auf einem Teller), als der Romancier Paul-Emile Glaise das Atelier betrat. Ein paar Minuten lang sah Glaise seinem Freund beim Schaffen zu. Dann sagte er laut:

»Nein.«

Der andere hob überrascht den Kopf und hielt im Ausarbeiten einer Aubergine inne.

»Nein!« wiederholte Glaise. »Nein! Du bringst es nie zu etwas. Du verstehst dein Handwerk, du bist begabt, du bist ehrlich. Aber deine Malerei ist flach, mein Guter. Das leuchtet nicht, das schreit nicht. Wenn in einer Ausstellung fünftausend Bilder hängen, hält nichts den schläfrig vorbeigehenden Besucher vor deinem fest ... Nein, Pierre Douche, du bringst es nie zu etwas Und das ist schade.«

»Warum?« seufzte der ehrliche Douche. »Ich male, was ich sehe; ich versuche auszudrücken, was ich empfinde.«

»Als wenn es darum ginge, armer Freund. Du hast eine Frau, mein Guter, eine Frau und drei Kinder. Die brauchen jedes dreitausend Kalorien pro Tag. Es gibt mehr Bilder als Käufer und mehr Banausen als Kenner. Und jetzt sag du mir, Pierre Douche, wie man sich aus der Masse der Unbekannten und Versager herausheben kann.«

»Durch Arbeit«, sagte Pierre Douche, »durch Wahrhaftigkeit.«

»Keine Witze. Er gibt nur ein Mittel, Pierre Douche, um die Banausen aufzuwecken: man muß etwas Ungeheuerliches anstellen. Gib bekannt, daß du am Nordpol malen wirst. Lauf als ägyptischer König verkleidet herum. Begründe eine Schule. Bring gelehrte Wörter wie Verfremdung, Dynamik, Unterbewußtsein oder Nichtgegenständlichkeit unter einen Hut und verfasse Manifeste. Leugne Bewegung oder Stillstand, weiß oder schwarz, Kreis oder Quadrat. Erfinde die neohomerische Malerei, in der es nur rot und gelb gibt, oder die zylindrische Malerei, die oktaedrische Malerei, die vierdimensionale Malerei . . .«

In diesem Augenblick meldete ein eigenartig süßliches Parfüm das Eintreten von Madame Kosnevska, einer schönen Polin, deren Veilchenaugen Pierre Douche bewunderte. Sie war auf teure Zeitschriften abonniert, die für viel Geld Meisterwerke von dreijährigen Kindern reproduzierten, und weil sie den Namen des ehrlichen Douche nicht darin fand, nahm sie seine Malerei nicht ernst. Sie betrachtete das angefangene Gemälde und räkelte sich dabei auf dem Diwan. Dann schüttelte sie ihre blonden Haare und lächelte etwas mitleidig.

»Gestern«, erklärte sie mit ihrer rollenden, singenden Aussprache, »war ich auf einer Ausstellung von Negerkunst aus der guten Zeit. Ha! Was da an Empfindung drinsteckt, an Formgefühl, an Kraft!«

Der Maler brachte ein Bild, mit dem er zufrieden war, um es ihr zu zeigen.

»Reizend«, sagte sie gezwungen. Und dann verschwand sie, enttäuscht, rollend, singend, duftend.

Pierre Douche warf seine Palette in eine Ecke und ließ

sich auf den Diwan fallen. »Ich werde Versicherungsinspektor, Bankangestellter, Polizeibeamter«, sagte er. »Die Malerei ist wirklich das letzte. Der Erfolg wird von den Gaffern gemacht, und zwar nur für die Schmierer. Und die Kritiker, anstatt die Meister zu respektieren, ermutigen die Barbaren. Ich habe genug, ich gebe es auf.«

Paul-Emile hörte zu, zündete sich dann ein Zigarette an und dachte lange nach.

»Traust du dir zu«, sagte er endlich, »mit päpstlichem Ernst der Kosnevska und noch ein paar Leuten zu erklären, daß du schon seit zehn Jahren einen Wechsel in deiner Manier vorbereitest?«

»Ich?«

»Hör zu ... Ich werde unsere sogenannte Elite in zwei gut plazierten Aufsätzen davon in Kenntnis setzen, daß du die ideo-analytische Schule begründest. Bis du kamst, haben die Porträtmaler in ihrer Einfalt das menschliche Antlitz studiert. Welche Torheit: Nein, was den Menschen wirklich darstellt, sind die Vorstellungen, die er in uns erweckt. Demnach besteht das Porträt eines Obersten aus einem Hintergrund in Blau und Gold und fünf riesigen Litzen quer darüber, einem Pferd in der einen und Ordenskreuzen in der anderen Ecke. Das Porträt eines Industriellen ist ein Fabrikschornstein und eine geballte Faust auf einem Tisch. Begreifst du, Pierre Douche, was du der Welt zu bringen hast, und kannst du mir in einem Monat zwanzig ideo-analytische Porträts malen?«

Der Maler lächelte traurig.

»In einer Stunde«, sagte er, »und das Traurige, Glaise,

ist dies: daß die Sache klappen könnte, wenn ein anderer an meiner Stelle wäre.«

»Versuchen wir es doch.«

»Ich hab nicht das Mundwerk dazu.«

»Dann, mein Guter, wirst du dir Zeit lassen, wenn jemand eine Erklärung wünscht, wirst dir deine Pfeife anzünden, wirst dem Frager eine Rauchwolke unter die Nase blasen und die schlichten Worte sprechen: ›Haben Sie schon einmal einen Fluß betrachtet?‹«

»Und was soll das bedeuten?«

»Nichts«, sagte Glaise, »und deshalb werden sie dich ganz groß finden, und wenn sie dich erst einmal entdeckt, erklärt und gerühmt haben, dann erzählen wir die Geschichte und freuen uns über ihre Bestürzung.«

Zwei Monate später. Die Eröffnung der Douche-Ausstellung war zu einem Triumph geworden. Die schöne Madame Kosnevska, singend und rollend und duftend, wich nicht von der Seite ihres neuen großen Mannes.

»Ah!« rief sie immer wieder. »Was da an Empfindung drinsteckt, an Formgefühl, an Kraft! Sagen Sie, Lieber, wie sind Ihnen nur diese erstaunlichen Synthesen gelungen?«

Der Maler ließ sich Zeit, zündete seine Pfeife neu an und sagte: »Haben Sie schon einmal einen Fluß betrachtet, Madame?«

Die vibrierenden Lippen der schönen Polin versprachen rollende und singende Wonnen.

Der junge, glänzende Strunski in seinem Mantel mit Kaninchenfellkragen diskutierte inmitten einer Gruppe. »Ganz groß!« sagte er. »Ganz groß! Aber sagen sie Douche, diese Eingebung? Woher haben Sie die? Aus meinen Aufsätzen?«

Pierre Douche ließ sich reichlich Zeit, blies ihm eine triumphierende Rauchwolke unter die Nase und sagte: »Haben Sie schon einmal einen Fluß betrachtet, mein Lieber?«

»Wunderbar!« bestätigte der andere. »Wunderbar!«

In diesem Augenblick nahm ein berühmter Kunsthändler, der seinen Rundgang durch das Atelier beendet hatte, den Künstler beim Ärmel und zog ihn in eine Ecke.

»Douche, mein Freund«, sagte er, »Sie sind ein geriebener Bursche. Das hier kann man groß 'rausbringen. Reservieren Sie Ihre Produktion für mich. Ändern Sie Ihre Manier nicht, bevor ich es Ihnen sage, und ich kaufe Ihnen fünfzig Bilder pro Jahr ab . . . Einverstanden?«

Douche blieb undurchdringlich und rauchte schweigend.

Langsam leerte sich das Atelier. Paul-Emile Glaise schloß die Tür hinter dem letzten Besucher. Auf der Treppe hörte man das Bewunderungsgemurmel leiser werden. Und dann, als er mit dem Künstler alleingeblieben war, steckte der Romancier fröhlich die Hände in die Taschen.

»Na, mein Guter«, sagte er, »glaubst du jetzt, daß wir sie eingewickelt haben? Hast du den Kleinen mit dem Kaninchenfellkragen gehört? Und die schöne Polin? Und die drei hübschen Mädchen, die immer wieder sagten: ›Nein, wie neuartig! Nein, wie neuartig!‹? Ha, Pierre Douche, ich habe die menschliche Dummheit immer für unergründlich gehalten, aber dies übersteigt meine schönsten Hoffnungen.«

Er bekam einen nicht enden wollenden Lachanfall. Der Maler runzelte die Brauen, und während der andere von einem Schluckauf geschüttelt wurde, sagte er unvermittelt:

»Dummkopf!«

»Dummkopf?« rief der Romancier wütend. »Wenn ich soeben die schönste Überrumpelung fertiggebracht habe, die seit der Zeit des Journalisten Bixiou ...«

Der Maler ließ seinen Blick stolz über die zwanzig analytischen Porträts schweifen und erklärte dann mit der Kraft der Überzeugung:

»Ja, Glaise, du bist ein Dummkopf. Da liegt etwas in dieser Art zu malen ...«

Der Romancier sah seinen Freund verblüfft an.

»Das ist ein starkes Stück!« brüllte er. »Douche, bedenk doch. Wer hat dir denn diese neue Manier eingeredet?«

Da ließ sich Pierre Douche Zeit und sagte, nachdem er eine gewaltige Rauchwolke aus seiner Pfeife gezogen hatte:

»Hast du schon einmal einen Fluß betrachtet?«

Jacques Prévert
Picasso geht spazieren

Auf einem runden Teller aus wirklichem Porzellan
steht ein Apfel Modell
Aug in Aug mit ihm
trachtet ein Wirklichkeitsmaler
vergebens
den Apfel so zu malen wie der Apfel ist

er läßt sich nicht malen
der Apfel
er hat auch ein Wort mitzureden
und findet immer wieder einen Dreh
der Apfel
er dreht sich
auf seinem wirklichen Teller
heimtückisch um sich selber
ganz sachte ohne zu zittern
und wie eine Butterbirne die sich als Glühbirne
verkleidet
verkleidet der Apfel sich
als Apfel im Schlafrock
weil man ihn gegen seinen Willen porträtieren will
da
beginnt der Wirklichkeitsmaler
nun wirklich zu begreifen
daß des Apfels Erscheinungsformen alle gegen ihn sind
und
wie ein bedauernswerter Armer
wie ein armer Bedürftiger der plötzlich angewiesen ist
auf die Gnade
jeder einigermaßen wohltätigen mildtätigen mächtigen
Assoziation wohltätiger mildtätiger mächtiger Art
wird der bedauernswerte Wirklichkeitsmaler
plötzlich das traurige Opfer
einer unermeßlichen Fülle von Assoziationen
und der kreisende Apfel beschwört
den Apfelbaum
das Paradies und Adam und Eva
die Gießkanne Spalierobst das Parisurteil

Kanada die Hesperiden den Reichsapfel den Augapfel
den Pferdeapfel
den Apfelschimmel
und die Erbsünde
und die Sünde wider die Kunst
und die Schweiz mit Wilhelm Tell
und sogar Isaac Newton der auf der Fallobst-Weltausstellung wiederholt prämiiert wurde
und der betäubte Künstler verliert sein Modell aus dem Auge
und schläft ein
in diesem Augenblick kommt Picasso daher
der
da er schlechthin überall vorbeikommt
auch dort vorbeikommt
als sei er zuhause
er sieht den Apfel und den Teller und den schlafenden Maler
Welch ein Unding einen Apfel zu malen
sagt Picasso
und Picasso ißt den Apfel
und der Apfel sagt Danke
und Picasso zerbricht den Teller
und geht lächelnd davon
und der Maler
aus seinen Träumen gerissen wie ein Zahn
sieht sich mit seinem unvollendeten Werk gänzlich entzweit
und bemerkt inmitten der Scherben aus Porzellan
die furchtbaren Apfelkerne der Wirklichkeit.

Kurt Schwitters
Der junge Kunstmaler Meier

Der junge Kunstmaler Meier war trotz seiner Tüchtigkeit noch unbekannt. Verdient hatte er bisher noch nichts, aber sein Gefühl sagte ihm, daß er doch in absehbarer Zeit sehr berühmt und schwer reich werden würde. Denn das Leben gleicht dem Märchen, wo die Tüchtigkeit entscheidet. Darum packte er sein bestes Bild ein und reiste in eine große Stadt, um es zu verkaufen. Zuerst suchte er seine Freunde auf. Der erste war tot, kein Grund, um auf ihn böse zu sein. Der zweite hatte geheiratet, schätzte das Bild sehr, konnte aber nicht kaufen. Der dritte malte selbst Bilder. Der vierte kaufte nur anerkannte Namen auswärtiger Künstler, da er sich selbst kein Urteil zutraute. Der fünfte glaubte, ein eigenes Urteil zu haben, und fand die angebotene Arbeit schlecht, obgleich sie gar nicht so schlecht war. Der sechste vertrank sein Geld und hatte nichts. Der siebte hatten sieben Kinder, die selbst alles Geld aufaßen. Der achte hatte ein großes Haus mit acht Dienstboten, die achtmal so teuer waren wie das Bild, das er sehr achtete, aber nicht kaufen konnte. Und so verging der erste Tag. Der junge Kunstmaler Meier bezog daraufhin die Herberge zur Heimat, wo er billig leben konnte. Am nächsten Tage besucht er nun Freunde, die sämtlich ein ähnliches Pech hatten wie die Leute vom vorigen Tage. Zehn Tage besuchte der junge Kunstmaler Meier seine Freunde, der Erfolg blieb der gleiche. Da ließ er sich von seinem Freunde die Adresse des reichsten Mannes der

Stadt geben. Auf dem Wege dorthin begegnete ihm ein Leichenwagen, der war schwarz. Der junge Kunstmaler Meier dachte, das könnte vielleicht Glück bedeuten oder auch Unglück, oder vielleicht auch gar nichts, man kann nie wissen. Das Haus des Mannes war feierlich. Meier gab sich als Freund des Herrn aus, und man fragte, ob er denn vielleicht seine Frau sprechen wollte, die weinte sehr. »Sie waren sein Freund«, sagte sie, »mein Mann ist tot, können Sie meinen Schmerz verstehen?« Meier sprach kurz einige Worte des Mitleids, weinte ebenfalls und ging, um den zweitreichsten Mann aufzusuchen. Dort fragte man ihn, ob er Forderungen an ihn hätte. Dann sollte er sich eintragen in die Liste der Gläubiger, der Mann war pleite. Der dritte aber war wegen gewisser Unregelmäßigkeiten im Geldverkehr soeben nach Amerika geflüchtet, während der viertreichste wegen ähnlicher Dinge in Untersuchungshaft saß. An diesem denkwürdigen Tage war es, daß Meier sein letztes Geld ausgegeben hatte. Da begegnete ihm auf der Straße ein Mann, der bettelte. Der junge Kunstmaler Meier öffnete seine Börse, und sie war leer. Da öffnete der Bettler auch seine Börse und gab ihm von seinem erbettelten Geld. Meier stellte sich vor und nannte sein Gewerbe. Da erfuhr er, daß jener Herr, der ihn angebettelt hatte, der junge Kunstmaler Müller war. Müller bettelte schon längere Zeit, hatte große Übung und infolgedessen auch Erfolg zu verzeichnen. Es dauerte nicht lange, da bettelten Meier und Müller gemeinsam. Da redete sie, als sie gerade die Rembrandtstraße entlangbettelten, ein junger Kunstmaler namens Schmidt an und sagte, er hätte ein sehr gutes Bild gemalt, das er ihnen verkaufen möchte.

Müller und Meier bedauerten, es nicht kaufen zu können, da sie selbst Maler wären und genug von dem Zeug hätten. Da lud Schmidt sie ein, mit ihm ein wenig auf einer Bank im Park zu sitzen und zu plaudern. Nach fünf Minuten waren drei verschiedene Meinungen bezüglich dessen, was der Mensch malen sollte, daher gründete man in Eile eine Sezession. Die erste Ausstellung wurde mit zwei Bildern im Park ausgeführt. Zwei Bettler kauften die Bilder. Dieser Erfolg veranlaßte einen reichen Kunsthändler, sich der Künstler anzunehmen, und er begründete den Bettlerkunstsalon, der heute sehr großen Erfolg hat.

Fritz Graßhoff
Anekdote

Eines Tages in Cannes
als der damals noch wenig genannte
Maler Perçil
durch eine beschmutzte
schlierige Fensterscheibe blickte
sah der Verdutzte
einen echten Perçil
den er selbst noch nicht kannte.
Verdrossen
lief er durchs Haus
von Raum zu Raum.
Das Tor war verschlossen
und er war allein.
So konnte logischerweise kaum

der neue Perçil
eine Fälschung sein.
Zufrieden griff er zum Pinselstiel
und schrieb
links unten in die Scheibenecke
groß und klar:
Perçil.
Und das Entstehungsjahr.

Das Kunstwerk stieg, wie man jetzt erfährt,
auf dreißig Mille. (Schätzungswert)

Jürg Amann
Der Maler

Der berühmte Maler, der in einem grenzenlosen Schöpfungsakt der Welt plötzlich ein Kind geschenkt hatte, stand ebenso plötzlich mit seiner Malerei in einer grenzenlosen schöpferischen Krise. Nichts an seiner Arbeit konnte ihn mehr befriedigen. Nichts, was er machte, konnte er gut finden. Nichts, und war es das Beste, schien ihm noch wichtig. Kein Blatt, keine Leinwand, keines seiner Werke hielt dem Vergleich mit dem Kind stand. So daß er den Kampf schließlich aufgab.

Bis er, nach Jahren, damit anfing, die Kinderzeichnungen seines Kindes zu Ende zu malen und an die Ausstellungswände zu hängen. Damit gelang ihm sein Comeback. Und die doppelte Signatur auf den Bildern wurde weltweit zu einem Begriff.

Marie von Ebner-Eschenbach
Der Maler

Im verheißungsvollen Japan lebte ein berühmter Schlachtenmaler. Seine Bilder wurden zu den höchsten Preisen verkauft; die ganze japanische Welt war darüber einig, daß er der größte Künstler sei, der je gelebt habe. Er freute sich dieser Anerkennung, wurde aber doch immer von dem Zweifel gequält, ob denn sein Ruf auch so felsenfest begründet sei, daß ihn nichts erschüttern könne.

Eines Tages legte er eben die letzte Hand an ein neues, großes Bild, als sich eine Schar seiner glühendsten Verehrer in sein Atelier drängte und in so frenetisches Lob ausbrach, daß er sich angewidert fühlte und die ganze Gesellschaft hinauskomplimentierte.

Ergrimmt und all den Schwätzern zum Hohne, nahm er sein Bild und stellte es verkehrt auf die Staffelei. Was Himmel gewesen, wurde Erdboden, was Erdboden gewesen, wurde Himmel. Statt der Köpfe der Reiter und Pferde ragten ihre Beine in die Höhe; er gab ihnen bacchantische Bewegungen, er ließ Fahnenstangen, Schwertspitzen, abgeschlagene Gliedmaßen von Menschen und Tieren, Hufe und Schuhe durcheinanderwirbeln, und als man um keinen Preis mehr erkennen konnte, was auf dem Bilde eigentlich zu sehen war – stellte er es aus.

Das Publikum und die Kritik standen in seliger Verblüffung davor. »Eine Offenbarung«, hieß es, »das dionysische Wirrsal einer ganz neuen Kunst!« So massenhaft strömten die Leute herbei, daß der Meister, der sich einmal verkleidet in die Nähe seines Werkes stahl, Gefahr lief, erdrückt zu werden.

Lachend ging er zu dem einzigen Kunstkenner, an dessen Urteil ihm lag, und der bisher geschwiegen hatte.

»Und was sagst denn du?« fragte er ihn.

Der Kenner zuckte die Achseln und erwiderte wegwerfend: »Du darfst auch das.«

Da lachte der Künstler und ging seelenvergnügt seiner Wege. Ihm war nun ausgemacht, daß er einen Ruf besaß, den nichts erschüttern konnte.

Hermann Hesse
Der Maler

Ein Maler namens Albert konnte in seinen jungen Jahren mit den Bildern, die er malte, den Erfolg und die Wirkung nicht erreichen, nach denen er begehrte. Er zog sich zurück und beschloß, sich selbst genug zu sein. Das versuchte er jahrelang. Aber es zeigte sich mehr und mehr, daß er sich nicht selbst genug war. Er saß und malte an einem Heldenbild, und während dem Malen fiel ihm je und je wieder der Gedanke ein: »Ist es eigentlich nötig, das zu tun, was du tust? Müssen eigentlich diese Bilder wirklich gemalt sein? Wäre es nicht für dich und für jedermann ebensogut, wenn du bloß spazierengehen oder Wein trinken würdest? Tust du eigentlich für dich selbst etwas anderes mit deinem Malen, als daß du dich ein wenig betäubst, ein wenig vergißt, dir die Zeit ein wenig vertreibst?«

Diese Gedanken waren der Arbeit nicht förderlich.

Mit der Zeit hörte Alberts Malerei fast ganz auf. Er ging spazieren, er trank Wein, er las Bücher, er machte Reisen. Aber zufrieden war er auch bei diesen Dingen nicht.

Oft mußte er darüber nachdenken, mit welchen Wünschen und Hoffnungen er einst die Malerei begonnen hatte. Er erinnerte sich: sein Gefühl und Wunsch war gewesen, daß zwischen ihm und der Welt eine schöne, starke Beziehung und Strömung entstehe, daß zwischen ihm und der Welt etwas Starkes und Inniges beständig schwinge und leise musiziere. Mit seinen Helden und heroischen Landschaften hatte er sein Inneres ausdrükken und befriedigen wollen, damit es ihm von außen her, im Urteil und Dank der Betrachter seiner Bilder, wieder lebendig und dankbar entgegenkomme und strahle.

Ja, das hatte er also nicht gefunden. Das war ein Traum gewesen, und auch der Traum war so allmählich schwach und dünn geworden. Jetzt, wo Albert durch die Welt schweifte, oder an entlegenen Orten einsam hauste, auf Schiffen fuhr oder über Gebirgspässe wanderte, jetzt kam der Traum häufiger und häufiger wieder, anders als früher, aber ebenso schön, ebenso mächtig, lockend, ebenso begehrend und strahlend in junger Wunschkraft.

O wie sehnte er sich oft danach – Schwingung zu fühlen zwischen sich und allen Dingen der Welt! Zu fühlen, daß sein Atem und der Atem der Winde und Meere derselbe sei, daß Brüderschaft und Verwandtschaft, daß Liebe und Nähe, daß Klang und Harmonie zwischen ihm und allem sei!

Er begehrte nicht mehr Bilder zu malen, in denen er selbst und seine Sehnsucht dargestellt wären, welche ihm Verständnis und Liebe bringen, ihn erklären, rechtfertigen und rühmen sollten. Er dachte an keine Helden und Aufzüge mehr, die als Bild und Rauch sein eigenes Wesen ausdrücken und umschreiben sollten. Er begehrte nur nach dem Fühlen jener Schwingungen, jenes Kraftstromes, jener heimlichen Innigkeit, in der er selbst zu nichts werden und untergehen, sterben und wiedergeboren werden würde. Schon der neue Traum davon, schon die neue, erstarkte Sehnsucht danach machte das Leben erträglich, brachte etwas wie Sinn hinein, verklärte, erlöste.

Die Freunde Alberts, soweit er noch welche hatte, begriffen diese Phantasien nicht gut. Sie sahen bloß, daß dieser Mensch mehr und mehr in sich hineinlebte, daß er stiller und sonderbarer sprach und lächelte, daß er so viel fort war, und daß er keinen Teil an dem hatte, was anderen Leuten lieb und wichtig ist, nicht an Politik noch Handel, nicht an Schützenfest und Ball, nicht an klugen Gesprächen über die Kunst, und an nichts von dem, woran sie eine Freude fanden. Er war ein Sonderling und halber Narr geworden. Er lief durch eine graue kühle Winterluft und atmete hingegen die Farben und Gerüche dieser Lüfte, er lief einem kleinen Kinde nach, das lala vor sich hinsang, er starrte stundenlang in ein grünes Wasser, auf ein Blumenbeet, oder er versank, wie ein Leser in sein Buch, in die Linien, die er in einem durchschnittenen Stückchen Holz, in einer Wurzel oder Rübe fand.

Es kümmerte sich niemand mehr um ihn. Er lebte

damals in einer kleinen ausländischen Stadt, und dort ging er eines Morgens durch eine Allee, und sah von da zwischen den Stämmen auf einen kleinen trägen Fluß, auf ein steiles, gelbes, lehmiges Ufer, wo über Erdrutschen und mineralischer Kahlheit Gebüsch und Dorngekräut sich staubig verzweigten. Da klang etwas in ihm auf, er blieb stehen, er fühlte in seiner Seele ein altes Lied aus sagenhaften Zeiten wieder angestimmt. Lehmgelb und staubiges Grün, oder träger Fluß und jähe Ufersteile, irgendein Verhältnis der Farben oder Linien, irgendein Klang, eine Besonderheit in dem zufälligen Bilde war schön, war unglaublich schön, rührend und erschütternd, sprach zu ihm, war ihm verwandt. Und er fühlte Schwingung und innigste Beziehung zwischen Wald und Fluß, zwischen Fluß und ihm selbst, zwischen Himmel, Erde und Gewächs, alles schien einzig und allein dazusein, um in dieser Stunde so vereinigt in seinem Auge und Herzen sich zu spiegeln, sich zu treffen und zu begrüßen. Sein Herz war der Ort, wo Fluß und Kraut, Baum und Luft zueinander kommen, eins werden, sich aneinander steigern und Liebesfeste feiern konnten.

Als dieses herrliche Erlebnis sich wenige Male wiederholt hatte, umgab den Maler ein herrliches Glücksgefühl, dicht und voll wie ein Abendgold oder ein Gartenduft. Er kostete es, es war süß und schwer, aber er konnte es nicht lange dabei aushalten, es war zu reich, es wurde in ihm zu Fülle und Spannung, zu Erregung und beinahe zu Angst und Wut. Es war stärker als er, es nahm ihn hin, riß ihn weg, er fürchtete, darin unterzusinken. Und das wollte er nicht. Er wollte leben, eine Ewigkeit leben! Nie, nie hatte er so innig zu leben gewünscht wie jetzt!

Wie nach einem Rausche fand er sich eines Tages still und allein in einer Kammer. Er hatte einen Kasten mit Farbe vor sich stehen und ein Stückchen Karton ausgespannt – nach Jahren saß er nun wieder und malte.

Und dabei blieb es. Der Gedanke »Warum tue ich das?« kam nicht wieder. Er malte. Er tat nichts mehr als sehen und malen. Entweder ging er draußen an die Bilder der Welt verloren oder er saß in seiner Kammer und ließ die Fülle wieder abströmen. Bild um Bild dichtete er auf seine kleinen Kartons, einen Regenhimmel mit Weiden, eine Gartenmauer, eine Bank im Walde, eine Landstraße, auch Menschen und Tiere, und Dinge, die er nie gesehen hatte, vielleicht Helden oder Engel, die aber waren und lebten wie Mauer und Wald.

Als er wieder zu Menschen kam, wurde es bekannt, daß er wieder male. Man fand ihn ziemlich verrückt, aber man war neugierig, seine Bilder zu sehen. Er wollte sie niemand zeigen. Aber man ließ ihm keine Ruhe, man plagte ihn und zwang ihn. Da gab er einem Bekannten den Schlüssel zu seinem Zimmer, er selber aber reiste weg und wollte nicht dabeisein, wenn andere Leute seine Bilder ansahen.

Die Leute kamen, und es entstand ein großes Geschrei, man habe ein Mordsgenie von einem Maler entdeckt, einen Sonderling zwar, aber einen von Gottes Gnaden, und wie die Sprüche der Kenner und Redner alle heißen.

Der Maler Albert war inzwischen in einem Dorfe abgestiegen, hatte ein Zimmer bei Bauern gemietet und seine Farben und Pinsel ausgepackt. Wieder ging er beglückt durch Tal und Berge, und strahlte später in seine Bilder zurück, was er erlebt und gefühlt hatte.

Da erfuhr er durch eine Zeitung davon, daß alle Welt zu Hause seine Bilder angesehen habe. Im Wirtshaus bei einem Glas Wein las er einen langen, schönen Artikel in der Zeitung der Hauptstadt. Sein Name stand dick gedruckt darüber, und überall troffen feiste Lobwörter aus den Spalten. Aber je weiter er las, desto seltsamer wurde ihm.

»Wie herrlich leuchtet in dem Bild mit der blauen Dame das Gelb des Hintergrundes – eine neue, unerhört kühne, bezaubernde Harmonie!«

»Wunderbar ist auch die Plastik des Ausdrucks in dem Rosenstilleben. – Und gar die Reihe der Selbstbildnisse! Wir dürfen sie den besten Meisterwerken psychologischer Porträtkunst an die Seite stellen.«

Sonderbar, sonderbar! Er konnte sich nicht erinnern, je ein Rosenstilleben gemalt zu haben, noch eine blaue Dame, und nie hatte er seines Wissens ein Selbstporträt gemacht. Dagegen fand er weder das Lehmufer noch die Engel, weder den Regenhimmel noch die anderen ihm so lieben Bilder erwähnt.

Albert reiste in die Stadt zurück. Im Reisekleid ging er nach seiner Wohnung, die Leute gingen dort aus und ein. Ein Mann saß unter der Tür, und Albert mußte eine Karte lösen, um eintreten zu dürfen.

Da waren seine Bilder, wohlbekannt. Jemand aber hatte Zettel an sie gehängt, auf denen stand allerlei, wovon Albert nichts gewußt hatte. ›Selbstbildnis‹ stand auf manchen und andere Titel. Eine Weile stand er nachdenklich vor den Bildern und ihren unbekannten Namen. Er sah, man konnte diese Bilder auch ganz anders nennen, als er es getan hatte. Er sah, in der Gartenmauer hatte er etwas erzählt, was anderen eine Wolke schien, und die Klüfte seiner Steinlandschaft konnten für andere auch ein Menschengesicht bedeuten.

Schließlich lag nicht viel daran. Aber Albert zog es doch vor, still wieder fortzugehen und abzureisen und nicht mehr in diese Stadt zurückzukehren. Er malte noch viele Bilder und gab ihnen noch viele Namen, und war glücklich dabei; aber er zeigte sie niemandem.

Bruno Traven
Malkunst

Ein junges, gutgewachsenes Mädchen in einer Bluse von kräftigem Rot, einem halblangen Rock in derbem Grau, Strümpfe in angedeutetem Braun, Schuhe in Weiß, einen breiten, gelben Strohhut am Arm, steht inmitten einer weiten Wiese von sattestem Grün. Irgendwo krakkelt sich ein schwarzer Baum in die farblose Luft. Und ganz hinten sieht man noch in dunstigem Nebelflimmer einen Höhenwald in Blau mit einem Stich ins Lila.

So sah das Bild aus, auf das Ewald Henkeding große Hoffnungen gesetzt hatte und das trotzdem von einer Ausstellungskommission zur anderen wanderte, ohne angenommen zu werden. Freilich gehen die ›Ausstellungsschuster‹, wie Ewald Henkeding in seiner gehässigen Art die Mitglieder des Prüfungskomitees nannte, einem so starken Talent, wie er eines ist, im weiten Bogen aus dem Wege. Und wenn er jetzt so durch die Ausstellungsräume wandelte, so konnte ihn das ›eiskalte Grauen‹ ankommen, wenn er diese öden Klecksereien und Schmierereien sah. Dagegen war ja sein ›Rotgrau in Grün‹, wie er sein Gemälde nannte, ein Meisterwerk, dessen sich ein Rembrandt nicht hätte zu schämen brauchen.

Die Rotgraue, die da im Grün stand, kannte ich zufällig, und durch sie lernte ich dann eines Nachmittags auch Ewald Henkeding kennen. Er schleppte mich natürlich sofort in sein Atelier mit, das mehr schlecht möbliertes Zimmer als Atelier war, und zeigte mir sein Meisterwerk. Wenn es auch nun nichts sonderlich Großes war, so hatte er doch insofern Recht, daß es wirklich in der Ausstellung Bilder gab, denen das seine an Reichtum des Gedankens und an Technik weit überlegen war. Jedenfalls sah ich auch an seinen sonstigen Sachen, daß er was konnte und sehr viel Mut besaß, eigene und originelle Wege zu gehen.

Als wir dann näher miteinander befreundet wurden, tat es mir leid um ihn, weil er trotz eifrigen Strebens so wenig, eigentlich gar keinen Erfolg hatte. Ich würde gern etwas für ihn getan haben, aber vorerst mußte er doch wenigstens einmal ausgestellt haben, denn wo und wie sollte man anknüpfen? Verdient hatte er es, ein wenig in den Vordergrund zu rücken, und ein kleiner Erfolg schon würde ihm sicher Ansporn sein, sich kräftig in die Farbe zu setzen.

Eines Tages, so in den ersten Nachmittagsstunden, bummelten wir wieder einmal durch die Ausstellungssäle. Ich sah, wie sein Auge wehmütig und sehnsüchtig an allen Papptäfelchen hing, die durch ein ›Verkauft‹ dem Käufer meist ebensoviel Freude machen wie dem Verkäufer.

Es waren um diese Zeit beinahe gar keine Besucher anwesend, und die Aufseher hielten überall ihr Verdauungsschläfchen. In diesem Moment kam mir ein ganz verrückter Gedanke, und ich wunderte mich nicht im geringsten, als Ewald Henkeding meinem Gedanken seine Worte gab, indem er sagte: »Ich glaube, um diese Zeit könnte man ganz unbehelligt ein Bild einschmuggeln.«

»Ja«, sagte ich, »ich glaube schon, daß es ginge. Aber was sollte das für'n Zweck haben?«

Am nächsten Tage hatte ich keine Zeit. Aber am darauffolgenden Tage bat mich Ewald Henkeding, ich möchte doch so gut sein und so etwas auf den Aufseher im Nebensaal achten, und wenn er aufwacht, solle ich husten.

Also was geht mich denn an, was Ewald Henkeding tun will? Ich passe auf den Mann auf, und wenn er erwacht, huste ich. Sehr einfach. Alles andere kümmert mich nicht. Deshalb bin ich noch lange kein Helfershelfer. Höchstens ein totes Mittel, dessen sich einer bedient und das für eine Handlung nicht verantwortlich gemacht werden kann, weil es nichts davon weiß.

Nach einer Weile kam Ewald Henkeding dann wieder zu mir und ersuchte mich, in den Nebensaal zu gehen. Hier sehe ich nun die Bescherung. Sein ›Rotgrau in Grün‹ hing wohlgefällig und schmunzelnd an der Wand. Hier zwischen den anderen gleichgültigen und langweiligen bemalten Ölfetzen merkte man erst, wie vergnügt sein ›Rotgrau‹ war. Ordentlich erfrischend lebendig wirkte es in dem Raum. Es machte denselben wohltuenden Eindruck, als wenn ein frech-zynischer Witz mit kühnem Salto mortale unvermittelt in eine steif-schläfrige Abendgesellschaft prasselt.

»Wie hast du denn das Bild hereingekriegt?« fragte ich.

»Gerollt natürlich.«

»Aber den Rahmen?«

»Ich habe mein Bild auf die Rückseite eines fremden Rahmens mit ein paar schmalen Leisten angeheftet.«

»Ja, und das gewesene Bild? Gemaust?«

»Werde mich hüten.«

»Wo ist es denn?«

»Das ist auf der Rückseite. Ich habe den Rahmen bloß herumgedreht. Es ging zufällig.«

Ich hob den Rahmen etwas an und sah denn auch auf der Rückwand das verschwundene Bild.

»Aber der Katalog –«, fragte ich.

»Ach, das ist egal«, antwortete er übermütig.

In dem Augenblick kam der Aufseher herein. Er ging schlendernd auf uns zu. Ich kriegte schon eine Heidenangst. Aber Ewald Henkeding sah mit Kennerblicken sein Bild an. Bald aus der Nähe, bald aus der Ferne, bald kniff er die Augen zu, bald schaute er durch seine Faust wie durch ein Fernrohr. Dann besah er es sich in seinem Taschenspiegel von rückwärts, wiegte den Kopf hin und her und machte immerfort: »Hm! Hm! Tze! Tze! La! La!«

Der Aufseher stellte sich dann hinzu und sagte sehr verständig: »Ja, tj-aa! Wir haben jetzt sehr schöne Bilder hier. Zum Beispiel dies junge Weibsbild hier mit der hübschen roten Bluse ist mein Lieblingsbild. Frühmorgens, wenn ich komme, zuerst schau' ich mir immer das nette Bild an. Die hübsche grüne Wiese ist zu schön getroffen. Ich bin nämlich vom Lande, müssen Sie wissen, und da . . .«

Es hat doch manchmal sein Gutes, wenn so ein Aufseher die Gegenstände, über die er aufzusehen hat, nicht so genau kennt. Einige Tage später denke ich, du mußt doch mal nachsehen, was sein Bild eigentlich darstellt. Ich schlage also nach und finde unter der Nummer 635, die sein Bild bezeichnete, ›Max Klett; Roter Mohn‹. Nun, darauf muß ich mir das Bild noch einmal genauer ansehen. Ich gehe in den Saal und sehe ein Täfelchen darunter: ›2mal verkauft‹.

Das kann ja nett werden.

Während ich noch davorstehe und überlege, wie man ein Original zweimal verkaufen könne und was es Ewald Henkeding wohl einbringen müßte, so an Gerichtskosten und dergleichen, kommt eine Gruppe Besucher in den Saal, die um einen älteren Herrn geschart ist wie die Kücklein um die Glucke. Der ältere Herr benimmt sich sehr laut, aufdringlich und dozierend. Ich erfahre dann auch bald, daß er ein Kunstakademieprofessor ist, der teils Kunstschülern, teils anderen Interessenten kunstwissenschaftliche Vorträge an der Hand des vorhandenen Objekts erteilt. Mit unnachahmlicher Leidenschaftslosigkeit ›erklärt‹ er die ausgestellten Bilder. Jetzt tritt er zu Ewald Henkedings ›Rotgrau in Grün‹. Er wirft einen orientierenden Blick in den Katalog, hierauf einen schnell umfassenden Gesamtblick auf das Bild und kramt dann seine Weisheit aus, als ›Roter Mohn‹ bezeichnet der Künstler sein Werk. Sie ahnen schon aus dem Titel, meine Damen und Herren, den Gedankenreichtum des vortrefflichen Meisters. Auf dem ganzen Bilde nicht eine rote Mohnblüte. Aber *das* ist gerade das Geniale, das Hervorstechende an dem Bilde. Das einzige Rot ist die Bluse der schlichten Mädchenfigur. Und dieses kräftige Rot der Bluse im Verein mit der unterstrichenen Schlichtheit der Figur zwingt die Ideenwelt des Beschauers, sich der satten, vollen Farbe des roten Mohns zu erinnern. Es zeigt sich hier eine neue, durch und durch moderne Richtung –«

Einer der Umstehenden nahm einen Notizblock aus der Tasche und begann tüchtig zu schreiben.

»Eine moderne, längst erwartete und häufig schon angedeutete Richtung: in der Kunst nicht *das* auszudrükken, was man sieht, denn das wäre das Primitive, Unkünstlerische, sondern *das* auszudrücken, was man, durch das Bild angeregt, sehen könnte und sehen müßte. Ich rekapituliere: Kunst soll nicht mit photographischer Treue Tatsachen darstellen, sondern nicht existierende Dinge sichtbar machen mit Hilfe des angeregten Intellekts.«

Die Anwesenden sahen begeistert zu dem Altmeister auf und trauten sich vor Ergriffenheit kaum zu atmen. Der Herr mit dem Notizblock sprang eilfertig hinzu, stellte sich vor und bat den Herrn Kunstprofessor um einen diesbezüglichen Artikel für seine Kunstzeitschrift.

Es ist ja nun einmal eine Erscheinung unserer Zeit, daß sich die Menschen mit wilder Gier auf alles Absonderliche stürzen, sei es auch noch so verrückt und grotesk. Darum ist es nicht im geringsten verwunderlich, daß der ›Rote Mohn‹ über Nacht im Mittelpunkt des Interesses stand und seinetwegen die heißesten Schlachten der Für- und Widerparteien geschlagen wurden. Im späteren und rein normalen Verlauf der Dinge kam die Sache natürlich an den Tag, das heißt natürlich an den Tag der Ausstellungskommission. Aus Gründen, die sich vom menschlichen Standpunkt sehr leicht erklären lassen, entschied sie zugunsten Ewald Henkedings, wobei sich Max Klett, gleichfalls vom menschlichen Standpunkt aus leicht erklärlich, mit einer anständig bemessenen Summe zufriedengab. Das Signum konnte ebensogut Klett wie Henkeding heißen. Aber wie alles im Leben ganz logisch und folgerichtig zugeht, so ist Ewald Henkeding seitdem in jeder Ausstellung mehrfach vertreten. Er ist der Hauptvertreter jener Richtung, wo streng darauf gehalten wird, daß die Unterschrift eines Bildes nicht das geringste mit dem dargestellten Inhalt zu tun hat. Daß der Henkedingismus den lungenkranken Futurismus bald und endgültig unter die Füße gestampft haben wird, steht ja – es gibt Beispiele – außer Frage.

Schließlich ist ja doch die Kunst nicht für den denkfaulen Plebs da. Und also . . .

Roald Dahl
Haut

In jenem Jahr – 1946 – wollte der Winter nicht weichen. Obwohl es bereits April war, wehte ein eisiger Wind durch die Straßen der Stadt, und Schneewolken trieben am Himmel dahin.

Der alte Mann, der Drioli hieß, schlurfte mühsam über den Bürgersteig der Rue de Rivoli. Ihn fror, er fühlte sich elend. Wie ein Igel hatte er sich in seinem schäbigen Mantel zusammengerollt, so daß nur die Augen und der obere Teil des Kopfes über dem hochgeschlagenen Kragen zu sehen waren.

Die Tür eines Restaurants öffnete sich, und als Drioli den Duft von gebratenen Hähnchen roch, begann sein leerer Magen zu knurren. Er ging weiter und betrachtete ohne Interesse die Auslagen der Geschäfte – Parfums, seidene Krawatten und Hemden. Juwelen, Porzellan, antike Möbel, Bücher in kostbaren Einbänden. Dann eine Gemäldegalerie. Er hatte schon immer eine Vorliebe für Gemäldegalerien gehabt. In dieser war nur ein einziges Bild im Fenster ausgestellt. Er blieb stehen, warf einen Blick darauf, wandte sich dann zum Gehen. Plötzlich stutzte er und schaute einmal hin. Eine leichte Unruhe überkam ihn, in seinem Gedächtnis regte es sich, die Erinnerung an etwas, was er irgendwo, irgendwann gesehen hatte, tauchte verschwommen auf. Er betrachtete das Bild genauer. Es war eine Landschaft, eine Gruppe von Bäumen, die sich weit, weit zur Seite bogen, als drücke ein gewaltiger Sturm sie zu Boden;

darüber, wirbelnd und kreisend, der Himmel. Am Rahmen war ein kleines Schild angebracht: *Chaim Soutine* (1894-1943).

Drioli starrte das Bild an und überlegte, was ihm daran so bekannt vorkam. Verrücktes Bild, dachte er. Sehr seltsam und verrückt – aber ich mag es ... Chaim Soutine ... Soutine ... »Mein Gott!« rief er plötzlich. »Das ist ja mein kleiner Kalmück! Tatsächlich, mein kleiner Kalmück, und sein Bild ist in der besten Kunsthandlung von Paris ausgestellt!«

Der alte Mann preßte das Gesicht an die Scheibe. Er erinnerte sich an den Jungen – o ja, ganz deutlich erinnerte er sich an ihn. Aber wann war es gewesen? Und wo? Das ließ sich nicht so leicht herausfinden. Es war sehr lange her. Wie lange? Zwanzig – nein, eher dreißig Jahre, nicht wahr? Augenblick mal ... Ja, es war ein Jahr vor dem Krieg gewesen, vor dem ersten Krieg. 1913 also. Und dieser Soutine, dieser häßliche kleine Kalmück, ein mürrischer, verschlossener Mensch – Drioli hatte ihn gern gehabt, fast geliebt, und zwar, wenn er's recht bedachte nur deshalb, weil der Bursche malen konnte.

Und wie er malen konnte! Die Erinnerungen nahmen jetzt langsam Gestalt an – die Straße, die lange Reihe der Mülleimer, der widerliche Gestank, die braunen Katzen, die graziös über den Unrat hinwegschritten, und dann die Frauen, die schwitzenden dicken Frauen auf den Haustürtreppen. Dort saßen sie, die Füße auf dem Kopfsteinpflaster der Straße. Welcher Straße? Wo hatte der Junge gewohnt?

Richtig in der Cité Falguière! Der alte Mann nickte

mehrmals mit dem Kopf, froh, daß ihm der Name eingefallen war. Und nun erinnerte er sich auch an das Atelier mit dem einzigen Stuhl und der schäbigen roten Couch, die dem Jungen als Bett diente, an die Saufgelage, den billigen Weißwein, die schrecklichen Streitereien und dazwischen tauchte immer wieder das finstere, verbitterte Gesicht des Jungen auf, der über seiner Arbeit brütete.

Seltsam, wie mühelos ihm jetzt alles ins Gedächtnis zurückkehrte, wie jede kleine Begebenheit, deren er sich entsann, eine andere nach sich zog.

Zum Beispiel die Sache mit der Tätowierung. Wirklich, so etwas Verrücktes war noch nie dagewesen. Wie hatte es doch gleich angefangen? Ach ja – er war eines Tages zu Geld gekommen und hatte sehr viel Wein gekauft. Er sah sich noch in das Atelier treten, das Paket mit den Flaschen unter dem Arm – der Junge saß vor der Staffelei, und seine, Driolis, Frau stand ihm Modell.

»Heute abend wird gefeiert!« rief er. »Wir drei werden ein kleines Fest feiern.«

»Was gibt's denn zu feiern?« fragte der Junge, ohne aufzublicken. »Hast du dich etwa entschlossen, die Scheidung einzureichen, damit deine Frau mich heiraten kann?«

»Nein«, sagte Drioli. »Wir feiern, weil ich heute mit meiner Arbeit viel Geld verdient habe.«

»Und ich habe nichts verdient. Das können wir auch feiern.«

»Wie du willst.« Drioli stand am Tisch und wickelte die Flaschen aus. Er war müde und sehnte sich nach Wein. Neun Kunden an einem Tag – alles schön und gut, aber für die Augen war es eine Tortur. Nie zuvor hatte er es bis auf neun gebracht. Neun angeheiterte Soldaten, und das erstaunlichste war, daß nicht weniger als sieben bar bezahlt hatten. Daher also dieser ungeheure Reichtum. Aber die Arbeit war das reinste Augenpulver. Driolis Lider waren schwer vor Müdigkeit, das Weiße des Augapfels war rot geädert, und etwa zwei Zentimeter dahinter nistete ein dumpfer Schmerz. Na wennschon – jetzt hatte er ja Ruhe, er war klotzig reich, und das Paket enthielt drei Flaschen, eine für seine Frau, eine für seinen Freund und eine für ihn selbst. Er fand den Korkenzieher und entkorkte die Flaschen. Jedesmal war ein leises ›Plopp‹ zu hören.

Der Junge legte den Pinsel hin. »Mein Gott«, stöhnte er, »und dabei soll man nun arbeiten!«

Die junge Frau ging zu ihm hinüber, um das Bild zu betrachten. Drioli folgte ihr, in der einen Hand eine Flasche, in der anderen ein Glas.

»Nein!« rief der Junge, plötzlich auffahrend. »Bitte nicht!« Er riß das Bild von der Staffelei und stellte es gegen die Wand. Aber Drioli hatte es schon gesehen.

»Mir gefällt es.«

»Es ist scheußlich.«

»Es ist wunderbar. Alles, was du malst, ist wunderbar. Ich liebe deine Bilder.«

Der Junge runzelte mißmutig die Stirn. »Das Schlimme ist nur, daß sie mich nicht ernähren. Ich kann sie nicht essen.«

»Aber sie sind trotzdem wunderbar.« Drioli füllte das Glas mit Wein und reichte es ihm. »Trink«, sagte er. »Das wird dich glücklich machen.«

Nie zuvor war er einem Menschen begegnet, der so unglücklich wirkte und so finster dreinschaute. Er hatte ihn vor etwa sieben Monaten in einem Café kennengelernt. Ihm war aufgefallen, daß der Junge, der da mutterseelenallein saß und trank, wie ein Russe oder Asiate aussah, und so hatte er neben ihm Platz genommen und ihn angesprochen.

»Bist du Russe?«

»Ja.«

»Woher?«

»Minsk.«

Drioli war aufgesprungen, hatte ihn umarmt und geschrien, daß auch er dort geboren sei.

»Ich bin nicht direkt aus Minsk«, hatte der Junge erklärt. »Aber mein Dorf liegt ganz in der Nähe.«

»Wie heißt es.«

»Smilowitschi, etwa fünfzehn Werst von Minsk.«

»Smilowitschi!« hatte Drioli gerufen und ihn nochmals umarmt. »Da bin ich als Kind oft gewesen.« Dann hatte er sich wieder gesetzt und den anderen liebevoll gemustert. »Weißt du«, hatte er gesagt, »du siehst nicht wie ein Westrusse aus. Man könnte dich eher für einen Tataren oder Kalmücken halten. Tatsächlich, du siehst genau wie ein Kalmück aus.«

Jetzt, im Atelier, betrachtete er ihn abermals, während der Junge das Glas auf einen Zug leerte. Ja, er hatte das Gesicht eines Kalmücken – sehr breitflächig, mit hohen Jochbeinen und einer aufgestülpten, plumpen Nase. Die Flächigkeit der Wangen wurde noch durch die Ohren betont, die weit vom Kopf abstanden. Und er hatte auch die schmalen Augen, das schwarze Haar, die wulstigen, trotzigen Lippen eines Kalmücken. Nur die Hände – die Hände überraschten Drioli immer wieder, denn sie waren weiß und feinknochig wie die einer Dame, mit langen, schlanken Fingern.

»Gib mir noch etwas«, sagte der Junge. »Wenn wir schon feiern, dann aber auch ordentlich.«

Drioli füllte die Gläser und ließ sich auf den einzigen Stuhl fallen. Der Junge saß mit Driolis Frau auf der alten Couch. Die drei Flaschen standen zwischen ihnen auf dem Fußboden.

»Heute abend werden wir trinken, soviel wir nur können«, verkündete Drioli. »Ich bin ungeheuer reich. Am besten gehe ich jetzt gleich und kaufe noch ein paar Flaschen. Wie viele soll ich holen?«

»Sechs«, entschied der Junge. »Für jeden zwei.«

»Gut. Dann hole ich sie also jetzt.«

»Ich komme mit.«

Im nächsten Café kaufte Drioli sechs Flaschen Weißwein und trug sie mit Hilfe des Jungen ins Atelier. Sie stellten sie in zwei Reihen auf den Fußboden. Drioli entkorkte alle sechs, und dann tranken sie weiter.

»Nur die ganze Reichen können es sich leisten, so zu feiern«, sagte Drioli.

»So ist es«, bestätigte der Junge. »Nicht wahr, Josie?«

»Ja.«

»Wie fühlst du dich, Josie?«

»Gut.«

»Willst du Drioli verlassen und mich heiraten?«

»Nein.«

»Herrlicher Wein«, lobte Drioli. »Ein Wein für reiche Leute.«

Langsam und methodisch gingen sie daran, sich zu betrinken. Das war ein stets gleich verlaufender Prozeß, bei dem es ein gewisses Zeremoniell zu beachten galt. Man mußte Haltung bewahren, mußte viele Dinge sagen und nochmals sagen. Sehr wichtig war es zum Beispiel, den Wein zu loben, und man durfte auch nichts übereilen, damit Zeit blieb, die drei köstlichen Stadien des Übergangs zu genießen, von denen Drioli besonders jenes liebte, in dem er zu schweben begann und seine Füße sich vom Körper lösten. Das war das beste Stadium – wenn er auf seine Füße hinabsah und sie so weit weg waren, daß er sich fragte, welchem Idioten sie wohl gehörten und warum sie da unten auf dem Boden herumlagen.

Nach einer Weile erhob er sich, um Licht zu machen. Er war sehr erstaunt, als er feststellte, daß seine Füße mit ihm gingen, denn er fühlte gar nicht, wie sie den Boden berührten. Es war sehr angenehm, durch die Luft zu schweben. Er wanderte im Atelier umher, und sah sich heimlich die Bilder an, die an der Wand standen.

»Hör mal«, sagte er plötzlich, »ich hab eine Idee.« Er ging hinüber und baute sich leicht schwankend vor der Couch auf. »Hör mal zu, mein kleiner Kalmück.«

»Was?«

»Ich hab eine großartige Idee. Hörst du auch zu?«

»Ich höre Josie zu.«

»Hör bitte *mir* zu. Du bist mein Freund, mein häßlicher kleiner Kalmück aus Minsk, und ich halte dich für einen Künstler ... für einen so großen Künstler, daß ich dich um ein Bild bitten möchte. Um ein schönes Bild ...«

»Nimm sie alle. Nimm dir, was du willst, aber störe mich nicht, wenn ich mit deiner Frau spreche.«

»Nein, nein. Hör doch zu. Ich meine ein Bild, das ich immer bei mir haben kann ... immer ... wohin ich auch gehe ... was auch geschieht ... Ein Bild, das du für mich gemalt hast ...« Er beugte sich vor und rüttelte den Jungen am Knie. »Bitte, bitte, hör zu.«

»Nun hör ihm schon zu«, sagte Josie.

»Es ist so. Ich möchte, daß du mir ein Bild auf die Haut malst, auf den Rücken. Und dann sollst du es eintätowieren, damit es immer da bleibt.«

»Du bist ja verrückt.«

»Ich zeige dir, wie man mit dem Tätowierapparat umgeht. Das ist ganz einfach. Jedes Kind kann es lernen.«

»Ich bin kein Kind.«

»Bitte ...«

»Du bist völlig übergeschnappt. Was willst du eigentlich von mir?« Der Maler blickte in die dunklen, müden, aber vom Wein glänzenden Augen des anderen. »Zum Teufel, was willst du von mir?«

»Du könntest es leicht machen! Bestimmt, mein kleiner Kalmück, du könntest es!«

»Du meinst, mit dem Tätowierapparat?«

»Ja, mit dem Tätowierapparat! Ich bringe es dir in zwei Minuten bei.«

»Unmöglich!«

»Willst du etwa behaupten, daß ich nicht weiß, wovon ich rede?«

Nein, so etwas konnte niemand von ihm behaupten, denn wenn einer etwas vom Tätowieren verstand, dann war er es – Drioli. Hatte er nicht erst im vorigen Monat den Bauch eines Mannes mit einem wunderbaren, hochkünstlerischen Blumenmuster überzogen? Und war ihm nicht ein Meisterwerk gelungen, als er einem Kunden mit sehr stark behaarter Brust das Bild eines Grizzlybären so eintätowierte, daß die Haare dem Bären als Pelz dienten? Konnte er nicht das Bild einer Dame mit solcher Raffinesse auf einen Männerarm malen, daß jedes Anschwellen des Muskels die Dame zum Leben erweckte und sie einige erstaunliche Verrenkungen vollführen ließ?

»Ich behaupte nichts weiter«, sagte der Junge, »als daß du betrunken bist und daß dies eine Schnapsidee ist.«

»Wir könnten Josie als Modell nehmen. Eine Skizze von Josie auf meinem Rücken. Habe ich nicht das Recht, ein Bild meiner Frau auf dem Rücken zu tragen?«

»Von Josie?«

»Ja.« Drioli wußte, daß er nur den Namen seiner Frau zu nennen brauchte, damit die dicken braunen Lippen des Jungen sich leicht öffneten und zu zittern begannen.

»Nein«, sagte Josie.

»Liebling, Josie, *bitte*. Nimm diese Flasche und trink sie aus, dann wirst du großzügiger werden. Es ist eine phantastische Idee. Noch nie in meinem Leben habe ich eine so geniale Idee gehabt.«

»Was für eine Idee?«

»Daß er mir dein Bild auf den Rücken malt. Habe ich etwa kein Recht, das zu verlangen?«

»Mein Bild?«

»Eine Aktstudie«, sagte der Junge. »Gar keine schlechte Idee.«

»Keine Aktstudie«, rief Josie.

»Es ist eine phantastische Idee«, wiederholte Drioli.

»Eine völlig verrückte Idee«, erklärte Josie.

»Auf jeden Fall ist es eine Idee«, meinte der Junge. »Es ist eine Idee, die gefeiert werden muß.«

Sie leerten eine weitere Flasche.

Dann sagte der Junge: »Es hat keinen Zweck, weil ich mit dem Apparat bestimmt nicht zurechtkomme. Aber ich werde dir ein Bild auf den Rücken malen. Das kannst du so lange behalten, bis du es beim Baden abwäschst. Wenn du nie mehr badest, behältst du es, solange du lebst.«

»Nein«, sagte Drioli.

»Doch. Und wenn du dich eines Tages entschließt, in die Badewanne zu steigen, werde ich wissen, daß du mein Bild nicht mehr magst. Auf diese Weise kann ich herausfinden, wie groß deine Bewunderung für meine Kunst ist.«

»Um Himmels willen«, wehrte Josie ab. »Seine Bewunderung für deine Kunst ist so groß, daß er sich nie mehr waschen wird. Mach lieber die Tätowierung. Aber keinen Akt.«

»Dann eben nur den Kopf«, sagte Drioli.

»Ich kann doch nicht tätowieren.«

»Es ist wirklich ganz einfach. Ich bringe es dir im Handumdrehen bei. Du wirst sehen. Ich gehe jetzt und hole mein Werkzeug. Die Nadeln und die Tuschen. Ich habe Tuschen in allen Farben – in Farben, die noch viel schöner als deine sind ...«

»Es ist unmöglich.«

»Ich habe eine Menge Tuschen. Habe ich nicht eine Menge Tuschen in allen Farben, Josie?«

»Ja.«

»Du wirst sehen«, wiederholte Drioli. »Ich gehe jetzt und hole sie.« Er stand auf und verließ mit unsicherem, aber entschlossenem Schritt das Zimmer.

Eine halbe Stunde später kam er zurück. »Ich habe alles mitgebracht«, rief er und schwenkte einen braunen Koffer. »Hier ist alles drin, was man zum Tätowieren braucht.«

Er stellte den Koffer auf den Tisch, öffnete ihn und nahm die elektrischen Nadeln und die Fläschchen mit farbiger Tusche heraus. Nachdem er eine Nadel in den Tätowierapparat gesteckt hatte, ergriff er ihn und drückte auf einen Schalter. Ein leises Summen ertönte, und die Nadel, die etwa einen halben Zentimeter vorstand, sprang schnell auf und ab. Drioli zog sich die Jacke aus und streifte den linken Hemdsärmel hoch. »Nun paß auf. Ich zeige dir, wie einfach es ist. Hier, ich zeichne mir ein Muster auf den Arm.«

Sein Unterarm war bereits mit blauen Musterungen bedeckt, aber er fand eine Stelle, die noch frei war.

»Zuerst suche ich mir die Tusche aus – in diesem Fall werde ich blau nehmen – und tauche die Nadelspitze in die Tusche ... so ... Ich halte die Nadel senkrecht und lasse sie leicht über die Haut gleiten ... siehst du ... Durch den elektrischen Antrieb springt die Nadel auf und ab. Sie punktiert die Haut, die Tusche dringt ein, und das ist alles. Na, ist das nicht ein Kinderspiel? Schau her, jetzt zeichne ich einen Windhund ...«

Das Interesse des Jungen erwachte. »Komm, laß mich mal probieren auf deinem Arm.«

Mit der summenden Nadel zog er blaue Linien über

Driolis Arm. »Es ist wirklich einfach«, murmelte er. »Als ob man eine Federzeichnung macht. Ganz genauso, es geht nur etwas langsamer.«

»Na bitte, ich hab's ja gesagt. Bist du fertig? Wollen wir anfangen?«

»Ja«

»Das Modell!« rief Drioli. »Los, los, Josie!« In einem Taumel der Begeisterung torkelte er durch den Raum, eifrig wie ein Kind, das ein aufregendes Spiel vorbereitet. »Wo willst du sie haben? Wo soll sie stehen?«

»Dort drüben vor der Kommode. Mit offenem Haar. Ich werde sie malen, wie sie ihr Haar bürstet.«

»Großartig. Du bist ein Genie.«

»Widerwillig erhob sich die junge Frau und stellte sich vor die Kommode. Ihr Glas nahm sie mit.

Drioli zog sein Hemd und die Hose aus. Nur noch mit Unterhose, Socken und Schuhen bekleidet, stand er leicht schwankend da. Sein magerer Oberkörper war fest, weißhäutig, fast unbehaart. »So«, sagte er, »jetzt bin ich die Leinwand. Wo willst du deine Leinwand haben?«

»Auf der Staffelei, wie immer.«

»Sei nicht albern. Die Leinwand bin doch ich.«

»Dann geh auf die Staffelei, denn da gehörst du hin.«

»Wie kann ich das?«

»Bist du die Leinwand, ja oder nein?«

»Natürlich bin ich die Leinwand. Ich fühle mich schon ganz wie eine Leinwand.«

»Dann geh auf die Staffelei. Das kann doch nicht so schwierig sein.«

»Wirklich, es ist unmöglich.«

»Na gut, setz dich auf den Stuhl. Setz dich rittlings

drauf, dann kannst du deinen betrunkenen Kopf auf die Lehne stützen. Beeil dich, ich will anfangen.«

»Ich bin fertig. Ich warte.«

»Zuerst«, sagte der Junge, »mache ich einen Entwurf. Wenn mir das Bild gefällt, werde ich es eintätowieren.« Und er begann mit einem breiten Pinsel den nackten Rücken zu bemalen.

»Uiii! Uiii!« schrie Drioli. »Ein riesiger Tausendfüßler läuft mir das Rückgrat herunter.«

»Sitz still! Bewege dich nicht!« Der Junge arbeitete schnell. Er benutzte eine dünne blaue Wasserfarbe, damit er später ungehindert tätowieren konnte. Seit er zu malen begonnen hatte, war seine Konzentration so stark, daß sie die Trunkenheit zu verdrängen schien. Er setzte die Pinselstriche mit kurzen, ruckartigen Armbewegungen und hielt dabei das Handgelenk steif. In weniger als einer halben Stunde war der Entwurf fertig.

»Gut. Das ist alles«, sagte er zu Josie, die sofort zur Couch ging, sich hinlegte und einschlief.

Drioli blieb wach. Er sah zu, wie der Junge nach der Nadel griff und sie in die Tusche tauchte; dann, als sie ihm in die Haut drang, fühlte er ein scharfes, kitzelndes Stechen. Der Schmerz, der unangenehm, aber nicht unerträglich war, hinderte ihn, einzuschlafen. Er vertrieb sich die Zeit, indem er den Lauf der Nadel verfolgte und beobachtete, welche Tuschen der Junge wählte. Daraus suchte er dann Form und Farben des Bildes zu erraten, das auf seinem Rücken entstand. Der Junge arbeitete mit erstaunlicher Intensität. Für ihn schien es nur noch diesen Tätowierapparat zu geben, mit dem sich so ungewöhnliche Effekte erzielen ließen.

Bis in den frühen Morgen hinein summte der kleine Motor. Draußen war es schon hell, und von der Straße drangen Geräusche ins Zimmer, als der Künstler endlich zurücktrat und sagte: »Es ist fertig.«

»Ich möchte es sehen«, bat Drioli. Der Junge hielt einen Spiegel hoch, den er ein wenig zur Seite neigte, und Drioli verrenkte sich fast den Hals, um hineinzuschauen.

»Mein Gott!« rief er. Es war ein erstaunlicher Anblick. Von den Schultern bis zum Ende der Wirbelsäule war sein Rücken ein einziges Farbenmeer – gold und grün und blau und schwarz und rot. Die Tätowierung war so dicht, daß sie fast wie ein Impasto wirkte. Der Junge war den ursprünglichen Pinselstrichen so genau wie möglich gefolgt und hatte die Flächen farbig ausgefüllt. Es war wunderbar, wie er das Rückgrat und die Wölbung der Schulterblätter in die Komposition einbezogen hatte. Vor allem war es ihm trotz der zwangsläufig langsameren Arbeitsweise gelungen, die Ursprünglichkeit des Ausdrucks zu bewahren. Das Verzerrte, Gequälte, das so charakteristicsh für die anderen Werke Soutines war, offenbarte sich auch hier. Sehr ähnlich war das Porträt nicht. Dem Jungen hatte wohl mehr daran gelegen, eine Stimmung einzufangen – trunken, in verschwimmenden Umrissen hob sich das Gesicht des Modells von einem Hintergrund wirbelnd kreisender dunkelgrüner Pinselstriche ab.

»Es ist großartig!«

»Ich muß sagen, mir gefällt es auch.« Der Junge trat zurück und betrachtete es kritisch. »Weißt du«, fügte er hinzu, »ich glaube, es ist gut genug, signiert zu werden.«

Er schaltete den Apparat ein und schrieb seinen Namen mit roter Tusche über die Stelle, an der Driolis rechte Niere saß.

Der alte Mann, der Drioli hieß, stand in einer Art von Trance vor dem Schaufenster der Kunsthandlung und starrte das Bild an. Das alles war so lange her – beinahe, als wäre es in einem anderen Leben geschehen.

Und der Junge? Was war aus ihm geworden? Drioli erinnerte sich jetzt, daß er ihn vergebens gesucht hatte, als er aus dem Krieg – dem ersten Krieg – zurückkehrte. Auf seine Frage: »Wo ist mein kleiner Kalmück?« hatte Josie geantwortet: »Er ist fort. Ich weiß nicht, wo er ist; angeblich soll sich ein Kunsthändler seiner angenommen und ihn nach Céret geschickt haben, damit er dort Bilder malt.«

»Vielleicht kommt er wieder.«

»Vielleicht. Wer weiß?«

Das war das letzte Mal gewesen, daß sie von ihm gesprochen hatten. Bald darauf waren sie nach Le Havre gezogen, wo es mehr Seeleute gab und das Geschäft besser ging. Der alte Mann lächelte, als er an Le Havre dachte. Gute Jahre waren das gewesen, die Jahre zwischen den Kriegen, mit dem kleinen Laden in der Nähe des Hafens und der gemütlichen Wohnung. Jeden Tag hatten sich drei, vier oder fünf Seeleute bei ihm tätowieren lassen, so daß es nie an Arbeit fehlte. Wirklich, das waren gute Jahre gewesen.

Dann war der zweite Krieg ausgebrochen. Josie war umgekommen, und die Deutschen waren einmarschiert. Niemand hatte sich mehr ein Bild auf den Arm tätowieren lassen wollen. Und Drioli war mittlerweile zu alt geworden, als daß er sich auf eine andere Arbeit hätte umstellen können. Verzweifelt war er nach Paris zurückgekehrt, in der unbestimmten Hoffnung, daß in einer so großen Stadt alles leichter sein werde. Aber darin hatte er sich getäuscht.

Und nun, da der Krieg vorbei war, besaß er weder die Mittel noch die Energie, sein kleines Geschäft neu aufzubauen. Es war nicht einfach für einen alten Mann, sich durchzuschlagen – besonders wenn es einem widerstrebte zu betteln. Aber wie sonst sollte er am Leben bleiben?

Er starrte noch immer unverwandt auf das Bild. Das ist also mein kleiner Kalmück, dachte er. Wie schnell so ein Anblick die Erinnerung aufrühren kann. Bis vor wenigen Minuten hatte er sogar die Tätowierung auf seinem Rücken völlig vergessen. Seit einer Ewigkeit hatte er nicht mehr daran gedacht. Er preßte das Gesicht an die Glasscheibe und spähte in das Innere der Kunsthandlung. An den Wänden konnte er zahlreiche Gemälde erkennen, die alle von demselben Künstler zu stammen schienen. Viele Menschen gingen umher und betrachteten die Bilder. Offensichtlich war dies eine Sonderausstellung.

Einem plötzlichen Impuls folgend, stieß Drioli die Tür der Galerie auf und ging hinein.

Er stand in einem langgestreckten Raum auf einem dicken weinroten Teppich. Mein Gott, wie schön und wie warm es hier war! Und alle diese Menschen, die von einem Bild zum anderen schlenderten, gut gewaschen, gut gekleidet, einen Katalog in der Hand! Drioli blieb an der Tür stehen und sah sich nervös um. Ob er es wagen durfte, sich unter die Menge zu mischen? Bevor er Zeit hatte, seinen Mut zusammenzunehmen, hörte er eine Stimme fragen: »Was wollen Sie hier?«

Der Mann trug einen schwarzen Cutaway, war klein und dick und hatte ein sehr weißes Gesicht. Ein schlaffes Gesicht, dessen fleischige Wangen in zwei Fettwülsten über die Mundwinkel hingen. Er trat dicht an Drioli heran und fragte noch einmal: »Was wollen Sie hier?«

Drioli schwieg.

»Bitte«, sagte der andere, »verlassen Sie gefälligst meine Galerie.«

»Darf ich mir nicht die Bilder anschauen?«

»Ich habe Sie gebeten zu gehen.«

Drioli rührte sich nicht von der Stelle. Er fühlte plötzlich eine maßlose Wut in sich aufsteigen.

»Machen Sie keine Schwierigkeiten«, sagte der Mann. »Kommen Sie, hier geht's raus.« Er legte seine fette weiße Hand auf Driolis Arm und wollte ihn zur Tür drängen.

Das gab den Ausschlag. »Nehmen Sie Ihre verdammte Hand weg!« schrie Drioli. Seine Stimme schallte durch die lange Galerie, und alle Köpfe fuhren herum. Erstaunte Gesichter starrten den Menschen an, der so laut aufbegehrte. Ein Diener in Livree eilte dem Geschäftsinhaber zu Hilfe, und die beiden Männer versuchten, Drioli hinauszuwerfen. Die Leute beobachteten den Kampf ohne Erregung. Ihre Mienen verrieten nur ein schwaches Interesse; offenbar dachten sie alle: Die Sache geht in Ordnung. Für uns besteht keine Gefahr. Wir haben nichts zu befürchten.

»Auch ich«, rief Drioli, »auch ich besitze ein Bild von diesem Maler! Er war mein Freund, und er hat mir ein Bild geschenkt.«

»Er ist verrückt.«

»Ein Irrer. Er hat einen Tobsuchtsanfall.«

»Man sollte die Polizei holen.«

Mit einer schnellen Drehung seines Körpers befreite sich Drioli von den beiden Männern, und bevor jemand ihn aufhalten konnte, rannte er durch die Galerie und brüllte: »Ich werde es euch zeigen! Ich werde es euch zeigen! Ich werde es euch zeigen!« Er warf den Mantel ab, dann die Jacke, das Hemd und wandte den Leuten seinen nackten Rücken zu.

»Da!« rief er keuchend. »Seht ihr? Da ist es!«

Plötzlich wurde es totenstill in dem Raum. Alle standen wie vom Donner gerührt, ratlos, verlegen, erschrocken. Alle starrten auf die Tätowierung. Sie war unversehrt, farbenprächtig wie immer, aber der Rücken des alten Mannes war magerer geworden, die Schulterblätter traten schärfer hervor, und das gab dem Bild ein seltsam verrunzeltes, gequetschtes Aussehen.

Jemand sagte: »Mein Gott, er hat ja recht!«

Die allgemeine Erregung machte sich in einem Stimmengewirr Luft, als die Leute auf den alten Mann zueilten, um das Bild aus nächster Nähe zu betrachten.

»Ja, unverkennbar.«

»Ein früher Soutine, nicht wahr?«

»Es ist phantastisch, ganz phantastisch!«

»Und sehen Sie, es ist signiert!«

»Nehmen Sie die Schultern etwas nach vorn, mein Freund, damit das Bild sich spannt.«

»Wann ist das entstanden, Alter?«

»Neunzehnhundertdreizehn«, antwortete Drioli, ohne sich umzudrehen. »Im Herbst neunzehnhundertdreizehn.«

»Wer hat Soutine das Tätowieren beigebracht?«

»Ich.«

»Und das Mädchen?«

»Sie war meine Frau.«

Der Besitzer der Galerie bahnte sich einen Weg durch die Menge. Er war jetzt sehr ruhig, sehr ernst, nur seine Lippen deuteten ein Lächeln an. »Monsieur, ich kaufe das Bild«, sagte er, und Drioli sah, wie bei der Bewegung des Kiefers das schlaffe Fett der Wangen erzitterte. »Haben Sie gehört, Monsieur? Ich kaufe das Bild.«

»Wie können Sie es kaufen?« fragte Drioli leise.

»Ich gebe Ihnen zweihunderttausend Francs dafür.« Die Augen des Kunsthändlers waren klein und dunkel, die Flügel seiner breiten Nase bebten.

»Tun Sie es nicht!« murmelte jemand hinter dem Alten. »Es ist zwanzigmal soviel wert.«

Drioli öffnete den Mund um zu sprechen. Da keine Worte kamen, schloß er ihn; dann öffnete er ihn von neuem und sagte langsam: »Aber wie kann ich es verkaufen?« Er hob die Hände und ließ sie kraftlos sinken. »Monsieur, wie kann ich es denn verkaufen?« Abgrundtiefe Traurigkeit lag in seiner Stimme.

»Ja«, meinten auch die Umstehenden, »wie kann er es verkaufen? Es ist doch ein Teil von ihm.«

»Hören Sie –« der Kunsthändler trat dicht an ihn heran – »ich will ihnen helfen. Ich mache Sie reich. Wir werden uns unter vier Augen über dieses Bild einigen, ja?«

Drioli blickte ihn verständnislos an. »Aber wie können Sie es kaufen, Monsieur? Was wollen Sie damit anfangen, wenn Sie es gekauft haben? Wo werden Sie es aufbewahren? Wo werden Sie es heute abend hinstellen? Und wo morgen?«

»Wo ich es aufbewahren werde? Ja, wo bewahre ich es denn auf? Also ... hm ... ja, wirklich ...« Der Kunsthändler rieb sich mit seinem dicken weißen Zeigefinger die Nase. »Es scheint«, sagte er schließlich, »daß ich Sie mitkaufe, wenn ich das Bild kaufe. Das ist ein Nachteil.« Wieder rieb er sich die Nase. »Das Bild hat keinen Wert, solange Sie am Leben sind. Wie alt sind Sie, mein Freund?«

»Einundsechzig.«

»Nun, Sie sind vielleicht nicht sehr kräftig, was?« Der Kunsthändler nahm die Hand von der Nase und musterte Drioli langsam von Kopf bis Fuß wie ein Bauer, der ein altes Pferd abschätzt.

Drioli wich einen Schritt zurück. »Das gefällt mir nicht. Ganz ehrlich, Monsieur, das gefällt mir nicht.« Er wich noch weiter zurück, bis er in den Armen eines großen Mannes landete, der ihn sanft an den Schultern festhielt. Drioli drehte sich um und stammelte eine Entschuldigung. Der Mann lächelte auf den Alten herab und klopfte ihm mit der kanariengelb behandschuhten Rechten beruhigend auf die nackte Schulter.

»Hören Sie, mein Freund«, sagte der Fremde, noch immer lächelnd. »Schwimmen Sie gern? Liegen Sie gern in der Sonne?«

Drioli sah ihn verdutzt an.

»Mögen Sie gutes Essen? Und die Rotweine der großen Weingüter in Bordeaux?« Der Mann lächelte unentwegt und entblößte dabei große weiße Zähne, zwischen denen hier und dort Gold blitzte. Er sprach mit leiser, einschmeichelnder Stimme, ohne die Hand von Driolis Schulter zu nehmen. »Mögen Sie das?«

»Nun ... ja«, antwortete Drioli in wachsender Verwirrung. »Natürlich.«

»Und die Gesellschaft schöner Frauen?«

»Warum nicht?«

»Und einen Schrank voll maßgeschneideter Anzüge und Hemden? Ich habe den Eindruck, daß Sie etwas knapp mit Garderobe sind.«

Drioli starrte diesen liebenswürdigen Menschen an und wartete auf den Rest des Angebots.

»Haben Sie schon mal Schuhe getragen, die eigens für Sie angefertigt wurden?«

»Nein.«

»Aber Sie hätten nichts dagegen, was?«

»Nun ...«

»Und wie wär's, wenn jeden Morgen ein Friseur käme, der Sie rasiert und Ihnen das Haar schneidet?«

Drioli stand nur da und staunte.

»Und ein reizendes dralles Mädchen, das Sie maniküirt?«

Jemand in der Menge lachte.

»Und hätten Sie nicht gern eine Klingel neben Ihrem Bett? Morgens brauchten Sie dann nur zu läuten, und schon würde Ihnen ein Stubenmädchen das Frühstück bringen. Na, wäre das nicht schön, mein Freund?«

Drioli schwieg.

»Sehen Sie, ich bin der Besitzer des Hotels Bristol in

Cannes. Ich lade Sie ein, mit mir zu kommen und bis an Ihr seliges Ende als mein Gast herrlich und in Freuden zu leben.« Der Mann machte eine Pause, damit sein Zuhörer Zeit hätte, diese glänzenden Aussichten voll und ganz zu würdigen. Dann fuhr er fort: »Ihre einzige Pflicht – oder sagen wir lieber: Ihr Vergnügen – würde darin bestehen, daß Sie sich, nur mit einer Badehose bekleidet, täglich an meinem Strand aufhalten. Sie gehen inmitten meiner Gäste umher, sonnen sich, schwimmen, trinken Cocktails. Lockt Sie das nicht?«

Keine Antwort.

»Verstehen Sie – dadurch gebe ich allen meinen Gästen Gelegenheit, dieses faszinierende Bild von Soutine zu besichtigen. Sie werden berühmt werden. Man wird sagen: ›Oh, da ist ja der Bursche mit den zehn Millionen Francs auf dem Rücken.‹ Wie finden Sie diese Idee, Monsieur? Gefällt Sie ihnen?«

Drioli betrachtete den Mann mit den kanariengelben Handschuhen und fragte sich, ob das etwa ein Scherz sein sollte.

»Es ist eine komische Idee«, sagte er langsam. »Meinen Sie das alles im Ernst?«

»Aber natürlich ...«

»Moment mal«, unterbrach ihn der Kunsthändler. »Hören Sie, Alter, mir ist eben die Lösung unseres Problems eingefallen. Ich kaufe das Bild und beauftrage einen Chirurgen, die Haut von Ihrem Rücken zu entfernen. Dann können Sie gehen, wohin Sie wollen, und das viele Geld genießen, das ich Ihnen dafür gebe.«

»Ohne Haut auf dem Rücken?«

»Nein, nein, Sie haben mich mißverstanden. Der Chirurg ersetzt das alte Hautstück durch ein neues. Ein ganz einfache Sache.«

»Kann man denn das?«

»Aber gewiß. Warum nicht?«

»Unmöglich!« mischte sich der Mann mit den kanariengelben Handschuhen ein. »Er ist zu alt für eine so schwierige Hautverpflanzung. Es wäre Ihr Tod, mein Freund. Ihr sicherer Tod.«

»Sie meinen ... ich würde sterben?«

»Natürlich. Eine solche Operation können Sie nicht überleben. Nur das Bild würde durchkommen.«

»Um Gottes willen!« rief Drioli. Er blickte entsetzt in die Gesichter der Menschen, die ihn beobachteten, und in der atemlosen Stille hörte man die ruhige Stimme eines Mannes, der irgendwo im Hintergrund stand: »Wenn man dem Alten genug Geld anbietet, ist er vielleicht sogar bereit, sich auf der Stelle umzubringen. Wer weiß?« Ein paar Leute lachten. Der Kunsthändler scharrte verlegen mit den Füßen auf dem Teppich.

Wieder legte sich die Hand in dem kanariengelben Handschuh auf Driolis Schulter. »Kommen Sie«, forderte ihn der Mann mit seinem breiten, weißzahnigen Lächeln auf. »Wir beide werden erst einmal ein gutes Abendessen zu uns nehmen. Bei Tisch können wir ja weiterreden. Was halten Sie davon? Sind Sie hungrig?«

Drioli sah ihn mit zusammengezogenen Brauen an. Ihm gefielen weder der lange, biegsame Hals des Mannes noch die Art, wie er ihn schlangenhaft vorreckte, wenn er mit einem sprach.

»Gebratene Ente und Chambertin«, sagte der Mann. Er gab diesen Worten eine kräftige, saftige Betonung, spritzte sie gleichsam mit der Zunge hervor. »Und vielleicht noch ein leichtes, lockeres *soufflé aux marrons.*«

Driolis Augen richteten sich auf die Decke, seine Lippen wurden wurden schlaff und feucht. Man sah, wie dem armen alten Kerl buchstäblich das Wasser im Munde zusammenlief.

»Wie mögen Sie Ihre Ente?« fuhr der Mann fort. »Sehr braun und knusprig, oder bevorzugen Sie ...?«

»Ich komme«, sagte Drioli rasch, bückte sich nach seinem Hemd und zerrte es in wilder Hast über den Kopf. »Warten Sie auf mich, Monsieur. Ich komme.« Und gleich darauf war er mit seinem neuen Gönner aus der Kunsthandlung verschwunden.

Schon wenige Wochen später wurde ein Bild von Soutine – das Porträt einer Frau, in einer ungewöhnlichen Technik gemalt, schön gerahmt und dick mit Firnis überzogen – in Buenos Aires zum Verkauf angeboten. Diese Tatsache stimmt uns ein wenig nachdenklich, um so mehr, als es in Cannes kein Hotel Bristol gibt. Wir können nur für die Gesundheit des alten Mannes beten und inbrünstig hoffen, daß er dort, wo er jetzt weilt, von einem reizenden drallen Mädchen manikürt wird und daß ihm ein Stubenmädchen morgens das Frühstück ans Bett bringt.

Helmut Heissenbüttel
Der Wassermaler

Er malte auf Wasser. Dies war seine Erfindung.

Er malte auf Wasser das heißt: er ließ nicht wie frühere Maler gefärbtes Wasser über Papier laufen. Er malte keine Bilder zum Aufhängen. Er malte überhaupt keine Bilder. Nicht das was man bis zu seiner Erfindung als Bild bezeichnete.

Er malte auf Wasser. Auf alle Arten von Wasser. Auf Regenpfützen auf Seeflächen auf die Wasserspiegel vollgelaufener Töpfe. Auf übergelaufenes Wasser rund um eine Blumenvase. Auf Meerwasser. Auf Badewasser. Er malte auf glattes Wasser. Er malte auf bewegtes Wasser. Auf klares Wasser und auf trübes Wasser voller Algen und Sinkstoffe. Schatten und Sonnenreflexe. Sogar auf gefärbtes Wasser wenn es zur Hand war. Niemals [was Außenstehende hätten vermuten können] auf eine andere Art von Flüssigkeit. Wasser mußte es sein.

Manchmal befriedigte ihn das, was er zur Hand hatte nicht und er reiste lange bis er das richtige Wasser fand. Manchmal begnügte er sich mit dem nächsten besten. Es konnte sein daß ein fleckige überschwemmte Schreibtischplatte ihn bezauberte. Es konnte sein daß er gerade diesen einen Bergsee zwischen dunkel bewaldeten Hängen benötigte. Manchmal beschränkte er sich darauf vom Ufer im Kies knieend oder auf einem Landesteg liegend zu malen. Manchmal ruderte er stundenlang bis er die richtige Beleuchtung die richtige Abgeschiedenheit fand. Eine Zeitlang benutzte er ein Floß das in der

Mitte rechteckig ausgeschnitten war. Er wendete beim Malen verschiedene Methoden an. Meist hatte er mehrere Arten von Stöcken. Daneben brauchte er Bretter Gummischeiben Bürsten Kämme Fliegenklatschen auch Pinsel. Gelegentlich Zirkel und Lineal. Gerade dies hatte eine Zeitlang einen gewissen Reiz für ihn. Man sah ihn in Brandungswellen oder auf Seeflächen die von Gewitterböen aufgeregt waren stundenlang sauber gezogene Geraden und weit ausgeschwungene Zirkelbögen anlegen. Er malte mit Fingern und gespreizten Händen. Mit Füßen ja mit dem ganzen Körper.

Selten malte er mit Farbe. Er tropfte dann die Farbe in fließendes Wasser oder zog sie mit Pinseln und Stöcken hindurch. Er schüttete Farbe töpfeweise ins Wasser. Einmal benutzte er einen Füllfederhalter.

Seine Bilder. Wie gesagt es waren keine Bilder. Spiele aus Kurve Welle Reflex Schatten aus Spuren und Spuren von Spuren. Einmal als er die Wassermalerei [auch er wollte nicht stillstehn] durch Schattenplastik zu komplettieren versuchte erlebte er einen Rückfall. Nachdem er von einfachen Schatten zu kombinierten und farbigen Schatten übergegangen war ertappte er sich dabei wie er anfing die Schattenplastik in einem ihrer wechselnden Stadien zu photographieren. Dies war der Rückfall. Bewahren festhalten überliefern vorzeigen das war der Rückfall. Das war das Vergebliche.

Danach blieb er eine Weile untätig. Möglicherweise wollte er sich durch Enthaltung strafen. Vielleicht auch strebte etwas aus diesem Rückfall in ihm heraus zu einer noch reineren Imagination. Allerdings wäre dann dieser Fortschritt nicht sichtbar geworden. Sondern nach einer

Pause voll scheinbarer oder wirklicher Apathie begann er wieder auf Wasser zu malen. Nur ein sehr genauer Beobachter [den es nicht gab] hätte vielleicht geringfügige Änderungen an ihm wahrgenommen. Ein leichtes Zögern mitten im Zug. Ein schnelleres Aufbrechen von Wasser zu Wasser. Ein Einhalten im kaum Begonnenen.

Gottfried August Bürger
Die beiden Maler

Zum Zeuxis prahlt' einst Agatharch, ein kleiner,
Fixfingriger, behender Pinselmann:
»So schnell, wie ich, malt wohl so leicht nicht Einer!« –
»Und ich, hub Zeuxis ruhig an,
Ich rühme mich, daß ich so langsam malen kann!« –
Den Fingerfix nennt jetzt fast keiner;
Den Zeuxis noch fast Jedermann.

Hermann Bote
Die 27. Historie sagt, wie Eulenspiegel für den Landgrafen von Hessen malte und ihm weismachte, wer unehelich sei, könne das Bild nicht sehen

Abenteuerliche Dinge trieb Eulenspiegel im Lande Hessen. Nachdem er das Land Sachsen um und um durchzogen hatte und dort so gut bekannt war, daß er sich mit seinen Streichen nicht mehr ernähren konnte, begab er sich in das Land Hessen und kam nach Marburg an des Landgrafen Hof. Und der Herr fragte ihn, was er für ein Abenteurer sei. Er antwortete: »Gnädiger Herr, ich bin ein Künstler.« Darüber freute sich der Landgraf, weil er meinte, Eulenspiegel sei ein Artist und verstünde die Alchimie.* Denn der Landgraf bemühte sich sehr um die Alchimie. Also fragte er ihn, ob er ein Alchimist sei. Eulenspiegel sprach: »Gnädiger Herr, nein. Ich bin ein Maler, desgleichen in vielen Landen nicht gefunden wird, da meine Arbeit andere Arbeiten weit übertrifft.« Der Landgraf sagte: »Laß uns etwas davon sehen!« Eulenspiegel sprach: »Ja, gnädiger Herr.« Und er hatte etliche auf Leinen gemalte Bilder, die er in Flandern gekauft hatte; die zog er hervor aus seinem Sack und zeigte sie dem Landgrafen. Sie gefielen dem Herrn gar wohl, und er sprach zu ihm: »Lieber Meister, was wollt Ihr nehmen, wenn Ihr uns unsern Saal ausmalt mit Bildern von der Herkunft der Landgrafen von Hessen? Und wie sie befreundet waren mit dem König von Ungarn und anderen Fürsten und Herren, und wie lange das bestanden hat? Und wollt Ihr uns das auf das allerköstlichste machen, so gut Ihr es immer könnt?« Eulenspiegel antwortete: »Gnädiger Herr, wie mir Euer Gnaden das aufgibt, wird es wohl vierhundert Gulden kosten.« Der Landgraf sprach: »Meister, macht uns das nur gut! Wir wollen es Euch wohl belohnen und Euch ein gutes Geschenk dazu geben.«

Eulenspiegel nahm den Auftrag also an. Doch mußte ihm der Landgraf hundert Gulden Vorschuß geben, da-

* Hier wohl verstanden als die Kunst, Gold zu machen (vgl. A. Schultz S. 448).

mit er Farben kaufen und Gesellen einstellen konnte. Als Eulenspiegel mit drei Gesellen die Arbeit anfangen wollte, bedingte er sich vom Landgrafen aus, daß niemand in den Saal gehen dürfe, während er arbeite, als allein seine Gesellen, damit er in seiner Kunst nicht aufgehalten würde. Das bewilligte ihm der Landgraf.

Nun wurde Eulenspiegel mit seinen Gesellen einig und vereinbarte mit ihnen, daß sie schwiegen und ihn gewähren ließen. Sie brauchten nicht zu arbeiten und sollten dennoch ihren Lohn haben. Ihre größte Arbeit sollte im Brett- und Schachspiel bestehen. Darin willigten die Gesellen ein und waren es zufrieden, daß sie mit Müßiggehen gleichwohl Lohn verdienen sollten.

Es währte ungefähr vier Wochen, bis der Landgraf zu wissen verlangte, was der Meister mit seinen Kumpanen malte und ob es gut werden würde wie die Proben. Und er sprach Eulenspiegel an: »Ach, lieber Meister, uns verlangt gar sehr, Eure Arbeit zu sehen. Wir begehren, mit Euch in den Saal zu gehen und Eure Gemälde zu betrachten.« Eulenspiegel antwortete: »Ja, gnädiger Herr, aber eins will ich Euer Gnaden sagen: wer mit Euer Gnaden geht und das Gemälde beschaut und nicht ehelich geboren ist, der kann mein Gemälde nicht sehen.« Der Landgraf sprach: »Meister, das wäre etwas Großes.«

Währenddem gingen sie in den Saal. Eulenspiegel hatte ein langes leinenes Tuch an die Wand gespannt, die er bemalen sollte. Das zog er ein wenig zurück, zeigte mit einem weißen Stab an die Wand und sprach also: »Seht, gnädiger Herr, dieser Mann, das ist der erste Landgraf von Hessen, ein Columneser aus Rom. Er hatte zur Fürstin und Frau eine Herzogin von Bayern, des reichen Justinians Tochter, der hernach Kaiser wurde. Seht, gnädiger Herr, von dem da wurde erzeugt Adolfus. Adolfus zeugte Wilhelm den Schwarzen. Wilhelm zeugte Ludwig den Frommen und also weiter bis auf Eure Fürstliche Gnaden. Ich weiß fürwahr, daß niemand meine Arbeit tadeln kann, so kunstvoll und meisterlich ist sie und auch von so schönen Farben.« Der Landgraf sah nichts anderes als die weiße Wand und dachte bei sich selbst: Und wenn ich ein Hurenkind bin, ich sehe nichts anderes als eine weiße Wand. Jedoch sprach er, um den Anstand zu wahren: »Lieber Meister, uns genügt Eure Arbeit wohl. Doch haben wir nicht genug Verständnis dafür, um es richtig zu erkennen.« Und damit ging er aus dem Saal.

Als der Landgraf zu der Fürstin kam, fragte sie ihn: »Ach, gnädiger Herr, was malt denn Euer freier* Maler? Ihr habt es gesehen, wie gefällt Euch seine Arbeit? Ich habe wenig Vertrauen zu ihm, er sieht aus wie ein Schalk.« Der Fürst sprach: »Liebe Frau, mir gefällt seine Arbeit durchaus und genügt mir.« »Gnädiger Herr«, sagte sie, »dürfen wir es nicht auch ansehen?« »Ja, mit des Meisters Willen.«

Die Landgräfin ließ Eulenspiegel zu sich kommen und begehrte auch, das Gemälde zu sehen. Eulenspiegel sprach zu ihr wie zu dem Fürsten: wer nicht ehelich geboren sei, könne seine Arbeit nicht sehen. Da ging sie mit acht Jungfrauen und einer Hofnärrin in den Saal.

* Die freien Künstler wurden den zunftmäßig gebundenen Handwerkern gegenübergestellt.

Eulenspiegel zog wieder das Tuch zurück wie vorher und erzählte auch der Gräfin die Herkunft der Landgrafen, ein Stück nach dem anderen. Aber die Fürstin und die Jungfrauen schwiegen alle still, niemand lobte oder tadelte das Gemälde. Jede fürchtete sich davor, vom Vater oder von der Mutter her unehelich zu sein. Schließlich hob die Närrin an und sprach: »Liebster Meister, ich sehe nichts von einem Gemälde, und sollte ich all mein Lebtag ein Hurenkind sein.« Da dachte Eulenspiegel: das kann nicht gut werden; wenn die Toren die Wahrheit sagen, so muß ich wahrlich wandern. Und er zog die Worte ins Lächerliche.

Indessen ging die Fürstin hinweg und wieder zu ihrem Herrn. Der fragte sie, wie ihr das Gemälde gefallen habe. Sie antwortete ihm: »Gnädiger Herr, es gefällt mir ebenso wie euer Gnaden. Aber unserer Närrin gefällt es gar nicht. Sie meint, sie sähe auch kein Gemälde, desgleichen unsere Jungfrauen. Ich befürchte, es ist eine Büberei im Spiel.« Das ging dem Fürsten zu Herzen, und er bedachte, ob er nicht schon betrogen sei. Dennoch ließ er Eulenspiegel sagen, er solle seine Sache vollenden, das ganze Hofgesinde solle seine Arbeit betrachten. Der Fürst meinte, er könne bei dieser Gelegenheit sehen, wer von seinen Rittersleuten ehelich oder unehelich sei. Die Lehen der Unehelichen seien ihm verfallen. Da ging Eulenspiegel zu seinen Gesellen und entließ sie. Er forderte noch hundert Gulden von dem Rentmeister, erhielt sie und ging auch davon.

Des anderen Tags fragte der Landgraf nach seinem Maler, aber der war hinweg. Da ging der Fürst in den Saal mit allem seinem Hofgesinde, ob jemand etwas

Gemaltes sehen könne. Aber niemand konnte sagen, daß er etwas sähe. Und da sie alle schwiegen, sprach der Landgraf: »Nun erkennen wir wohl, daß wir betrogen sind. Mit Eulenspiegel habe ich mich nie befassen wollen, dennoch ist er zu uns gekommen. Die zweihundert Gulden wollen wir zwar verschmerzen. Er aber wird ein Schalk bleiben und muß darum unser Fürstentum meiden.«

Also war Eulenspiegel aus Marburg fortgekommen und wollte sich künftig mit Malen nicht mehr befassen.

Hugo Hartung
Korbinian oder Das Ende der Kunst

»Zurück, zurück, warum denn zurück?! Wir waren ja auf dem Wege, wir hatten die Materie überwunden. Vorgestern war die Materie. Gestern war die Seele. Ihr habt es Expressionismus genannt, wir wollten die Wirklichkeit der Seele statt der Wirklichkeit der Dinge. Aber die Seele ist weit, und ihr wurdet müde auf dem langen Wege. Und nun wollt ihr zurück, zurück, ihr Feiglinge, zurück zur Wahrheit von vorgestern, zurück zum Körper und zum Raum. Und ihr nennt's ›Neue Sachlichkeit‹, um die Blöße eurer Gehirne zu decken! Pfui über euch, pfui über mich, da ich schon beinah in euren armseligen Schlingen gefangen saß! Pfui, pfui!«

Und diesen drei ›Pfui‹ des Malers Korbinian Multerer folgte ein dumpfes Gepolter; denn ein Fußtritt Korbinians stürzte zugleich die Sitzbadewanne um, in der sein

Modell saß – ein dickes Mädel, einzig und allein mit einem Bubikopf bekleidet. Das Mädel fiel aus der Wanne, tat sich an einem rundlichen Körperteil weh und fing entsetzlich an zu weinen. Sie war als Susanne im Bade mit fünfzig Pfennig Stundenlohn engagiert gewesen ... Da wurde Korbinian plötzlich sanft und gut, merkwürdig sanft und gut, und gab dem Mädel eine große Tüte voll Konfekt. Die Kleine schluchzte mit einem leisen ›Huhu‹ noch einmal auf und aß betrübt die Pralinees. Dann verschwand sie. Es war Abführkonfekt gewesen ...

Korbinian warf ihr die Kleider nach, dann stülpte er sich eine Sportmütze über und stürmte in beschleunigtem Ingrimm die Treppe hinunter, zum Hause hinaus, in den grau rieselnden Regentag.

Den Blick nach innen gerichtet, überquerte er die belebten Straßen. Vierradbremsen quietschten schrill vor ihm auf. Trambahnen klingelten wie besessen, er achtete nicht darauf.

Er sprach nur vor sich hin, und die Männer, die zur Börse gingen, wunderten sich. Er sprach: »Ich will's nicht tun, ich will nicht zurück, nein, ich will nicht zurück! Gestern rasten wir der Seele nach, sollen wir heute den Leib fangen? Seele war Irrweg, Seele ist Mittelalter, aber Geist ist Morgen. Morgen sind die Vereinigten Staaten von Europa. Morgen singen die Wolkenkratzer über dem zentraldeutschen Mittelgebirge! Und ich will der Prophet des Morgen, will der Gebärer eines neuen Mythos sein!«

Da stolperte Korbinian über ein Schemerl. Auf dem Schemerl saß eine blaugedunsene Nase, die dem Dienstmann Nr. 862 gehörte, und die Nase sprach:

»Sie, gem'S fei' Obacht!«

Da erwachte Korbinian in den Alltag und sagte resigniert:

»Morgen? Was ist morgen? Ich will der Maler des *Heute* sein. Nur nicht gestern, nur nicht gestern! Aber Künder des Heutigen, des Gegenwärtigen, auch das ist schön. Ich will den Geist der Zeit malen, den Geist von heute, den Geist des 20. Jahrhunderts!«

Er entriß dem Dienstmann 862 seine rote Mütze und stürmte davon, quer durch das Gellen der Großstadt.

Korbinian stürmte nach Hause, und dann malte er. Malte, malte, wochenlang – still, unverdrossen. Seine Seele war so durchsichtig klar wie ein Herbsttag am Bodensee. Und sein Bild wuchs. Sein Bild, das ›Der Geist der Zeit‹ hieß.

Mit einer schmutziggrauen, einförmigen Farbschicht war die Leinwand vor ihm bedeckt. Oh, man sah es dem Bild nicht an, was in ihm steckte. Aber wer erkennt den Geist am Äußerlichen? Der Geist lebt in den Dingen. Der Geist wohnt edelschön hinter einer finnigen Stirn und ist gebannt in alle Dinge rundum. Geist der Zeit ist im schnittigen Auto und im Bordell an der Ackerstraße. Hier sitzt er im rotverstaubten Plüsch, dort im braunen Edelleder. Nimm den Plüsch, nimm dir das Leder – du hast den Geist mit eingefangen. Stiehl die rote Mütze vom Dienstmann 862, und unter dem durchgeschwitzten Schutzband steckt ein Stückchen Zeitgeist.

Korbinian hatte es getan. Er hatte die Mütze vom Dienstmann 862 gestohlen und hatte sie zu Hause in tausend kleine Stückchen geschnitten. Und er hatte viele kleine Dinge gestohlen – von den Straßen und aus den

Häusern. Und er hatte Dinge gekauft und hatte um Dinge gebettelt, um unscheinbare kleine Dinge, um große, unförmige, und alle hatte er sie zerschnitten, zersägt, verbrannt, verschrottet und hatte sie eingerührt in den großen Farbbrei, aus dem das Bild entstand. Das Bild, das ›Der Geist der Zeit‹ hieß.

Zwar war der Farbbrei immer gleich schmutziggrau, und das Bild war immer gleich schmutziggrau – aber sein Wert, seine geheime Bedeutsamkeit, wuchs ins Ungemessene.

Denn in der Farbe war nicht allein die Dienstmannsmütze 862 eingerührt, darin waren tausend andere Dinge. Darin war zum Beispiel ein abgelegter Büstenhalter der Filmdiva Pia de Lutti, war der Weltmeisterschaftsmorgenurin eines australischen Boxers, den sein schwarzer Boy heimlich an Korbinian verkauft hatte, darin war die Verdienstmedaille mit Schwertern eines im Weltkrieg bediensteten deutschen Sanitätssoldaten, die Korbinian bei einem vaterländischen Trauergelage errafft hatte, darin waren Exkremente von Schwalben, die unter der bronzierten Achselhöhle eines bärtigen Königsdenkmales ihre Brutstätte hatten, darin war ein Christbaumzweig von einer Waisenhausweihnachtsfeier, darin waren gläserne Hirsche aus den Uhren deutscher Bürgerhäuser, waren Meißner Kaffeetassen mit dem Bilde des republikanischen Staatsoberhauptes, die hundertzwanzigjährigen Greisen zum Geburtstag geweiht waren. Und darin war ein Armknochen des heiligen Sostenuto von Hachelfing.

Auch Töne waren eingegangen in den grauen Brei, Töne von zermahlenen Caruso-Platten, von weiland

Wilhelms II. erzenen Worten anläßlich der Einweihung des Gardesäuglingsheimes in Klein-Malchow. Locken von toten Wunderkindern ringelten sich um buntbebilderte Evangeliare von Hamburger Hafenarbeitern. Still glänzte im Brei das heimlich erhaschte Nasentröpfchen eines neuromantischen Dichters. Verschrottete Fordautos verbanden sich mit Bettüchern aus ersten Liebesnächten, die Tränen sitzengebliebener Gymnasiasten mit tubenschwingenden Gipsengeln aus bayrischen Königsschlössern. In die graue Masse spritzten Feuerworte verfolgter Revolutionäre, und Fichtenzweiglein vom Sarg einer toten Armenhäuslerin deckten sie.

Korbinian malte, malte. In weißglitzernden Winternächten und in starren Sommermittagsstunden.

Korbinian malte Tage, Wochen, Jahre.

Genau drei Jahre, nachdem er die Mütze des Dienstmannes Nr. 862 entwendet hatte, seufzte er auf. Das Bild war fertiggestellt. Und nur eines schien Korbinian an dem Bild zu fehlen: Ein Stück von seinem eigenen Geiste. Aber was von den Dingen um ihn herum trug am meisten von seinem Geiste? Da las Korbinian die Zeitung. Und er las von einem Mörder, der morgen in der Stadt hingerichtet werden sollte. Korbinian schauerte. So sollte von des Mörders Geist ein Hauch durch sein Bild wehen ... Korbinian lief zum Gefängnis. Geld öffnete ihm die vergitterte Zelle. Ein grauer Mann saß vor ihm. Korbinian neigte sich ernst und sprach:

»Der Geist von morgen ...«

Im selben Augenblick hieb eine haarige Faust auf ihn ein und zertrümmerte ihm den Schädel. Ein wenig Gehirn spritzte auf Korbinians Hand. Korbinian sah, daß es sein eigenes Gehirn war und packte es fürsorglich in ein Butterbrotpapier, das in seiner Tasche steckte. Dann fiel er um, und man brachte ihn ins Krankenhaus.

Während Korbinian offenen Hauptes wochenlang in wildem Fieber lag, umkreiste der Ruhm seines Bildes den Erdball. Das große graue Bild vom Geist der Zeit, in dessen Farbmassen Freunde zuletzt noch das Fetzchen Gehirn aus dem Haupte des Malers eingerührt hatten, das große graue Bild war das Gespräch des Erdballs. Die Stadt Detroit hatte es erworben und ein eigenes Museum herum gebaut. Als Korbinian dann eines Morgens erwachte und die Morgensonne von seiner silbernen Schädeldecke widerstrahlte, sah er zugleich einen Scheck auf eine Million Dollar, der auf dem schäbigen Krankenhaustischchen neben ihm lag.

Sein künftiges Leben verlief in schlichter Großartigkeit. Alle Länder der Welt bestellten bei ihm Bilder vom Geist der Zeit. Er hatte sich für die Verschrottung des Materials Maschinen nach der Art riesiger Fleischwölfe angeschafft, die alle einlaufenden zeitgeistbehafteten Dinge zermalmen sollten. Denn immer größer wurden die Objekte, die man ihm zur Verfügung stellte. Russische Kirchenkuppeln, montenegrinische Bergspitzen, englische Wasserklosetts, ägyptische Pyramiden samt einliegenden Pharaonenmumien, die Banner deutscher Geheimbünde – alles zermalmten seine kreischenden, gigantischen Apparate.

Und immer größer und immer grauer wurden Korbinians Bilder. Das letzte war so groß, daß man eine Insel des australischen Archipels evakuieren mußte, um das Bild dort aufzustellen. –

Wie ein Koloß stand Korbinian über seiner Zeit. Um so merkwürdiger und kleinlicher war sein Ende. Die Oberrealschule in Klachau, die Korbinian in seiner Jugend bis zur Quinta durchlaufen hatte, erinnerte sich ihres berühmtesten Schülers, als es galt, die Aula ihres neuen Schulgebäudes auszuschmücken. Die Direktion der Schule wandte sich an Korbinian und bat ihn, ein Bild aus dem deutschen Mittelalter für das neuerstehende Klachauer Oberrealschulgebäude anzufertigen. Der Schuldirektor wußte nicht, daß Korbinian nur den Geist der Zeit malte.

Da wucherte unter Korbinian Multerers silberner Schädeldecke ein scheußlicher Gedanke. An einem lauen Frühlingstag lud er alle Lehrer der Klachauer Mittelschule zu einem opulenten Mahle in sein Haus. Und alle, alle kamen. Kamen zu dem berühmten Maler, der einst eine Zier ihrer Schule, jetzt die Zier des Jahrhunderts war. Blonde Vollbärte und sonore Stimmen füllten die Räume in Korbinians Haus. Und die Vollbärte lauschten erstaunt dem Schüttern der Maschinen, die die Dinge der Erde zum Farbbrei des Geistes zerstampften. Als Korbinian sie obenhin fragte, ob sie ihm Modell stehen wollten, zu dem Bild ›Der Geist des Mittelalters‹, zum Bild für ihre Klachauer Oberrealschule, nickten sie geschmeichelt ›Ja‹.

Eine Stunde, nachdem die Oberlehrer das Haus betreten hatten, drang aus ihm markerschütterndes Geschrei auf die Straße, welches das Rollen der Autobusse auf dem Asphalt und das Dröhnen der Maschinen schrill übertönte. Passanten rotteten sich. Polizeibeamte drangen in das Innere von Korbinians Malfabrik. Im größten der Säle bot sich ihnen ein entsetzlicher Anblick. Zehn deutsche Oberlehrer standen da gefesselt, in seltsamen Gewandungen, und ihre blonden Bärte wehten im Wind der Maschinen. Der Direktor der Klachauer Oberrealschule steckte in einem wallenden Wotansgewand, der greise Mathematiklehrer war als grimmer Hagen maskiert, und seine grauen Wollsocken ringelten sich unter dem Schuppenpanzer. Dann war da noch ein heroischer Turnlehrer als Siegfried, ein Tristan, ein Loki, und so ging's weiter durch die Reihe deutscher Sagenhelden und Oberlehrer. In der größten Mahlmaschine aber steckte ein junger Studienreferendar, mit dünnen, roten Härchen und einem schiefen Klemmer auf der Nase. Es war der Deutschlehrer der Untertertia, den Korbinian als Herrn Walther von der Vogelweide verkleidet hatte. Als die knirschende Apparatur schon seine Beine erfaßt hatte, wimmerte er noch mittelhochdeutsche Verse vor sich hin, und mit dem Seufzerhauche ›Tandaradei‹ gab er seine Seele auf, während seine zerschrottete Leiblichkeit in ein eisernes Behältnis floß.

Die Polizeibeamten standen einen Moment starr. Dann stürzten sie sich auf Korbinian. Aber Korbinian riß sich los, schwang sich auf eins der rotierenden Räder und stürzte sich in das Getriebe der am feinsten mahlenden Maschine.

Seine Überreste wurden später von seinen Freunden auf eine mittelgroße Leinwand gestrichen, und das letzte graue Bild wanderte als des Meisters geistiges Selbstporträt in die Korbinian-Multerer-Gedächtnisausstellung.

Es war das letzte Bild, das auf Erden gemalt wurde …

1927

»Die Welt um ihn ging auf
und unter:
Er malte Rosen«

Johann Heinrich Pestalozzi
Der Menschenmaler

Er stand da – sie drängten sich um ihn her, und einer sagte: »Du bist also unser Maler geworden? Du hättest wahrlich besser getan, uns unsere Schuhe zu flicken.«

Er antwortete ihnen: »Ich hätte sie euch geflickt, ich hätte für euch Steine getragen, ich hätte für euch Wasser geschöpft, ich wäre für euch gestorben, aber ihr wolltet meiner nicht, und es blieb mir in der gezwungenen Leerheit meines zertretenen Daseins nichts übrig, als malen zu lernen.«

Albert Paris Gütersloh
Die Fabel von der Malerei

Der Maler erwartete seine Geliebte. Sie war, wie sich's gehört für die Geliebte eines Malers, groß, schlank, schön, ernst, eine wahre Zypresse des Lebens. Er blickte auf die altertümliche Uhr, die inmitten des Stillebens stand, das er heute aufgebaut hatte und morgen, von einer entzückenden Nacht beschwingt, in die Sphäre unsterblicher Farben zu heben gedachte. Die Uhr zeigte sechs. Seit gut einer halben Stunde sollte Melitta da sein. Der Stachel der Eifersucht nahte seinem Herzen. Er verließ sie kunstvolle Wirklichkeit des Stillebens, welche plötzlich keinen Sinn mehr hatte, sondern einem zusammengefallenen Gerichte glich. Wir gehen, fühlte er, auf den Spinnwebenfäden unserer Illusionen so sicher wie auf Eisenbrücken über Abgründe, solange uns der

Glaube an das geliebte Wesen jeder Schwere überhebt. Selig wie die in der Erde wurzelnden Pflanzen dürfen wir das Haupt, das schöne, schwere Chrysanthemumhaupt eines mit allen Beweisen der Hingabe Herausgeputzten, hin und her schwingen, vom Himmel zum Boden neigen, der unglaublichen Kraft des dünnen Stengels gewiß. Wenn aber der Zweifel in diese aus Gaze und Dämpfen erbaute, von tänzerischen Geschöpfen bevölkerte, mit hingehauchten Schlachten geschmückte, von geflüsterten Donnerwettern durchzitterte Welt tritt, dann gleicht man alsofort dem mageren Pferde, das auf halber Höhe des Wirklichen den Wagen seines Schicksals nicht mehr erschleppt. Und für die leichtfüßigen Genien, die sonst zur Hand gewesen sind, treten vom Leben mißgestaltete, aber mitleidige Leute an und heben statt des Nektars schweres Wasser in Blechgefäßen ans Maul des erbarmungwürdigen Wesens. Da läutete es. Kurz. Ja, fast leise. So eben, wie Melitta läutet. Die Geliebte. Ein Wesen, das eigentlich gar nicht da ist oder gegen alle Wahrscheinlichkeit dieser häßlichen Welt da ist. Er stürzte zur Türe, wie ein Scheit schief durch den Raum fliegt. Draußen stand ein altes Weib. Das war zuviel. Er sank sanft an den Türpfosten. Bleich vor enttäuschter Liebe, die Hand auf dem Herzen. Die Augen fielen ihm zu. Als er sie wieder öffnete – um sie verzweifelt zum Himmel zu schlagen –, sah er das Mütterchen an der Wand des Stiegenhauses lehnen. Nein, an diese Wand gedrückt von seiner unbeherrschten, mächtigen Empfindung. Es war gelb vor Hunger, bebte mit allen Gliedmaßen unter seinen vielen Kleidungsstücken und vermochte nichts wider zwei Tränen, die langsam aus den entzündeten Lidern quollen, eine Weile auf der Kimme standen wie Perlen, die ein Mädchen betrachtend zwischen den rosigen Fingern hält, und nun vom empfangenen Übergewichte zitterten. War es der eigene Schmerz, der den Maler an das Schauspiel eines anderen Schmerzes bannte, war es der Maler und Liebende, den die Oberfläche, gleichgültig, was sie decke oder enthülle, faszinierte, wider Willen faszinierte – wie den Ganymed der göttliche Vogel, dessen Krallen der entführte Knabe nur so wie stärkste Zärtlichkeit gespürt haben mag –, kurz: der Jüngling betrachtete mit grausam kaltem Staunen, das aber nur die Kehrseite einer feurigen Bewunderung für den Schöpfer all dieser Dinge war, den seltsamen Weg, den Tränen übers Gesicht einer Greisin nehmen. Denn ganz und gar nicht so wie über das glatte Antlitz eines zu Hoffnungen noch berechtigten Menschen rannen sie senkrecht hinab und schnell, ein gesunder Regen eines allzu heißen Tags. Sondern kreuz und quer, langsam, zögernd, ja innehaltend hie und da und überlegend am Schnittpunkt zweier Furchen, durch welch verrunzelte Schlucht am besten sie rollen sollten, stiegen, ja, stiegen sie wie Schwerbeladene vorsichtig zu Tal. »Kommen Sie, Mütterchen, kommen Sie«, sagte der Maler und machte dem alten Weiblein wie einer Dame Platz, die es plötzlich auch war. Denn so alt ist kein Weib – vorausgesetzt, daß es in seiner Jugend gute Erfahrungen gemacht hat, an zarte, reine und doch ihren Mann stellende Männer geraten ist –, so alt also, sagen wir, ist kein altes Weib, daß die Einladung eines gradegewachsenen Jünglings von angenehmem Gesichte seine frühere Gestalt, und sei es auch nur für Augenblicke und nur ganz dünn, nicht wieder aufglühen ließe. Zierlich wie eine magere Ziege die vielen Röcke raffend, um auf altmodische Weise den kleinen Fuß zu zeigen, huschte die alte Dame sozusagen mit höckerigen Sprüngen an dem seltsamen Liebhaber vorbei ins Atelier. Weil es erst sechs Uhr im Juli und eines schönen Tages war, herrschte noch das goldblaue Licht der Gestalten Bronzinos. Das Lager mit den vielen Polstern für Melittas schönen, zu küssenden Kopf stand schon im Schatten. (Oder war von weiser Hand schon von allem Anfang an dahin gerückt worden.) Aber auf dem Teetische rollte noch das volle Licht mit den Wölbungen des gerichteten Geschirrs, wie mit weißen Fahnen und den Segelscherben draußen auf dem Meere der Wind rollt. Dorthin setzte er das Mütterchen und in Melittas königlichen Stuhl. Einen Augenblick lang schien dem Künstler, als beginge er eine Blasphemie, als mißbräuchte er äußerste Armut, um aus tollster Eifersucht der über alles Geliebten eine ausgesuchte Häßlichkeit ins Gesicht zu schlagen. Und als müßte er etwas Außergewöhnliches tun, das Böse ins Gute zu wenden. Aber das Außergewöhnliche war ja schon auf dem Wege. Denn nicht erst jetzt fiel ihm auf – jetzt vielmehr hatte er schon die erst für morgen gerichtete Palette ergriffen, die sauberen Pinsel und, in einer so vollkommenen Stille, als sie herrscht, wenn der Priester das Evangelium aufschlägt und die Gemeinde sich erhebt, die Leinwand aufgerichtet –, nicht erst jetzt also kam ihm zu Bewußtsein, daß hinter dem schwarzen, schäbigen Gewand des alten Weibes herrliche Grüns standen, metallische Grüns aus der seichten Tiefe eines Tümpels.

Daß auf dem lächerlichen Pelzchen um den Hals, das sich vor Räude sträubte, Gold starrte in noch unbekannter kristallinischer Form. Daß die Haut von Melittens Ersatz dem Fleisch des konservierten Thunfisches glich, der schmutzige Unterrock dem unbeschreiblichen Brei der Auster und das alte Rot der faltigen, wollenen Strümpfe der breiten Blutschabracke auf dem Rücken jenes schwarzen Stiers, den er in einer spanischen Arena kämpfen gesehen hatte. Eine andere, aber nicht weniger schöne Welt denn jene, in welcher er und Melitta, einander liebend, lebten, erbaute sich aus und über dem Komposthaufen eines alten Weibes. Anfangs natürlich galt alles nur metaphorisch. Dann aber, wie vom Blasrohr die Seifenkugel, löste sich der Vergleich von seinem Gegenstande und wurde selber ein Gegenstand. Und so zerfiel unter den Pinsel- und Hammerschlägen des malenden Genius diese wirkliche Welt, in welcher Melitta zu spät kommt. Zerfiel mit dieser Welt auch Melitta, die für unsterblich und unverletzlich gehaltene Göttin der qualvollen Lust und der lustvollen Qual. Und zerfiel auch das alte Weib, diese erloschene Sonne, die zufällig einen feurigen Weg gekreuzt hat und zu neuen Bestandteilen auseinandergeflogen war. Es dunkelte stark, als der Künstler seine Pinsel ablegte, mit denen er fast blind gemalt hatte. Sein Gesicht war hart vom Schaffen wie das eines Richters, der eben ein Todesurteil gesprochen hat. Noch war es hart. »Wunderbare Macht!« sagte er, wohl wissend, daß sie nicht von langer Dauer sein wird, daß sie nur eines jener wohltätigen Gifte ist, womit von Zeit zu Zeit die Himmlischen einem ihnen lieben Sterblichen über gefährliche Augenblicke seines Lebens hinweghelfen. »Wunderbare Macht über mich selbst und vor allem über Melitta, die da- oder nicht daseiend an meinem Herzen nagt! Und daß sie von einem alten Weibe ausgeht! Ich will es reich beschenken!« Auf der Schwelle des Ateliers, wo ihm wieder Melittens schmaler Fuß – der sie heute noch nicht übertreten hatte – auf den Nacken gesetzt wurde, aber noch ganz benommen von dem geheimnisvollen Exzeß, den er zwei Stunden lang, zu einem ganz anderen eigentlich gewillt und bereit, begangen hatte, sagte er: »Meine Dame! Da ich eine so merkwürdige Zeit mit Ihnen habe verbringen dürfen, jenseits, wie Sie zugeben werden, von allem Üblichen, und Sie nun meinen Namen wissen: darf auch ich jetzt wissen, wer Sie sind?«

»Ich?« fragte das armselige Mütterchen und legte einen gichtischen Finger an die Lippen. »Ich bin die Malerei!« Und sprang zierlich wie eine magere Ziege, in höckerigen Sprüngen, die Steine der Treppe hinab.

Jüdische Erzählung
Zwei Künste

Zwei Malergrupppen wetteiferten vor einem König um den Vorrang, und eine jede rühmte ihr Art zu schaffen. Da beschloß der König, die Künstler von beiden Gruppen an einer Halle arbeiten zu lassen. Diese wurde durch einen Vorhang in zwei Teile geteilt und jeder Gruppe ein Teil zum Bemalen der Wände überwiesen. Nach vollendeter Arbeit sollte der Vorhang wieder weggezogen und dann entschieden werden, welche Gruppe als siegreich und welche als besiegt anzusehen sei. Und alles geschah, wie der König befohlen hatte.

Die erste Gruppe trug, bevor sie an die Arbeit ging, die herrlichsten Farben zusammen, die andre brachte keinen einzigen Farbtopf mit und verlegte sich nur darauf, die ihr zum Ausschmücken überwiesenen Wände mit allen Mitteln zu glätten und blank zu machen. Als die Farbenmischer mit ihrer Arbeit fertig waren, erklärten auch die andern, daß ihr Werk verrichtet sei. Da wurde ihnen entgegengehalten: Wie könnt ihr von euch behaupten, daß ihr etwas vollbracht habt, wo ihr doch keine Farbe angewendet und kein Bild auf die Wand gemalt habt. Sie aber antworteten: Zieht den Vorhang auf und seht dann, wer es besser gemacht hat. Da wurde das Tuch, das die beiden Räume voneinander trennte, entfernt, und siehe da, der Teil, der von den Verächtern der Farbe hergerichtet war, schillerte genau so bunt und ließ dieselben Bilder sehen wie der von den Künstlern bemalte. Die Wände waren durch viele Mühe und Sorgfalt dahin gebracht worden, daß sie wie Spiegel glänzten und alles, was gegenüber lag, getreulich wiedergaben.

Ebenso kann die Seele des Menschen auf zwiefache Weise der göttlichen Weisheit teilhaftig werden. Entweder sucht der Mensch sie mit schönen Eigenschaften zu schmücken, oder er ist bestrebt, sie so lauter und klar zu machen, daß sie das Herrliche von selber spiegelt.

Philander
Die größte Kunst

Ein Bildhauer und ein Maler hatten jeder ein schönes Kunstwerk vollendet, und der Maler rühmte seine Kunst über alle Maßen, der Bildhauer desgleichen. Der Maler pries seines Bildes schöne Proportion, der Bildhauer hingegen seines auch, rühmte daneben seines höher und sagte:

»Das sollte wohl ein Blinder schneiden können.«

Der Maler sagte ja, er wäre damit zufrieden. Schlugen also eine Wette an, daß sie einen Blinden hierüber zum Richter erwählten, ließen auch einen ganz blind geborenen Menschen holen, dem wurden beider Sachen vorgestellt. Er ergriff zuerst des Bildhauers Stück, faßte es bei dem Kopf und sagte:

»Das ist der Kopf.«

Fühlte allda Augen, Nas, Ohren, Mund, fühlte weiter hinunter und ergriff die Hände, Bauch, Knie, Füß und was von diesem mehr.

»Dieses kann ich fühlen, daß dies so einem Menschen gleiche, als wenn ich meine Glieder angriffe, daß es die Figur eines Menschen sei, ausgenommen nur, daß es von Holz ist.«

Da kam nun der Maler und brachte sein Kunststück auch herbei, und der Blinde befingerte es von oben bis unten.

»Dieses ist ja nichts als ein Brett!«

Die Umstehenden nahmen seine Hand, führten sie über den Kopf und alle Teile des Leibes, indem sie sie benannten.

Da fragte der Blinde die Umstehenden:

»Ist dies so, wie ihr sagt?«

Es wurde ihm von allen, auch von dem Bildhauer, bestätigt. Da sprach der Blinde:

»Dies kann ich mit meiner Vernunft wohl begreifen, daß man einen Menschen aus einem großen Stück Holz schneiden kann, wie ich mich vorhin überzeugt habe, aber das kann ich nimmermehr begreifen, daß man auf ein flaches Brett eines Menschen Gestalt bringen kann, die nicht zu fühlen ist, also muß dies letzte ja billigerweise die größte Kunst sein.« Dabei blieb es. Also hatte der Bildhauer verloren.

Albert Camus
Jonas oder Der Künstler bei der Arbeit

An einem anderen Abend rief Jonas nach Rateau, der ungesäumt herbeieilte. Zum erstenmal brannte die Lampe, Jonas beugte sich mit angstvollem Gesicht aus seinem Schlupfwinkel. »Reich mir eine Leinwand«, bat er. – »Was ist los mit dir? Du bist abgemagert, du siehst aus wie ein Gespenst.« – »Ich habe seit ein paar Tagen kaum gegessen. Das hat keine Bedeutung. Ich muß arbeiten.« – »Iß zuerst.« – »Nein, ich habe keinen Hunger.« Rateau brachte ihm eine Leinwand. Als Jonas sich eben wieder in seinen Verschlag zurückziehen wollte, fragte er noch: »Wie geht es ihnen?« – »Wem?« – »Luise und den Kindern.« – »Es geht ihnen gut. Es ginge ihnen besser, wenn du bei ihnen wärest.« – »Ich bin ja bei ihnen. Sag ihnen vor allem, daß ich bei ihnen bin.« Und er verschwand. Rateau ging zu Luise und teilte ihr seine Besorgnisse mit. Sie gestand, daß sie selbst sich schon seit Tagen ängstigte. »Was tun? Ach, wenn ich doch nur an seiner Statt arbeiten könnte!« Todunglücklich kehrte sie sich Rateau zu. »Ich kann nicht leben ohne ihn«, sagte sie. Sie hatte wieder ihr Jungmädchengesicht, wie Rateau voll Überraschung feststellte; und er gewahrte, daß sie errötet war.

Die Lampe brannte die ganze Nacht und den ganzen folgenden Vormittag. Wenn Rateau oder Luise kam, antwortete Jonas bloß: »Laß nur, ich arbeite.« Um Mittag verlangte er Petroleum. Die blakende Lampe brannte wieder in strahlender Helligkeit bis zum Abend. Rateau blieb zum Essen bei Luise und den Kindern. Um Mitternacht verabschiedete er sich von Jonas. Er verharrte ein Weilchen abwartend vor dem unverändert erleuchteten Boden, dann entfernte er sich ohne ein Wort. Als Luise am Morgen des zweiten Tages aufstand, brannte die Lampe immer noch.

Ein strahlender Tag brach an, aber Jonas merkte es nicht. Er hatte das Bild der Wand zugekehrt. Erschöpft saß er da und wartete, seine Hände lagen wie eine Opfergabe auf den Knien. Er sagte sich, daß er nun nie mehr arbeiten werde, er war glücklich. Er hörte das Quengeln seiner Kinder, Wasserrauschen, Geschirrklappern, Luisens Stimme. Die großen Scheiben erzitterten, wenn ein Lastwagen auf dem Boulevard vorbeifuhr. Die Welt war noch da, jung und köstlich: Jonas horchte auf den unbekümmerten Lärm des menschlichen Treibens. Er kam aus so weiter Ferne, daß er der in ihm wohnenden jubelnden Kraft nichts anhaben konnte und nichts seiner Kunst und all den Gedanken, die er nicht auszusprechen vermochte, die auf immer schwiegen und ihn doch über alles hinaushoben in eine befreite, erfrischende Luft. Die Kinder tollten durch die Zimmer, das kleine Mädchen lachte, Luise nun ebenfalls, er hatte sie schon so lange nicht mehr lachen hören. Er liebte die Seinen! Wie sehr er sie liebte! Er löschte die Lampe, und da, in der zurückgekehrten Dunkelheit, war da nicht sein Stern, der unverändert leuchtete? Er war es, er erkannte ihn, sein Herz war voll Dankbarkeit, und er schaute ihn noch immer an, als er lautlos zu Boden fiel.

»Nichts Schlimmes«, versicherte ein wenig später der Arzt, den man herbeigerufen hatte. »Er arbeitet zuviel. Bis in einer Woche ist er wieder auf dem Damm.« – »Sind Sie ganz sicher, daß er wieder gesund wird?« fragte Luise mit verstörtem Gesicht. – »Ganz sicher.«

Im Zimmer nebenan betrachtete Rateau die Leinwand; sie war völlig weiß. Nur in der Mitte hatte Jonas mit ganz kleinen Buchstaben etwas geschrieben, das man wohl entziffern konnte, ohne indessen sicher zu sein, ob es heißen sollte »*solitaire*« oder »*solidaire*«*

* Wortspiel: etwa »einsam – gemeinsam«.

Rainer Malkowski
Mein Freund, der Maler

Kein Mann des ruhig
fließenden Gesprächs.

Besser, es lärmt
um den rechteckigen Tisch,
und die Gäste
schlagen den Schnaps nicht aus.

Noch besser natürlich,
es passiert etwas ganz und gar
Ungewöhnliches.

Einmal brachte er nachts
vierzig Australierinnen ins Haus,
deren Bus
auf der Landstraße liegenblieb.

Und in die wilden Täler Montenegros
reiste er mit einer Axt –
ein stämmiger, zartfühlender Mann,
der immer noch gern
ein bißchen Indianer spielt.

Tiere haben es gut bei ihm.
Bussarde, Dohlen,
Polarhunde und Leguane –
ihre fremden Bedürfnisse

sind eine erschwingliche Versicherung
gegen das Gleichmaß
der Tage.

Robert Walser
Maler, Poet und Dame

In einer kahlen Kammer, Dachstube oder Mansarde saß an einem Möbel, das den schönen Namen Schreibtisch durchaus nicht verdiente, der junge Poet. Er dichtete und träumte. Dichten, Phantasieren und Träumen ist ein Geschäft, bei dem zeitweise ungemein wenig Gewinn herausschaut, der Poet wußte das. Er wußte, daß sein Unternehmen keineswegs einträglich sei. Er war sich der Kühnheit und Waghalsigkeit seiner Lage vollkommen bewußt. Rechte Poeten sind stets gescheite Menschen, die ganz genau wissen, daß sie Tapferkeit nötig haben, um den Mangel an Achtung zu ertragen, welchem sie sich dadurch aussetzen, daß sie das sind, was sie sind, nämlich Poeten. Er, der hier in der Dachkammer saß, war sozusagen in einem Brüten über sich selbst begriffen. Zu diesem Sieden und Brüten eines gedankenvollen Kopfes kam noch das Brüten, Sieden und Braten, das Sengen und Kochen der sommerlichen Hitze. Es herrschte in der Kammer eine bedenkliche, beträchtliche Schwüle und Wärme. Auf dem Tisch lag ein Blatt Papier mit einem angefangenen Stück Prosa. Von Zeit zu Zeit spazierte der Poet in seinem Kerker oder Bleikammer auf und ab, um sich einige Bewegung zu verschaffen, wobei er Verse von Heinrich Kleist leise oder laut rezitierte, eine Übung, die ihm neuen Mut einhauchte. Ein sehr edler, aber vielleicht allzu bürgerlich denkender Mensch hatte dem Poeten ernste Vorwürfe gemacht. Was hatte der Poet viel erwidern sollen? Ein Poet erregt eben mit seiner seltsamen Lebensweise mitunter starke Bedenken. Die Achsel hatte er gezuckt, und er hatte es für das Richtigste gefunden, zu schweigen. Es war ihm nichts anderes übrig geblieben. Jetzt saß er da und dachte darüber nach, welche neue Zier und Schönheit er über seine Prosa gießen könnte. Seine Prosa lag ihm am Herzen wie dem gewissenhaften Gelehrten die wissenschaftliche Untersuchung, oder wie dem Geschäftsmann das Geschäft oder wie dem Handwerker das Handwerk. Schon in manchem andern stillen kleinen engen Zimmer hatte der Poet geschrieben und gedichtet, genau wie er es jetzt hier wieder tat. Es klopfte.

Eine Frau trat herein, die der Poet sehr gut kannte. Sie wohnte im selben Haus. Sie war unglücklich, und der Poet kannte die Ursache ihres Unglückes. Schon oft war sie so zu dem Poeten herzugeschlichen gekommen, um irgend etwas zu erfahren. Sie kam wegen eines Menschen, den sie liebte und der fortgegangen war. Das war ein Maler, und der Poet kannte den Maler nicht nur sehr gut, sondern war mit ihm in jeder Hinsicht befreundet. Deswegen kam die Frau. Sie kam nicht wegen der Person des Poeten zum Poeten, sondern um vom Poeten über den Maler irgend etwas zu erfahren. Sie kam zum Poeten nicht deswegen, weil sie sich für Poesie interessierte oder deswegen, weil sie sich sonderlich für Malerei interessiert hätte. Nein, sie kam zu ihm wegen der Person des Malers, und deswegen, weil sie wußte, daß die beiden Freunde waren.

»Was macht er? Wie geht es ihm? Schreibt er Ihnen? Und was schreibt er Ihnen? Ist er glücklich?« So fragte sie. Der Poet, der sich in seiner Beschäftigung unterbrochen sah, gab zur Antwort:

»Ja, er schreibt mir. So von Zeit zu Zeit. Ob er glücklich ist, vermag ich Ihnen wahrhaftig mit zwei Worten nicht zu sagen. Er wird zu gewissen Stunden glücklich und zu gewissen andern Stunden unglücklich sein. Ich nehme das so an, denn es ist dies ja menschlich. Er schreibt mir, daß er wie ein Roß arbeitet. Er schreibt mir, daß er kämpfe.«

»Mir schreibt er nicht«, sagte sie.

Der Poet schwieg, indem er sich mit aller Behutsamkeit eine französische Zigarette drehte, deren Herstellung ihm scheinbar ein Ding von Wichtigkeit war.

Nach einer Weile sagte die Frau: »Er amüsiert sich vielleicht; lebt in Gesellschaft von hübschen Frauen; genießt das Leben.«

»Das kann schon sein«, sagte der Poet, »und weshalb sollte er das von Zeit zu Zeit nicht tun? Er wird nicht immer und immer nur ernst und arbeitsam sein können. Es wird ihn dann und wann treiben, sich zu zerstreuen, zu erheitern. Ich nehme an, daß er das tut, und ich finde das begreiflich, der Kampf, den er kämpft, ist hart, da wird ihm zeitweiliges Atemschöpfen nur gut tun. Ewig eifrig und arbeitsam sein stumpft ab. Das fühlt jeder, das fühlt am lebhaftesten der Gewissenhafte.«

»Ihnen schreibt er, aber mir nicht.«

Der Poet erwiderte: »Soll ich grausam sein und Ihnen

frei sagen, was ich hierüber denke? Sie werden sagen, daß ich roh bin – meinetwegen. Ich fühle ja Ihr Leid, gnädige Frau; ich fühle aber auch das Leid, das Künstlerleid, den Künstlerschmerz desjenigen, der dort draußen mit der Künstler-Existenz ringt, und der mein Kamerad, Kampfgenosse und Freund ist. Das Wort strömt mir heraus, und ich werde Ihnen jetzt allerlei sagen, und Sie werden mir entweder nie verzeihen, oder Sie werden mir verzeihen, daß ich Ihnen weh tue. Beides steht Ihnen frei. Wissen Sie, warum er jetzt nicht Ihnen, sondern mir schreibt? Für mich ist das unendlich leicht verständlich. Was soll er Ihnen schreiben von den Dingen, die ihm jetzt am höchsten sind? Er hofft nicht, daß Sie ihn verstehen würden, und tatsächlich ist sein Mißtrauen am Platz. Sie verstehen sehr gut, daß er ein hübscher, liebenswürdiger junger Mensch ist, daß es schön ist, ihn zu lieben und von ihm geliebt zu werden, daß er Locken auf dem Kopf hat, angenehme Manieren besitzt undsoweiter. Für dieses alles haben Sie sicher ein ausgezeichnetes Verständnis, aber was nützt jetzt dem Kämpfer, der mit der Existenz kämpft, dieses Verständnis? Alles das fällt heute für ihn kaum in Betracht. Sie sehen die Künstlerperson sehr gut, aber Sie sehen nicht das Geringste von der Künstler-Existenz. Sie haben keine Ahnung von dem Weh, das er erlebt, von den Gefahren, die ihn bedrohen. Sie wissen nicht das Geringste von seiner Arbeit und davon, wie er diese Arbeit zu bewältigen habe. Seine Künstlerfreude ist Ihnen ebenso fremd wie seine Künstlertrauer. Was ihn am zartesten und am tiefsten bewegt, ist Ihnen völlig unbekannt. Mir aber nicht, und sehen Sie, das weiß er. Er weiß, daß ich sein Suchen und sein

Sehnen verstehe, seine Genüsse, seine Qualen, und deshalb schreibt er mir. Wir korrespondieren übrigens auf Künstlerart: kurz, derb und bündig. Mitunter zynisch und spöttisch, aber wir wissen immer ganz genau, wie wir es meinen. Wir wissen immer ganz genau, um was es sich handelt. Er weiß, daß ich seine flüchtigsten Sätze oder Andeutungen deutlich verstehe. Kameraden brauchen nicht viele schöne Sätze zu schreiben, um sich gegenseitig verständlich zu machen. Sie, gnädige Frau, verstehen die Liebe, aber ein Künstler wird nicht durch Liebe zu dem, was er werden soll, sondern durch Arbeit, und was ist Ihnen Arbeit? Nicht wahr, was ist Ihnen seine Arbeit? Ihnen ist das ganz nebensächlich. Ihm ist das aber gegenwärtig die Hauptsache. Und darum schreibt er mir.«

»Und Sie führen hier dieses elende Poetenleben«, sagte sie verächtlich. Sie schickte sich an, die Dachstube mit einem Gefühl von stolzer Mißbilligung zu verlassen.

»Dieses elende Poetenleben macht mich stolz und froh«, sagte er, »und auch hiervon verstehen Sie entschieden zu wenig. Mich beglückt der Aufenthalt in dieser scheinbar so elenden Kammer, die einem Gefängnis gleicht. Stolze Frau, ja, so ist es, aber das vermögen Sie nicht für möglich zu halten. Hier bin ich ich selbst und höher kann ich nirgends stehen. Sie begreifen, daß es schön ist, Aufwand zu treiben und recht viel Anerkennung zu genießen, aber Sie begreifen nicht, daß es schön ist, nach außen hin ganz arm zu erscheinen, dagegen reich zu sein im Innersten an Gefühlen und Empfindungen der Hingebung, des Mutes, der Tatkraft, der Pflichterfüllung. Ich erfülle, indem ich dieses elende Poetenleben führe, meine Pflicht, und das macht mich froh, und das verstehen Sie nicht.«

Die Frau ging, und der Poet begann wieder mit seiner Arbeit.

Hans Bender
Pierre-Joseph Redouté. 1759-1840

Die Welt um ihn
ging auf und unter:
Er malte Rosen.

Rosen, weiß
und gelb und rot
und rosafarben.

Sie welken nicht.
Sie blühen immer.
Bleiben schön.

Signierte sie
mit seinem
und mit ihren Namen.

Und legte
eine Perle Tau
den allerschönsten
in die Blätter.

Han Feizi
Was schwer zu malen ist

Ein Maler malte Bilder für den König von Qi. Eines Tages fragte ihn der König: »Was ist am schwersten zu malen?«

»Hunde und Pferde«, antwortete der Maler.

»Und was ist am leichtesten zu malen?« fragte der König.

»Götter und Geister«, gab der Maler zur Antwort. »Hunde und Pferde kennt jedermann. Man sieht sie jeden Tag. Wie gut und treffend sie gemalt sind, kann jeder beurteilen. Von Göttern und Geistern jedoch kennt man keine genaue Gestalt; niemand hat sie gesehen. Deshalb malen sie sich leicht.«

Friedrich Nietzsche
Der realistische Maler

»Treu die Natur und ganz!« – Wie fängt er's an:
Wann wäre je Natur im Bilde abgetan?
Unendlich ist das kleinste Stück der Welt! –
Er malt zuletzt davon, was ihm gefällt.
Und was gefällt ihm? Was er malen kann

Franz Kafka
Josef K. und der Maler

»Nur noch einen Augenblick; wollen Sie nicht noch ein Bild sehen, daß ich Ihnen verkaufen könnte?« K. wollte nicht unhöflich sein, der Maler hatte sich wirklich seiner angenommen und versprochen, ihm weiterhin zu helfen, auch war infolge der Vergeßlichkeit K.s über die Entlohnung für die Hilfe noch gar nicht gesprochen worden, deshalb konnte ihn K. jetzt nicht abweisen und ließ sich das Bild zeigen, wenn er auch vor Ungeduld zitterte, aus dem Atelier wegzukommen. Der Maler zog unter dem Bett einen Haufen ungerahmter Bilder hervor, die so mit Staub bedeckt waren, daß dieser, als ihn der Maler vom obersten Bild wegzublasen suchte, längere Zeit atemraubend K. vor den Augen wirbelte. »Eine Heidelandschaft«, sagte der Maler und reichte K. das Bild Es stellte zwei schwache Bäume dar, die weit voneinander entfernt im dunklen Gras standen. Im Hintergrund war ein vielfarbiger Sonnenuntergang. »Schön«, sagte K., »ich kaufe es.« K. hatte unbedacht sich so kurz geäußert, er war daher froh, als der Maler, statt dies übelzunehmen, ein zweites Bild vom Boden aufhob. »Hier ist ein Gegenstück zu diesem Bild«, sagte der Maler. Es mochte als Gegenstück beabsichtigt sein, es war aber nicht der geringste Unterschied gegenüber dem ersten Bild zu merken, hier waren die Bäume, hier das Gras und dort der Sonnenuntergang. Aber K. lag wenig daran. »Es sind schöne Landschaften«, sagte er, »ich kaufe beide und werde sie in meinem Büro aufhängen.« »Das Motiv scheint Ihnen zu gefallen«, sagte der Maler und holte ein drittes Bild herauf, »es trifft sich gut. daß ich noch ein ähnliches Bild hier habe.« Es war aber nicht ähnlich, es war vielmehr die völlig gleiche Heidelandschaft. Der Maler nützte diese Gelegenheit, alte Bilder zu verkaufen, gut aus. »Ich nehme auch dieses noch«, sagte K. »Wieviel kosten die drei Bilder?« »Darüber werden wir nächstens sprechen«, sagte der Maler. »Sie haben jetzt Eile, und wir bleiben doch in Verbindung. Im übrigen freut es mich, daß Ihnen die Bilder gefallen, ich werde Ihnen alle Bilder mitgeben, die ich hier unten habe. Es sind lauter Heidelandschaften, ich habe schon viele Heidelandschaften gemalt. Manche Leute weisen solche Bilder ab, weil sie zu düster sind, andere aber, und Sie gehören zu ihnen, lieben gerade das Düstere.«

Rainer Maria Rilke
Wladimir, der Wolkenmaler

Sie sind wieder mal ganz herunter, Überflüssige, Abtrünnige, Betrogene in jedem Sinne. Jeder fängt bei sich selber an und verachtet so weiter nach oben und nach unten.

Aus diesem Gefühle heraus sagt der Baron: »Man kann nicht mehr in dieses Caféhaus gehen. Keine Zeitungen, keine Bedienung, nichts.«

Die beiden anderen sind ganz seiner Meinung.

So sitzt man weiter um den kleinen Marmortisch herum, der nicht weiß, was diese drei Menschen von ihm wollen. Ruhe wollen sie, einfach Ruhe. Der Dichter drückt das ebenso deutlich wie onomatopoetisch aus.

»Quatsch« sagt er nach einer halben Stunde.

Und wieder sind die anderen derselben Ansicht.

Man wartet weiter, weiß Gott auf was.

Dem Maler beginnt ein Bein zu pendeln. Er betrachtet es eine Weile tiefsinnig. Dann begreift er die Bewegung und beginnt, langsam und mit Gefühl:

»Stumpfsinn, Stumpfsinn,
du mein Vergnügen –«

Da ist es aber höchste Zeit aufzubrechen. Einer hinter dem anderen gehen sie und Kragen hoch. Das Wetter ist nämlich auch so. Heulen möchte man.

Was tun? Bleibt nur Eines: zwischen fünf und sechs zu Wladimir Lubowski gehen, auf eine Dämmerung. Natürlich. Vorwärts also: Parkstraße 17. Ateliergebäude. Zu Wladimir Lubowski kommt man nur durch seine Werke. Er raucht nämlich seine Bilder alle. Das ganze Atelier ist voll des phantastischen Qualmes. Du kannst von Glück reden, wenn du durch diese Urnebel auf dem kürzesten Wege zu dem alten abgenutzten Ruhebett gefunden hast, auf welchem Wladimir wohnt – tagaus, tagein.

Auch heute natürlich. Er steht nicht auf und wartet die drei »Betrogenen« ruhig ab. Die setzen sich rings um ihn, ein jeder nach Art und Anlage. Sie haben irgendwo grüne Chartreuse gefunden und Zigaretten. Selbstverständlich machen sie ohneweiters Gebrauch davon, mit der Miene von Menschen, die sich fortwährend aufopfern. Die Zigaretten sind sogar fein: Gott ja – was tut man nicht alles diesem elenden Leben zu Liebe.

Der Dichter lehnt sich zurück: »Oder ist es etwa nicht ein Machwerk, das Leben, etwas für Dilettanten – wie?«

Wladimir Lubowski antwortet nicht.

Die anderen warten gerne. Es ist so seltsam gut in diesem duftenden Dunkel. Man muß nichts tun als stillhalten, dann nimmt es einen hin und beginnt einen zu wiegen –

»Wie Sie das machen, Lubowski, es riecht gar nicht nach Terpentin bei Ihnen –« meint der Maler obenhin und der Baron ergänzt:

»Im Gegenteil. Haben sie hier irgendwo Blumen?«

Stille. Wladimir bleibt weit hinter seinen Wolken.

Aber die drei sind geduldig. Sie haben Zeit und Chartreuse.

Sie kennen das: abwarten, es wird schon kommen.

Und dann kommt es:

Rauch, Rauch, Rauch und dann liebe, langsame Worte, welche durch die Welt gehen und die Dinge bewundern von weit. Die Wolken heben sie hoch. Lauter heimliche Himmelfahrten.

Zum Beispiel:

Rauch. »Das macht: Die Menschen schauen immer von Gott fort. Sie suchen ihn im Licht, das immer kälter und schärfer wird, oben.« Rauch. »Und Gott wartet anderswo – wartet – ganz am Grund von Allem. Tief. Wo die Wurzeln sind. Wo es warm ist und dunkel –« Rauch.

Und der Dichter beginnt auf und ab zu gehen, plötzlich.

Die Drei denken an den Gott, der irgendwo hinter den Dingen wohnt – wunderwo. –

Und später:

»Angst – haben –?« Rauch. »Wozu?« Rauch.

»Man ist ja immer über ihm. Wie eine Frucht, unter welche jemand eine schöne Schale hält. Golden – leuchtend im Laube. Und wenn die Frucht reif ist, läßt sie sich los –«

Da hat der Maler den Rauch zerrissen, so mit einer ungestümen Bewegung: »Herrrr Gott –« sagt er und findet auf dem Ruhebett einen kleinen blassen Menschen, der große merkwürdige Augen hat. Augen, mit ewiger Trauer hinter allem Glanz, – so frauenhaft froh. Und ganz kalte Hände.

Und der Maler bleibt unbeholfen davor. Er weiß nicht mehr recht, was er wollte.

Es ist gut, daß der Baron hinzutritt: »Das müssen Sie malen, Lubowski –« *Was* weiß der Baron nicht genau. Immerhin wiederholt er: »Wirklich, Lubowski.« Und das klingt fast ein wenig gönnerhaft, ohne daß er es will.

Wladimir hat indessen einen weiten Weg gemacht: vom Schrecken durch ein dunkles Staunen durch. Endlich kommt er beim Lächeln an und träumt leise: »Oh ja, morgen.« Rauch.

Da haben die Drei keinen Raum mehr im Atelier. Einer stößt sich am anderen. Sie gehen alle: »Auf Wiedersehen, Lubowski.«

An der nächsten Ecke schon schütteln sie sich die Hände mit unnötiger Heftigkeit. Sie haben Eile einander loszuwerden.

Sie trennen sich weit.

Ein kleines behagliches Café. Kein Mensch drin und summende Lampen. Da hat der Dichter begonnen Verse zu schreiben auf den Umschlag eines empfangenen Briefes. Und immer schneller wird die Schrift und immer kleiner; denn er fühlt: es kommen viele, viele.

Dann fünf Treppen hoch, im Atelier des Malers ist ein Vorbereiten für morgen. Mit einem Lied hat er den Staub von der Staffelei gepfiffen, den alten Staub. Steht ein neue Leinwand drauf, wie eine Stirne licht. Umkränzen möcht man sie.

Nur der Baron ist noch unterwegs. »Halbelf, Olympiatheater, Seitentür!« hat er einem Kutscher anvertraut und ist ruhig weiter gegangen. Es ist ja noch eine Menge Zeit vorher zum Ausruhen und zum Toilettemachen. Keiner denkt an Wladimir Lubowski.

Wladimir hat seine Tür verschlossen und gewartet, bis es ganz dunkel geworden ist. Dann sitzt er, klein, am Rand des Ruhebettes und weint in die weißen eisigen Hände hinein. Es kommt ihm leicht und leise, ohne Anstrengung und ohne Pathos. Es ist das Einzige, das er noch nicht verraten hat, das ihm allein gehört. Sein Einsames.

Werner Herbst
Zeichen der Stille und Zeichen der Fülle

Zu den Arbeiten
des Malers Johann Kienesberger

I

da muß doch etwas sein
da muß etwas sein
hier
ja hier muß etwas sein
das kann doch nicht ganz einfach
hier muß etwas sein
oder ganz einfach?

IV

noch liegen nebel auf den zithern
noch singt der dorfdepp zart sein lied
noch sitzen fremde rings in allen häusern
noch ziehen lederhosen durch die nahe stadt
noch fällt vom traunstein der tourist
noch ist die wiese grün und klar der see
noch steigt der grundpreis immer weiter
noch brennt der bauer seinen klaren schnaps
noch grunzt ein bierbauch braune lieder
noch leben ein paar wilderer und schnitzer
noch hoffen pendler arbeit zu bekommen
und JOHANN KIENESBERGER macht aus all
dem seine BILDER

Thomas Valentin
Vincent malt einen Stuhl

Die Straße nach Arles. Zwischen gelben Feldern, in denen der Wind wühlt, die Straße. Die Schlucht voll Staub. Drei vier magere Bäume hinterm Graben, schwindsüchtig und verkrüppelt. Auf jedem Blatt, über den scharfen, grinsenden Steinen der Staub.

Und darüber die Sonne. Kochend, ein Kessel voll Blut. Sie tritt über den Rand, und alles kommt um in ihrer Brandung. Der Bauer wie ein Kloß aus Lehm. Die Hände stöhnend in der Mähne des Pferdes verkrallt.

Vincent geht nach Hause. Auf der Straße nach Arles. In der Schlucht voll Staub. Vor der gelben Brandung des Korns.

Vincent hat gemalt. Auf den Äckern hinter der Stadt. Als er hinaustrabte, lag noch Tau, und die Sterne bissen sich durch den Himmel. Vincent hat gemalt. Blaue Karren im Feld, zersplitterte Zypressen, bucklige Dorfgassen und darüber die Sonne, den roten, kreißenden Schoß voll Leben. Seine Pinsel haben die Sonne niedergeschlagen auf das dicke, graue Leinen. Aber die Sonne schlägt zurück. Zuerst stülpt sie ihm den verknäulten Hut aus der Stirn. Das ist eine List, aber Vincent geht darauf ein. Er ist der Sonne ausgeliefert. Er ist ein Knecht der Sonne. Dann liegt sein Schädel nackt unter ihren Hieben. Der glatte, rasierte Schädel über den abstoßenden Kanten der Backenknochen.

Als Vincent den verklebten Pinsel ins Gesträuch wirft, siedet sein Hirn. Die Decke des häßlichen Schädels brennt wie unter den Striemen eines Knüttels. Vincent flucht und spuckt durch die langen, gelben Zähne. Der Speichel bleibt in dem rostigen Gestrüpp seines Bartes hängen. Er wischt ihn am Rockärmel ab. Der Ärmel ist gefleckt wie eine Palette.

Dann geht Vincent nach Hause. In das flache, gelbe Haus, das sein Bruder bezahlt. Vincent klammert die Mappe mit den Skizzen unter den Arm und beginnt, vor sich hinzupfeifen. Hélas! – wann lernten wir das Lied, Vincent? In Paris, in Paris! Verdammt leicht war das Malen in Paris. Verdammt zu leicht für Vincent.

Vincent pfeift grell und falsch. Ein Hund keift ihn aus seinem Schattenloch an und schnappt nach der blauen, ausgefransten Hose. Die Hose eines Arbeiters. Wollen wir wieder in die Bergwerke, Vincent? Ehrliche Arbeit, das Kohlenschlagen. Kohlen, damit andere warm werden daran! Bilder, damit andere warm werden daran! Arbeit gegen das Eis, gegen das menschliche Treibeis.

Der Hund reißt seinen nassen roten Rachen gegen ihn auf. »Arme Kreatur«, sagt Vincent und bückt sich nach der Bestie. Die schnappt zu. Vincent stößt mit seinem angeriemten Holzschuh nach dem Köter. Der Riemen platzt auf, der Schuh fällt ab. Vincent starrt auf seinen nackten, schmutzigen Fuß, durch dessen Staubkruste sich ein dünner Blutbach schlängelt. Das Vieh muß ihn angerissen haben! Jetzt verbeißt er sich in den Lederfetzen des Schuhs.

Vincent geht weiter. Und plötzlich fängt er an zu lachen. Da ist jemand weich zu ihm, weich wie die Brüste der rothaarigen Dirne Mumu. Die Erde ist weich zu ihm! Zu seinem nackten Fuß ist die Erde sanft. Vincent lacht laut und unbändig wie ein Bauer. Er plärrt.

Und so, plärrend und die Mappe voller Zeichnungen gegen seine Schenkel klatschend, zieht er in Arles ein.

Vor dem gelben Haus steht der Briefträger Roulin. »Ich muß ihn malen«, denkt Vincent. »Ich nehme Krapplack für seine Nase, für das verquollene, vom Absinth gerötete Monstrum. Aber der Bart? Wir werden sehen!« Der Briefträger Roulin hat einen Brief für Vincent. Mon dieu, wer schreibt uns? Wer in der Welt? Theo, mon frère Theo hat gestern das Geld geschickt. Wer also? Glattes, gelbes Papier. Wie von einer Frau. Oder einer Galerie. Ohee! Vincent hat keine Frau und keine Galerie! Nur die Dirne Mumu. Sie ist, was er von einer Frau braucht und von der Galerie: Herd für sein Feuer. Aber Mumu kann nicht schreiben. Wer also? Vincent reißt das Kuvert auf und knüllt es in der Faust zur Kugel. Der Briefträger Roulin dreht sich auf seinem feisten Rumpf herum und bleckt die stumpfen, braungerauchten Zähne, als er den Ball auf seinem Rücken fühlt. »Ich muß ihn malen«, denkt Vincent, lacht und liest. Der Brief ist von Gauguin. Ein verrückter Kerl, Gauguin! Reist bis nach Tahiti, um etwas zu finden, das zu malen lohnt! Ein Kauz, Gauguin. Da liegt eine halbgeschälte Kartoffel in der Gosse: male sie! Es steckt ein Knäuel voll Leben in ihr. Da hängt ein grünes Halstuch aus dem Fenster: male es! Ein Sturm voll Leidenschaft ist in diesem Halstuch.

Vincent schiebt den gelben Brief mit der Schrift einer Frau in seine Tasche und trabt in seine Haustüre. Der Brief rutscht durch ein Loch wieder heraus und bleibt auf der steilen Treppe liegen.

Die Schlafkammer von Vincent ist eine Kiste. Schmal

und kahl wie eine Mönchszelle, als er kam. Jetzt haben seine Bilder Löcher in die Wände gebrannt, und Leben schlägt herein. Vincent malt sich an die Wand, wonach er gerade Hunger hat: eine Schüssel voll Erdäpfel, einen Krug Milch, den Kastanienzweig im Wasserglas.

Vincent knallt den gelben, hartgesottenen Strohhut auf den Stuhl, reißt die verstaubte Jacke und das verschwitzte Kittelhemd vom Leib und schüttet Wasser in die Schüssel. Da ist die Bürste, rauh wie ein Pferdestriegel. Was auch ist Vincent anderes als ein rotes, dampfendes Pferd unter der Sonne? In Brüssel, in der Borinage, in London, in Paris. Ein Pferd unter der Sonne! Vincent sieht in den Spiegel und grinst. Das Wasser klatscht über seinen nackten, knochigen Buckel, steht im rostigen Gestrüpp seines Bartes und schlägt auf die Erde. Vincent starrt in das Glas ... Verdammt: Er lauert ihm wieder auf! Er, der andere! Er läßt sich nicht abschütteln! Wie aus dem Schacht in der Grube steigt er ihm hoch, bricht durch die Augen, wie aus einem Schacht in der Borinage. Vincent reißt drei, vier Selbstbilder von der Wand und starrt sie durch entzündete Lider an: »Man muß sich die Schädeldecke aufspalten, in das Gedärm des Hirns blicken!«

Plötzlich dreht sich der rothaarige, nackte Rumpf wie ein Kreisel und schlägt gefällt gegen das Fensterbrett, auf die Erde. »Mein Gott«, würgt Vincent, als er wieder bei sich ist. »Er steigt in mir hoch wie durch einen Schacht!« Er starrt in den Spiegel und reißt die Augen weit auf. Fiebrig und rot liegen sie in den knochigen Höhlen. Vincent rafft die Mappe mit den Zeichnungen von der Bettdecke und läuft auf die Straße, wo Mumu wohnt. Mumu mit den braunen Brüsten, zwischen denen man

Schlaf finden kann. Aber Mumu hat ihre Tür verriegelt. Sie ist nicht allein. Sie kann jetzt nicht dasein für Vincent, die Dirne Mumu. Wer ist überhaupt da für Vincent? Ist die Welt da? Ist Vincent noch da? Er schlägt gegen den Fensterladen von Mumus Haus. Ein paar Leute gaffen aus ihren Türen nach dem halbnackten Mann. Vincent stürzt auf sie los. Er reißt Zeichnungen aus seiner Mappe. »Ablaß!« schreit er, »Ablaß!« Die Bürger von Arles versperren ihre Türen vor dem Fouroux, dem rothaarigen Verrückten, und schielen ihm durch den Spion nach. Vincent schiebt ein Blatt aus seiner Mappe in den Türschlitz, wie eine Zeitung, und geht grinsend in sein Haus zurück. Auf der steilen Treppe findet er den Brief von Gauguin. Er bückt sich und stopft ihn schluchzend in die Tasche.

Als er sein Zimmer aufreißt, sieht er den Stuhl mit der Sitzfläche von Stroh vor seinem Bett stehen. »Malen, malen ist gut!« murmelt er. »Oh, malen ist sehr gut für dich, Vincent.«

Und dann hat er sich vergessen. Vincent ist sich losgeworden. Den armen, verrückten Vincent van Gogh ist er losgeworden. Die Welt ist er losgeworden. Da steht nur noch ein Stuhl in der Welt. Ein gelber, fester Stuhl, auf dem man sich ausruhen kann. Wenn Vincent heimkommt. Ein Stuhl zum Beten fast. Was für ein Glück, daß wir ihn haben, Vincent! Er ist da für uns. Er wartet auf uns. Wir können uns auf ihn verlassen, Vincent!

Vincent malt. Jemand gebraucht Vincent und malt durch ihn. Ruhig, behäbig, Strich neben Strich. Die Farben – ohee, die Farben! Wir kaufen sie im selben

Laden, in dem die Anstreicher von Arles ihre Farben kaufen. Wir mischen sie auch nicht nach alten Rezepten. Mögen sie hin sein – morgen oder in hundert Jahren! Und harte Pinsel! Oder noch besser: den Spachtel, die Daumen. Strich neben Strich, wie die Anstreicher von Arles! Nur dicht, ganz dicht. Sonst . . .

Vincent singt. Kein Mensch noch sang dieses Lied. Vielleicht die gelben Kornäcker. Vielleicht die Sonne, der rote, kochende Kessel voll Leben. Vincent brüllt es. Und er haut mit seinem Pinsel den Takt dazu. Vincent malt.

Als Vincent den Stuhl auf dem Leinen hat, schlägt er einen Nagel an die Wand und hängt das Bild übers Kopfende seines Bettes. Und schmiert seinen Namen in die Ecke. Wie Schulkinder auf die Wände schreiben, umständlich und groß: VINCENT. Er wäscht die Hände ab, blinzelt in den Abend über den Strohdächern. In der Schublade seines Waschtisches liegt Brot. Er ißt langsam Brocken um Brocken. Und trinkt aus der Flasche einen Schluck Wein. Dann macht er den Gürtel locker. Die blaue, ausgefranste Arbeitshose fällt auf die Erde. Vincent legt sich auf das Bauernbett.

Er bleckt im Schlaf die Zähne. Er schnarcht.

Doktor Rey schüttelt den Kopf: Die Bürger von Arles tuscheln, ein toller Hund habe den roten Maler gebissen. Der Doktor sucht und sieht die Wunde am rechten Fuß. Und plötzlich beugt er sich auch über den anderen, über die Hände. Die sind rot und geschwollen. Doktor Rey seufzt auf und dreht eine Binde um das angerissene Fleisch. Er hält die Kerze vor das Blatt überm Bett. Und geht hinaus.

Fritz Rudolf Fries
Paul Gauguin

Niemals die Höhe der Befriedigung gekannt,
nur blaue Horizonte, Inseln,
Tahiti.

Aus dem Bankgeschäft entlaufen:
die Kunst kein Sonntagsvergnügen.
Frau und Kindern nicht gewogen.
Trotzdem: von schlechtem Gewissen
diktierte Briefe.

Verbissener Glaube bis zuletzt
an den Marktwert seiner Kunst.
Impressionistische Destillationen der
Auferstehung des Fleisches
entgegengehalten.

Korrespondenzen, von kleinen Dampfern
auf zähen Wogen heimwärts getragen.
Tagebücher für seine liebe Tochter Aline.
Sie starb zwanzigjährig.

Letztes Refugium auf den Marquesas,
sie griffen ihn auch hier.
Gouverneur und Missionar sperrten ihn ein,

indes in Paris der Kunsthändler Vollard
Kalkulationen
anstellte.

Niemals die Höhe der Befriedigung gekannt,
immer nur blaue Fernen, Inseln,
Tahiti.

Yaak Karsunke
portraits of artists

I

einige kollegen sind auf kunst aus
sie wollen
: ungestört arbeiten können:
ungestört
von anrufern demonstrationen
besuchern dem täglichen kram

sie müssen sich konzentrieren
& können nicht einkaufen gehen
die frau
stopft den kindern das maul
sie selbst sich
die ohren mit watte

II

Wols – als er vor den deutschen
soldaten türmen mußte – ließ seine
bilder zurück & nahm nur
den sack mit voller steine & muscheln
(selber gesammelt)

:Cézanne vergaß manchmal
seine fertigen bilder
in der landschaft in der er sie malte:

der alkoholiker Pollack begann
1936 zu zeichnen (acht monate lang)
um nicht mehr saufen zu müssen –
statt dessen
wurde er berühmt & soff weiter
(& sich zu tode wie Wols)

III

so
entstehen die werke
in aller stille

(& unbemerkt von den leuten)

so
werden die werke vergehen
lautlos

In Gottes Namen malen

Heinrich von Kleist
Brief eines Malers an seinen Sohn

Mein lieber Sohn, Du schreibst mir, daß Du eine Madonna malst und daß Dein Gefühl Dir, für die Vollendung dieses Werks, so unrein und körperlich dünkt, daß Du jedesmal, bevor Du zum Pinsel greifst, das Abendmahl nehmen möchtest, um es zu heiligen. Laß Dir von Deinem alten Vater sagen, daß dies eine falsche, Dir von der Schule, aus der Du herstammst, anklebende Begeisterung ist und daß es, nach Anleitung unserer würdigen alten Meister, mit einer gemeinen, aber übrigens rechtschaffenen Lust an dem Spiel, Deine Einbildungen auf die Leinewand zu bringen, völlig abgemacht ist. Die Welt ist eine wunderliche Einrichtung, und die göttlichsten Wirkungen, mein lieber Sohn, gehen aus den niedrigsten und unscheinbarsten Ursachen hervor. Der Mensch, um Dir ein Beispiel zu geben, das in die Augen springt, gewiß, er ist ein erhabenes Geschöpf, und gleichwohl, in dem Augenblick, da man ihn macht, ist es nicht nötig, daß man dies, mit vieler Heiligkeit, bedenke. Ja, derjenige, der das Abendmahl darauf nähme und mit dem bloßen Vorsatz ans Werk ginge, seinen Begriff davon in der Sinnenwelt zu konstruieren, würde ohnfehlbar ein ärmliches und gebrechliches Wesen hervorbringen; dagegen derjenige, der, in einer heiteren Sommernacht, ein Mädchen, ohne weiteren Gedanken, küßt, zweifelsohne einen Jungen zur Welt bringt, der nachher, auf rüstige Weise, zwischen Erde und Himmel herumklettert und den Philosophen zu schaffen gibt. Und hiermit Gott befohlen.

Kurt Marti
Maler

Ikonenmaler beten, bevor sie zu malen beginnen. Wogegen andere zu malen anfangen, weil sie nicht anders beten können als malend. Und nochmals andere malen, ohne an Beten zu denken. Bilder, die nachher sind wie Gebete.

Johannes Bobrowski
Der Ikonenmaler

1

Welt soll hinter diesen Wäldern sein.
Was ich von ihr weiß, ist dies: sie tragen
bunte Kleider dort und Schwerter, schlagen
Gold aus den Gebirgen, tief im Stein.
Städte sind da, laut von Märkten. Keiner
liebt den andern. Ruhlos darum sind
ihre Jahre, und sie bauen blind,
ohne Güte ihre Kirchen. Steinern
Kreuz und erzen Ampel bleiben,
und der Weihrauch macht sie träumen, nichts
sonst. Sie singen gierigen Gesichts
Lobgesang und Bittgebet und reiben
ihre Hände über andrer Not –
Sei mit ihnen gnädig, Herr, mein Gott.

Ich war nie bei ihnen. Was ich weiß,
brachten Brüder, die sich hergeflüchtet.
Einer hat vom Weltmeer uns berichtet:
ein gewalt'ges Wasser ist es, weiß
schäumend, streitend mit den wilden Stürmen,
voll gefräßigen Getiers. Da fahren
Schiffe vor den Winden, hoch und Türmen
gleich –

Doch an den Totenbahren
klagen sie ihr Leben an und brennen
von Gebeten, ihre Lippen nennen
unsern Herrn mit hundert Namen –

Draußen
ist der Wald. Durch meines Fensters enge
Luke sehe ich ihn im Goldgepränge
des vergeh'nden Tags und hör ihn brausen
nächtens. Und dahinter ist die Welt,
voll von Angst. So haben sie erzählt.

2

Ich bin ein Maler. In den heiligen Büchern
ist mir gesagt, wie alt das Holz, wie fügsam
die Farben und wie fest der Grund sein soll.
Und alte Kunde wahrten uns die Griechen
von unsres Herren Blick, von seiner Mutter
seligen Händen, von dem Tuch um ihre
Stirne –

Ich bin bewahrt, hineingesunken
in viele Tage aus Gebet und Schweigen.
So steigt in Lampen wohl das Öl zum Rande.
Du aber rufst mich, wenn es dir gefällt.

3

Vor meinen Augen, den Gedanken
stand viele Nächte weiß dies Holz,
so viele Nächte, drin ertranken
Gesang und Glockenton.

Ich solls
erfahren wieder, wie des Herren
Gesicht auf kahlem Grunde sich
bereitet, aus den fahlen, schweren
Farben auftut und Strich für Strich
vollendet unbegreiflich.

Diese
dunkelnde, sanfte Farbe geht
um seine Schultern. Schwärzer steht
das Haar noch um die Schläfen. Gieße
den Morgen mir ins Herz, dein Licht!
Daß sich erhöbe unterm hohen
Bogen der Brauen dies Auflohen
der Augen! Wir ertragen's nicht
so nah, wir schlagen vors Gesicht
die Hand –

4

Du reißt das Herz uns auf
zu deinem Bild. Du hebst die Hand
wie hier und hältst Meer, Himmel, Land
vor dein Gesicht, zu dir hinauf.
Wie wenn ich küßte, darf ich dies
Unsägliche nun deinem Bild
einfügen, daß es stark und mild
uns überkäm in einem – Gieß
den Morgen mir ins Herz, dein Licht!
Die um Vergängliches sich mühn,
die Hände mein, sie sollen nicht
zu deinem Bilde Linien ziehn –
Ich führ – und rufe deinen Namen –
mit meinem Mund den Pinsel. Amen.

5

Ich war nur eine Feder, lieber Herr,
gehorsam deinen Namen hinzuschreiben.
Heut aber bin ich, weil du willst, ein Speer.

Die kahlen Wände meiner Kammer bleiben
so eng, so niedrig sich verwölbend. Aber
du wirst mit diesem Bilde darin sein

Und wirst mit deinem Blick die Welt herein
in eine arme Kammer reißen, hier
Antwort zu geben, einzige Antwort – Aber

ich hör die Städte hinter jenem Wald
aufgellen, hör Gefeilsch der Märkte, höre
Gesänge, matt und trüb, zu deiner Ehre

voreinst gefügt, und seh die Kuppeln, alt
vor Gold und Kreuzen, hundertfältig glühn
dein Antlitz auf Ikonostasen – Aber

sie meinen ihre Ängste, ihren Tod
und wissen nichts, als sich ins Grab zu mühn
und ihr Gewerb doch zu verlassen – Aber

die Irrsaal, der Entfremdungen Gewicht
und ihre Unrast, Jubel, Zorn, umdroht
von Arglist und Gewalt, ist nicht verloht

dies alles in der Höhlung deiner Hand
zuletzt? und ists nicht dein? wirst du es nicht
in dir versöhnen? alles, Meer und Land,

das Dunkel dieser Wälder und das Licht
darüber, blau vor Weite, mich darin –
Herr, sei mir gnädig, ebne meinen Sinn.

Richard Dehmel
Rembrandts Gebet

Seele des Lebens,
Licht hüllt dich ein.
Kommt, Schatten, helft! schlagt drein, schlagt drein!
reißt mir aus Schein und Widerschein
das Geheimnis!

Was starrst du stahlblank,
männlicher Panzerhut,
Augäpfel an
voll weiblicher Dämmerglut?
Was späht im Blitzstrahl hinter der Wolkenwand
über dem Volksaufstand
jenes Geisterantlitz?

Schrei nicht nach Klarheit, Mensch:
Verklärung soll sein!
Komm, Lichtschein, hilf! schlag in die Schatten drein!
Geheimnis, pack ich dich?
O heiliger Mummenschanz:

nicht hell, nicht dunkel: ganz
in Offenbarungsglanz
hüllst du auch mich,
Seele des Lebens.

Stefan Andres
El Greco malt den Großinquisitor

Sieben Tage vor dem ersten Sonntag im Advent ritt el Greco nach Sevilla, nachdem er sein Haus geordnet und dem Freunde Cazalla Frau und Sohn empfohlen hatte.

Vom Dom in Sevilla läuteten die Glocken zur Vesper, als el Greco an der Tür des Kardinals pochte. Im Dienerzimmer stand der zeremonielle Hütetisch, auf dem das ganze Haus seine Kopfbekleidung auslegte. Beim Anblick der Hüte zu Füßen des Kruzifixes, vom Baldachin des Kardinals beschattet, dessen Hut wie eine rote Sonne über den Dienerhüten an der Wand hing, lächelte el Greco, sooft er auch schon in die Häuser der Kirchenfürsten eingetreten war. »Wer da wohnt unter des Höchsten Hut«, fiel es ihm ein, es war ja auch die Zeit der Komplet. »Denn er wird mich befreien aus der Schlinge der Jäger und dem widerhakigen Wort!« Sein Hut lag jetzt zwischen den Dienerhüten, das schien so Brauch in Sevilla zu sein, in Gottes Namen, wir sind ja alle Diener. »Mit seinen Flügeln wird er dich beschatten, und unter seinen Federn wirst du wieder Hoffnung schöpfen.« Das folgende Birettzimmer war kahl wie die Seele eines Büßers, der nichts mehr hat von der Welt und noch nichts vom Himmel. Auf einem hochbeinigen Tisch vor einem schwarzen Kruzifix – hier war alles hoch und schmal, die Wände, die Tischbeine, das Kreuz – lag das rote Birett des Kardinals, ebenfalls hoch und schmal, oben sich verbreiternd, mit vier runden Zacken, einer Windrose gleich – er gebietet dem Wind, der Generalinquisitor. Er ist also zu Hause, der Träger des Biretts, wohlan! Und el Greco betete: »Du fürchtest dich nicht vor dem Nachtgespenst, nicht vor dem schwirrenden Pfeil am hellen Tag.«

Im Sekretärzimmer erhob sich über einem Aktenstoß der Kaplan, derselbe, der ihn in Toledo besucht hatte. Er kam bald wieder. Domenicos Theodokopulos solle am frühen Vormittag zur Arbeit erscheinen, ließ Seine Eminenz bestellen; bei den *fratres Dominicani* sei ihm Herberge bereitet. Der Kaplan übergab ihn dem Diener, der Diener dem Torhüter, der Torhüter einem herbeigerufenen Straßenjungen, der ihm den Weg zeigen sollte; aber el Greco kannte Sevilla und ritt zu seinem Quartier.

Nino de Guevara trug die violette Farbe des Advents, als er am andern Morgen el Greco in seiner Bibliothek empfing. Dicht am Fenster erhob sich eine Staffelei, er war erwartet. El Greco verbeugte sich dreimal, an der Tür, in der Mitte des Raumes und dann, als er dem Kardinal den Rubin küßte. Der Stein trug nicht die Farbe des Advents, der Rubin war rot wie ein übriggebliebener Blutstropfen an einer strengen Hausfrauenhand, die sich die Hände nach dem Hühnerköpfen zu flüchtig wusch. Das winterliche Tuch des Kardinals roch nach Kampfer, es war eben erst aus der Truhe gekommen. El Greco fand diesen Geruch unsagbar übereinstimmend mit dem Gesicht Nino de Gueveras. Im übrigen roch es wie in jeder Bibliothek: nach Staub und Papier und Tinte.

Da el Greco sich von seinem Ringkuß aufrichtete, blickte er dem Kardinal in die Augen. Er sah nur die schwarze Fassung der Brille, gitterhaft, Gitter über Zisternen, Kindern und Tieren zum Schutz wie in Kreta, in seinem geliebten Kreta. Er hörte in diesem Augenblick seine Mutter sprechen, zärtlich warnen: »Hebe das Gitter nicht, Domenicos, sonst kommt Vater mit der Gerte!« ... »Wir sind erfreut, Theodokopulos, Euch in guter Gesundheit wiederzusehen!« Die Stimme Nino de Guevaras war tief, gleichwohl lag ihr Klangfeld nicht in der Brust, sondern irgendwo fern im Kopf, manchmal in der Nasengegend, manchmal im Halse, unbetont, gleichmäßig, kühl. »Ich danke Euer Eminenz für die Gnade und Ehre, Euer Bildnis der Nachwelt überliefern zu können, nach meinen besten Kräften.« »Der Kirche«, verbesserte ihn der Kardinal und setzte sich.

El Greco ging an seine Arbeit. Der Kardinal schellte, der Kaplan kam. »Das Birett«, flüsterte Nino. Das Birett, dachte el Greco eifrig, die Krone, die Windrose, die dem kahlen Kopf den gefährlich bestimmten Abschluß gibt, die Zacken nach allen vier Winden hin.

Die erste Stunde saß der Kardinal schweigend, er las. El Greco wartete geduldig, lauernd. Das Licht ist das Gewand der Dinge, es kann verhüllen und entblößen. Ein Gesicht hat tausend Gesichter, indes nur eines ist gültig. Nino soll lesen. El Greco blickte an seiner Staffelei vorbei wie aus dem Hinterhalt. Manchmal tat er einen Strich, aber nur mit dem Daumennagel. »Wir hörten, daß Ihr sehr schnell arbeitet«, sagte der Kardinal, ohne aufzublicken. »Ja, wenn Wir den richtigen Faden haben!« Der Kardinal blickte auf. El Greco hatte von sich Wir gesagt, so sehr suchte er nach dem Faden, daß er sich verdoppelte, daß er eine Anzahl wurde. Oder lächelte der

Kardinal über den Faden? War dieses Lächeln übrigens sein Gesicht, diese Furche, die den grauen Bart etwas in die Backe schob und zwischen den Schlaufen, die die Brille hielten, eine Falte schlug? Nein, dieses Lächeln war ein Gewürz im ganzen, das man auch schmecken sollte wie grauen Pfeffer, nicht wie eine Süßigkeit; in Nino war kein Krumen Süßigkeit, er war Bitterholz, hart, trocken, ohne Wurzel, ein Stab! Breit ist dieser Mund, erkannt el Greco, sehr breit, der Bart verbirgt es, und schmal ist seine Unterlippe; der Strich Fleisch unter der Lippe, den der Bart freiläßt, täuschte eine breite Unterlippe vor, wie der tote Philipp sie hatte; Nino aber hat keine Lippen: der Bart täuscht. »Es wäre mir angenehm, wenn Eure Eminenz einen Vorleser hereinbäten«, sprach el Greco. Er wollte Nino zuhören sehen. Der Kardinal schellte. »Die Geschichte vom seligen Grafen Orgaz«, befahl er – und der Kaplan las. El Greco horchte auf, er arbeitete jetzt nicht. Sein Daumennagel kratzte nur einige Linien auf die leere Fläche. Und der Kaplan las: »Als nun der hochselige Graf Orgaz entschlafen war und die Edelleute sich bei Nacht in der Grabkapelle zu seinem Begräbnis versammelt hatten, da öffnete sich über den Versammelten der Himmel, und der heilige Kirchenvater Augustinus und der heilige Erzmärtyrer Stephanus traten aus den Wolken, und sie betteten den Leichnam des Grafen in die Gruft. Fromme Bestürzung und heiliger Schrecken ergriffen die versammelten Herren, die Priester sowohl wie die Edelleute, und alle priesen die vorzügliche Tugend des verewigten Grafen, der zeitlebens mit all seinen Kräften und ganzem Vermögen der Kirche gedient und nun sogar an seinem Leichnam eine solche Ehre erfuhr, die wenigen am lebendigen Leibe vom Himmel erwiesen wurde.«

Hier unterbrach der Kardinal die eintönige Eindringlichkeit des Vorlesers. »Wenn Wir Uns recht entsinnen, habet Ihr dieses Wunder gemalt?« Greco nickte. »Die Aufmerksamkeit Eurer Eminenz für meine Bilder ehrt mich.« Nino de Guevara wiederholte leise für sich die Worte aus dem Wunderbericht: »Fromme Bestürzung und heiliger Schrecken ergriffen die versammelten Herren...«, und er fügte bei: »Wir vermißten freilich die fromme Bestürzung und den heiligen Schrecken auf Eurem Bilde. Ihr maltet oben einen offenen Himmel, stelltet Heilige unter Menschen, und nicht einmal ein Verwundern zeigen Eure versammelten Granden!« El Grecos Daumennagel hörte auf zu kratzen, statt einer Antwort machte der Stift den ersten Strich: eine jähe Kurve fing die Augen des Generalinquisitors, die verhangene, noch entfernte Frage in der Haltung des Kopfes, im schrägen Blick der Augen. So sprach el Greco, sein Stift zischte und krachte dazu – hinter seiner Staffelei sprach er heraus, nur mit dem rechten Auge, das er messend kniff, sichtbar: »Ein Wunder verwundert mich nicht, Eminenz, bei Gott ist alles möglich, lehrt die heilige Kirche, und wenn ein Engel käme und mir den Stift führte, würde mich nicht fromme Bestürzung pakken –« »Auch nicht heiliger Schrecken?« Nino de Guevaras Stimme schien um die verbergende Fläche des Bildes herumzugreifen, allein el Greco blieb, wo er war, und antwortete: »Engel sind gute Geister und sollen uns nicht erschrecken!« Der Generalinquisitor darauf mit leiser Stimme, als dächte er selber nach: »Die Engel sprechen aber stets: ›Fürchtet euch nicht!‹« El Greco stach mit dem Stift die Punkte der Augen fest, und so spitz und stoßend kam auch seine Antwort: »Das ist die tiefere Aufforderung des Evangeliums, das eine Frohbotschaft ist, der ständige Ruf des Himmels auf die Erde: Fürchtet euch nicht!« Der Generalinquisitor fragte nun, als ging es um einen Rat: »Und wie ist es mit der Furcht Gottes, die doch der Anfang der Weistheit ist?« El Greco indessen, ebenso harmlos: »Ja, der Anfang der Weisheit, die unterste Stufe!« »Und die übrigen Stufen?« El Greco erhob sich, hob messend Daumen und Zeigefinger wie eine Zange, als hielte er den Kopf des Kardinals bohnengroß dazwischen. Dann sagte er: »Die übrigen Stufen: Freiheit, Freude und Liebe!« Der Kardinal winkte dem Kaplan, der ging hinaus. »Nun eine Frage, Herr Domenicos Theodokopulos«, er hob die Uhr vom Tisch und hielt ihre Röhre gegen das Licht, »eine Frage: auf welcher Stufe steht Ihr –«, die Stimme des Sprechenden wurde immer ferner und klangloser, »steht Ihr am Anfang der Weisheit, oder seid Ihr höher hinaufgestiegen?« Als el Greco nicht antwortete, wiederholte er kärglich, fast müde: »Ihr fürchtet Euch nicht?« El Grecos Stirne senkte sich ein wenig; seine breiten Oberlider, die auf seine Augen herabzusinken drohten, machten sein Gesicht alt und müde, er war aber erst fünfzig Jahre alt. Und er schüttelte einmal kurz den Kopf und ging dann zu seinem Kasten, in dem die Farben waren. Als er einen Strang Karmin und weiter einen Strang Zinnober auf die Palette drückte, sprach der Kardinal: »Rot? Wir sind doch adventlich violett!« »Ich male Eure Mozetta und das Birett rot, Eminenz, blutrot; und bleich Euer Gesicht, Kragen und Chorhemd weiß und dunkel den Grund, so, wie Gott es mir befiehlt durch die Wahrhaftigkeit!« Nino de Guevara war nun wirklich erstaunt, er hob seine Stimme: »Gott befiehlt Farben?« El Greco wiederholte und beteuerte: »Ja, Eminenz, und kraft der Wahrhaftigkeit!« »Nach welcher Wahrhaftigkeit malt Ihr ein Violett rot und einen hellen Grund dunkel?« »Nach jener Wahrhaftigkeit, die der Herr aussprach, als er sich in das Bild des Blitzes begab, der leuchtet von seinem Aufgang bis zu seinem Niedergang und alles enthüllt, was im Verborgenen ist.« Der Kardinal blickte auf seine gespannt hängenden Hände, er sprach: »Schwarz und Rot, was enthüllt das?«

El Greco trat mit seiner ganzen Gestalt hinter der Staffelei hervor, seine Stimme zitterte nicht, gleichwohl war sie leise: »Feuer in der Nacht!« Der Generalinquisitor senkte kaum merklich die Stirn, alle seine Bewegungen waren langsam und immer unauffällig, nur neue Formen seiner Unbeweglichkeit, und so blickte er von unten el Greco an: »Ihr meint die heilige Kirche mit diesem Bild!« El Greco nickte, aber nun zitterte er; und wieder nickte er, flehte zu seinem Mut, daß er ihn nicht verlasse, daß er mit diesem Nicken kein Verräter werde, und so sprach er zitternd: »Sie ist ein blutiges Feuer geworden, Eminenz!« Der Generalinquisitor erhob sich: »Ja, die Kirche hat viele Feinde«, sagte er ruhig. Dann fügte er bei, morgen um dieselbe Stunde sei er wieder bereit. Als el Greco den Ring küßte, hörte er de Guevaras eingeschlossene Stimme weit über sich: »Heute nachmittag nimmt von Eurer Herberge die Prozession der heiligen Inquisition ihren Ausgang, seht zu und erwägt die Worte, die auf die Prozessionsfahne für die Welt geschrieben sind. Kennt Ihr diese Worte?« El Greco nickte, sprach: »Diese zwei Worte sind die zwei Augen der heiligen Kirche, möge sie auf keinem Auge blind werden!« Er verneigte sich und ging rückwärts zur Tür hinaus. Hätte diese Vorschrift nicht bestanden, er hätte sie in diesem Augenblick erfunden. Nun aber, als er schon durch die Straßen ging, spürte er dennoch diese Augen im Rücken, diese kalten, unbeweglichen, dunklen Augen . . .

Vielerlei Tiere sind in der Menschen Augen wie in den Käfigen der Tierzwinger; da geht es mannigfaltig um von Gier, List, Trägheit und Blutrausch, meist jedoch ungefährlich und durch Sitte und Angst vergittert. Gefährlich aber sind Ninos Augen. Wie im kühlen Dunkel der Krypta ist da alles unbewegt und ineinander. Und was der Arglose für einen Stab hält, ist das gefährlichste der Tiere, dem Stab des Moses gleich, der hingeworfen zur Viper wird. El Greco denkt an Höhlen, in denen Drachen hausen. Er denkt auch daran, daß die Drachen einen Schatz behüten. Es sind Kryptenaugen wie die meinen, denkt el Greco, sie sind traurig wie die meinen; in diesen Augen sind Gräber. O diese kalte, steinerne Schwermut in den Augen des Inquisitors! Vielleicht verdirbt sie den Sinn des Bildes, und die Menschen übersehen die Schlange in der Nacht dieser Traurigkeit. Was traurig ist, rückt in das Reich des Menschlichen. Soll man die Schwermut also dämpfen? Plötzlich reckt er den Kopf an der Staffelei vorbei und stiert den Generalinquisitor an. Sein Blick fragt lange nur das eine: Was hütet die Schlange? Den Schatz der großen Traurigkeit, welche die Welt erkannt hat? Bist du traurig, wie meine Heiligen es sind? Ein trauriger Henker?

Indem erhob sich Nino de Guevara und kam langsam auf el Greco zu, kam hinter die Staffelei. »Laßt mich sehen!« sprach er kurz. Er war das erstemal, daß er sein Bild betrachtete. El Greco zögerte. Indes der Kardinal winkte, als el Greco mit gepreßten Lippen daneben stand, und schob dann mit eigener Hand das Bild halb gegen das Fenster. Dort stand Cazalla und sprach: »Eminenz, seid auf Eure Gesundheit bedacht!« Nino de Guevara hörte diese Worte, eine kurze Bewegung des Kopfes zum Fenster schien zu einer Antwort auszuholen, aber die Augen blieben an seinem Bildnis haften; und so stand er mit verdrehten Augen da und vergaß die Antwort; seine Hände hoben sich aus den Falten, sie wollten eine abwehrende Bewegung zum Arzt hin tun oder das Bild noch mehr ins Licht ziehen, man konnte es nicht wissen, denn die Bewegung stockte im Blick auf das Bildnis, und der Zeigefinger der Rechten kratzte in der hohlen Linken. Wer sah den Kardinal je eine solch lächerliche, verlorene Bewegung tun, kratzte er sich doch immer noch mit dieser kleinen, affenschnellen Bewegung, bei der nur noch der Zeigefinger lebendig, sonst aber alles erstarrt war. Endlich sagte er mit einer ganz kleinen, belegten Stimme: »Seide?« »Ja, Seide«, antwortete el Greco. Bei dieser Stimme schien Nino de Guevara zu erwachen, er ließ seine Hände sinken und sagte, nun schon bestimmter: »Wir tragen aber winterliche Wolle!« »Und ich malte Seide«, wiederholte el Greco.

»Seid Ihr fertig?« fragte dann de Guevara mit gewohnter Stimme, und als el Greco jäh den Kopf schüttelte und das Bild herumschieben wollte, befahl er: »Das Bild ist fertig! Es soll fertig sein – oder– was fehlt noch?« Der Kardinal war bleich. El Greco wollte sich Zeit schaffen und sagte: »Mein Name fehlt noch.« »Und die Schlange davor?« Der Generalinquisitor lächelte boshaft. Da erbleichte auch el Greco und sprach: »Nicht davor, darinnen fehlt sie; zwar fehlt sie nicht, Ihr seht es, doch ist sie nicht so aufgerichtet wie jetzt in Euren Augen, Eminenz!« Der Kardinal, er überragte el Greco um eine halbe Haupteslänge, schüttelte den Kopf; man wußte nicht, was in seiner Stimme war, Hohn oder kühl entrückter Glaube: »Theodokopulos, wer sprach diese Worte: Gleich wie Moses die Schlange in der Wüste aufgerichtet hat – auch die Schlange bildet Christus vor, alles kann ihn vorbilden. Die von Schlangen gebissen sind, sollen durch das Bild von Schlangen geheilt werden!«

Wieland Schmied
Francis Bacon malt den Papst des Velazquez

Innozenz X
soll lange
gezögert haben
Bacon zu erscheinen

Von Künstlern
haben Päpste
nie viel gehalten

Die Ordnung
der Inquisitoren
stand ihrem Herzen
näher

Da hat sich wenig
geändert
in zweitausend Jahren
So wird er
wiedergekommen sein
um zu repräsentieren
in Purpur oder Violett

Doch als er
die Welt sah
in die der Maler
ihn wies

begann er zu schreien

Er erkannte sie
als *Sein* Werk

Johann Heinrich Merck
Michel Angelo

Einst malet Angelo, das Wunder seiner Zeiten,
Das WeltGericht, des Himmels offne Freuden
Und auch der Hölle offne Qual,
Und in die Hölle setzt er nebst Prälaten
Und vielen bischöflichen Gnaden
Auch einen großen Cardinal.
Und ungelobt und unbezahlt
Ist das Porträt daran so trefflich ausgemalt,
Daß jeder, der ihn sah und kannte,
Ihn gleich bei seinem Namen nannte.
Der Cardinal erfährts. O, wüßt ers niemals nicht!
Wie wirds dem armen Künstler gehen?
Der Cardinal will das Gemälde sehen.
Er kommt, und sieht, und spricht:
Wie sehr bewundre ich die wahre Meister Hand!
Da mich doch Angelo von weitem nur gekannt.
Wie groß ist nicht des Künstlers Gabe,
Er trifft mich, da ich ihm doch nie gesessen habe.
Bewundernd sieht er es noch einmal an:
Dankt ihm und geht. Der große Mann!

O welche Fabel aus der goldnen Zeit,
Ein Priester ist beleidigt, und verzeiht.

Hans Magnus Enzensberger
Abendmahl.
Venezianisch, 16. Jahrhundert

I

Als ich mein *Letztes Abendmahl* beendet hatte,
fünfeinhalb mal knapp dreizehn Meter,
eine Heidenarbeit, aber ganz gut bezahlt,
kamen die üblichen Fragen.
Was haben diese Ausländer zu bedeuten
mit ihren Hellebarden? Wie Ketzer
sind sie gekleidet, oder wie Deutsche.
Finden Sie es wohl schicklich,
dem Heiligen Lukas
einen Zahnstocher in die Hand zu geben?
Wer hat sie dazu angestiftet,
Mohren, Säufer und Clowns
an den Tisch Unseres Herrn zu laden?
Was soll dieser Zwerg mit dem Papagei,
was soll der schnüffelnde Hund,
und warum blutet der Mameluck aus der Nase?
Meine Herrn, sprach ich, dies alles
habe ich frei erfunden zu meinem Vergnügen.
Aber die Sieben Richter der Heiligen Inquisition
raschelten mit ihren roten Roben
und murmelten: Überzeugt uns nicht.

II

Oh, ich habe bessere Bilder gemalt;
aber jener Himmel zeigt Farben,
die ihr auf keinem Himmel findet,
der nicht von mir gemalt ist;
und es gefallen mir diese Köche
mit ihren riesigen Metzgersmessern,
diese Leute mit Diademen, mit Reiherbüschen,
pelzverbrämten, gezaddelten Hauben
und perlenbestickten Turbanen;
auch jene Vermummten gehören dazu,
die auf die entferntesten Dächer
meiner Alabaster-Paläste geklettert sind
und sich über die höchsten Brüstungen beugen.
Wonach sie Ausschau halten,
das weiß ich nicht. Aber weder euch
noch den Heiligen schenken sie einen Blick.

III

Wie oft soll ich es euch noch sagen!
Es gibt keine Kunst ohne das Vergnügen.
Das gilt auch für die endlosen Kreuzigungen,
Sintfluten und Bethlehemitischen Kindermorde,
dir ihr, ich weiß nicht warum,
bei mir bestellt.
Als die Seufzer der Kritiker,
die Spitzfindigkeiten der Inquisitoren
und die Schnüffeleien der Schriftgelehrten
mir endlich zu dumm wurden,

taufte ich das *Letzte Abendmahl* um
und nannte es
Ein Dîner bei Herrn Levi.

IV

Wir werden ja sehen, wer den längeren Atem hat.
Zum Beispiel meine *Heilige Anna selbdritt.*
Kein sehr amüsantes Sujet.
Doch unter den Thron,
auf den herrlich gemusterten Marmorboden
in Sandrosa, Schwarz und Malachit,
malte ich, um das Ganze zu retten,
eine Suppenschildkröte mit rollenden Augen,
zierlichen Füßen und einem Panzer
aus halb durchsichtigem Schildplatt:
eine wunderbare Idee.
Wie ein riesiger, kunstvoll gewölbter Kamm,
topasfarben, glühte sie in der Sonne.

V

Als ich sie kriechen sah,
fielen mir meine Feinde ein.
Ich hörte das Gebrabbel der Galeristen,
das Zischeln der Zeichenlehrer
und das Rülpsen der Besserwisser.
Ich nahm meinen Pinsel zur Hand
und begrub das Geschöpf,
bevor die Schmarotzer anfangen konnten,
mir zu erklären, was es bedeute,

unter sorgfältig gemalten Fliesen
aus schwarzem, grünem und rosa Marmor.
Die *Heilige Anna* ist nicht mein berühmtestes,
aber vielleicht mein bestes Bild.
Keiner außer mir weiß, warum.

Beat Brechbühl
Rechnung eines Kirchenmalers

(zweckentfremdetes Plagiat)

Ausbesserung der Zehn Gebote,
Verschönerung des Pontius Pilatus und
neue Bänder für seinen Hut.

Ein frischer Schwanz für den Hahn St. Peters
und Auffrischen des Kamms.

Den linken Flügel des Schutzengels mit
Federn versehen und vergoldet.
Den Diener des Hohepriesters gewaschen.

Den Himmel renoviert, die Sterne hergerichtet
und den Mond geputzt.

Die Höllenflammen leuchtender gemacht,
einen neuen Schwanz für den Teufel, sein Huf
ausgebessert
und verschiedene kleine Arbeiten für die
Verdammten.

Das Fegefeuer aufgefrischt und
die verlorenen Seelen gereinigt.

Das Hemd des verlorenen Sohnes ausgebessert.

– Macht total 52 Franken.

Karel Capek
Bilderstürmer

Bei Nikephoros, dem Abt des St.-Simons-Klosters, fand sich ein gewisser Prokopios ein, der als gelehrter Kenner und begeisterter Sammler byzantinischer Kunstwerke galt. Offensichtlich war er sehr erregt, während er auf und ab gehend im Kreuzgang des Klosters wartete. ›Schöne Säulen gibt es hier‹, dachte er im stillen, ›anscheinend aus dem fünften Jahrhundert. Nikephoros ist der einzige, der uns helfen kann. Er hat Einfluß bei Hofe und war selbst einst Maler. Er war kein schlechter Maler, der Alte. Ich erinnere mich, daß er der Kaiserin Entwürfe für ihre Stickereien machte und Ikonen für sie malte... Deshalb haben sie ihn zum Abt ernannt, als seine von Gicht gekrümmten Hände den Pinsel nicht mehr halten konnten. Und es heißt, daß sein Wort bei Hofe immer noch viel gelte. Jesus Christus, ist das ein schönes Kapitell!

Ja, Nikephoros wird helfen. Ein Glück, daß wir uns seiner erinnert haben.‹

»Sei mir gegrüßt, lieber Prokopios«, ließ sich eine weiche Stimme hinter ihm vernehmen.

Prokopios wandte sich heftig um. Hinter ihm stand, die Hände in den Ärmeln versteckt, ein vertrockneter, freundlicher Greis. »Ein schönes Kapitell, wie?« sagte er. »Alte Arbeit von Naxos, Herr.«

Prokopios küßte den Ärmel des Abtes. »Ich bin zu Euch gekommen, mein Vater ...« begann er erregt, aber der Vorsteher des Klosters unterbrach ihn.

»Kommt, setzt Euch an die Sonne, mein Lieber. Meiner Gicht tut es gut. Welch ein Tag, mein Gott, was für eine Beleuchtung! Also, was führt Euch zu mir?« fragte er, nachdem sie sich auf einer Steinbank mitten im Klostergarten niedergelassen hatten, umgeben von Bienengesumm und dem Duft von Salbei, Thymian und Pfefferminz.

»Mein Vater«, versetzte Prokopios, »ich wende mich an Euch als den einzigen, der eine schwere und nicht wiedergutzumachende Kulturkatastrophe abwenden kann. Ich bin sicher, daß ich bei Euch Verständnis finde. Ihr seid Künstler, mein Vater. Was seid Ihr doch für ein Maler gewesen, bevor es Euch auferlegt ward, die Last Eures ehrwürdigen Amtes auf die Schultern zu nehmen! Gott behüte mich, aber manchmal bedaure ich, daß Ihr nicht über Eure Holztafeln gebeugt geblieben seid, auf die Ihr vormals die schönsten byzantinischen Ikonen zu zaubern vermochtet.«

Anstelle einer Antwort krempelte Vater Nikephoros die Ärmel seiner Soutane hoch und streckte seine runzligen, knotigen, von Gicht gekrümmten Händchen, die Papageienkrallen glichen, der Sonne entgegen.

»Aber nicht doch«, meinte er nur. »Was sagt Ihr da, mein Lieber!«

»Nur die Wahrheit, mein Nikephoros«, entgegnete Prokopios. (– ›Heilige Mutter Gottes, was für Hände!‹ –) »Eure Ikonen sind heutzutage nicht mit Geld zu bezahlen. Kürzlich verlangte ein Jude zweitausend Drachmen für eines Eurer kleinen Bilder, und als er diese Summe nicht bekam, sagte er, er wolle warten, in zehn Jahren erhalte er dreimal soviel.«

Vater Nikephoros hüstelte bescheiden und errötete ein wenig. »Ich bitte Euch, wer spricht schon über mein bißchen Kunst? 's ist auch nicht nötig, bitte sehr, ihr habt doch so beliebte Meister wie diesen Argyropulos, den Malvasias, Megalokastros und andere, zum Beispiel den, wie heißt er doch gleich, der die Mosaiken macht...«

»Ihr meint den Papanastasias?« fragte Prokopios.

»Ja, ja«, brummte Nikephoros. »Er soll sehr geschätzt sein. Nun, ich weiß nicht, aber ich würde im Mosaik eher Maurerarbeit sehen als wirkliche Malerei. Angeblich soll dieser euer ... wie heißt er doch gleich?«

»Papanastasias?«

»Ja, Papanastasias. Er soll von Kreta sein. Zu meiner Zeit hatte man andere Ansichten über die Schule von Kreta. Das ist nicht das Wahre, sagte man. Viel zu harte Linien, und die Farben! Ihr sagt also, daß dieser Kreter ungemein geschätzt wird? Hm, eigenartig.«

»Ich habe nichts dergleichen gesagt«, verteidigte sich Prokopios. »Aber habt Ihr sein letztes Mosaik gesehen?«

Vater Nikephoros verneinte mit einer energischen Kopfbewegung. »Nein, nein, mein Lieber, was wäre auch schon groß daran zu sehen! Linien wie Draht und das grelle Gold! Habt Ihr bemerkt, daß auf seinem letzten Mosaik der Engel Gabriel schief steht, als wolle er umfallen? Dieser Euer Mann aus Kreta bringt es nicht einmal zuwege, eine Figur zu zeichnen, die anständig dasteht!«

»Das ist nämlich ...« versuchte Prokopios zögernd einzuwenden, »zufällig hat er das absichtlich getan, aus Kompositionsgründen«

»Danke bestens«, ereiferte sich der Abt und blies gereizt die Wangen auf. »Aus Gründen der Komposition! Dann darf man also aus Kompositionsgründen schlecht zeichnen, was? Und der Kaiser selbst kommt, um es anzusehen – und sagt: Interessant, sehr interessant!« Vater Nikephoros bezwang seine Aufregung. »Die Zeichnung, Herr, vor allem die Zeichnung: darin liegt die ganze Kunst.«

»So spricht der Meister«, schmeichelte ihm Prokopios beflissen. »Ich habe Eure Himmelfahrt in meiner Sammlung, und ich kann Euch sagen, mein Vater, ich würde sie nicht hergeben, nicht einmal für einen Nikaon.«

»Nikaon war ein guter Maler«, sagte Nikephoros entschieden, »klassische Schule, mein Herr. Gott, waren das schöne Proportionen! Aber meine Himmelfahrt ist ein schwaches Bild, lieber Prokopios. Die unbeweglichen Figuren und der Christus mit Flügeln wie ein Storch – Menschenskind, Christus muß doch auch ohne Flügel schweben! Das nennt man Kunst.« Vater Nikephoros schneuzte sich aufgeregt in den Ärmel. »Was nützt das alles, damals verstand ich noch nicht zu zeichnen. Es lag weder Tiefe noch Bewegung darin ...«

Prokopios betrachtete staunend die verkrümmten Hände des Abtes. »Vater, Ihr malt noch?«

Der Alte schüttelte verneinend den Kopf. »Aber nein, nein, ich probiere nur hin und wieder etwas, zu meinem Vergnügen.«

»Figuren?« entfuhr es Prokopios.

»Figuren. Es gibt nichts Schöneres als Figuren, mein Sohn. Stehende Figuren, die aussehen, als wollten sie eben ausschreiten. Dazu ein Hintergrund, in welchen, so scheint es dir, sie sich zurückziehen können. Das ist schwierig, mein Lieber. Was weiß so ein ... wie heißt er gleich ... der Maurermeister aus Kreta davon, mit seinen gezeichneten Holzpuppen!«

»Ich würde gern eines Eurer neuen Bilder sehen«, bat Prokopios.

Vater Nikephoros winkte ab. »Warum? Ihr habt doch euren Papanastasias! Ein hervorragender Künstler, sagt Ihr. Kompositionsgründe! Wenn seine Mosaikpuppen etwas von Kunst an sich haben, dann verstehe ich wirklich nichts mehr von Malerei. Ihr seid natürlich ein Kenner, mein Prokopios; wahrscheinlich habt Ihr recht, daß Papanastasias ein Genie ist.«

»Das habe ich nicht gesagt«, protestierte Prokopios. »Verehrter Nikophoros, ich bin nicht gekommen, um mit Euch über die Kunst zu streiten, sondern um sie zu retten, bevor es zu spät ist.«

»Vor Papanastasias?« fragte Nikephoros lebhaft.

»Nein, aber vor dem Kaiser. Ihr wißt ja davon. Seine Hoheit, der Kaiser Konstantin Kopronymos, will, unter dem Druck bestimmter Kirchenkreise, das Malen von Ikonen verbieten. Es sei angeblich Götzendienerei oder so etwas. Welch ein Unsinn, lieber Nikephoros!«

Der Abt verdeckte die Augen mit seinen welken Lidern. »Ich habe davon gehört, mein Prokopios«, murmelte er. »Aber es ist noch nicht ganz sicher, nein, es steht noch nicht fest.«

»Gerade deswegen komme ich zu Euch, mein Vater«, sprach Prokopios eifrig. »Es weiß doch jeder, daß es für den Kaiser nur eine Frage der Politik ist. Ihn kümmert der Götzendienst verteufelt wenig, aber er will Ruhe haben. Und wenn der Pöbel, geführt von dreckigen Fanatikern, in den Straßen umherläuft und brüllt: ›Fort mit den Götzen‹, so denkt unser erhabener Herrscher, daß es am bequemsten sein werde, diesem widerborstigen Pack zu willfahren. Wißt Ihr, daß sie die Fresken in der Kapelle der Heiligen Liebe beschmutzt haben?«

»Ich habe davon gehört«, seufzte der Abt mit geschlossenen Augen. »Heilige Mutter Gottes, welch eine Sünde! Solche kostbaren Fresken, von Stephanides' eigener Hand! Erinnert Ihr Euch an die Figur der heiligen Sophie, links von dem segenerteilenden Christus? Lieber Prokopios, das war die schönste stehende Figur, die ich je gesehen habe. Stephanides, das war ein Meister, ach, schade um jedes Wort!«

Prokopios neigte sich eindringlich zu dem Abt hin. »Nikephoros, in den Gesetzen Mose steht geschrieben: ›Du sollst dir kein Bildnis noch irgendein Gleichnis machen, weder des, das oben im Himmel, noch des, das unten auf Erden, oder des, das im Wasser unter der Erde ist.‹ Mein Nikephoros, sind die im Recht, die verkünden, daß es von Gott verboten sei, Bilder zu malen und Statuen zu formen?«

Vater Nikephoros verneinte mit dem Kopf, ohne die

Augen zu öffnen. »Mein Prokopios«, hauchte er nach geraumer Zeit, »Kunst ist so heilig wie Gottesdienst, denn ... sie preist das Werk Gottes ... und lehrt es lieben.« Er machte mit seiner armseligen Hand ein Kreuz in die Luft. »War nicht der Schöpfer selbst ein Künstler? Formte er nicht den Menschen aus dem Ton der Erde? Begabte er nicht ein jedes Ding mit Form und Farbe? Und was für ein Künstler, lieber Prokopios! Nie, niemals werden wir genug von ihm lernen ... Übrigens, dieses Gesetz galt nur für die barbarischen Zeiten, als die Menschen noch nicht richtig zu zeichnen verstanden.«

Prokopios atmete erleichtert auf. »Ich wußte, mein Vater, daß Ihr so sprechen würdet«, sagte er ehrerbietig. »Als Priester – wie auch als Künstler. Nikephoros, Ihr werdet es nicht zulassen, daß man die Kunst zerstört!«

Der Abt öffnete die Augen. »Ich? Was kann ich tun, mein Prokopios? Die Zeiten sind schwer; die gebildete Welt wird barbarisiert, es kommen Leute aus Kreta und Gott weiß woher ... Es ist schlimm, mein Lieber; aber womit könnten wir das abwenden?«

»Ehrwürdiger Nikephoros, wenn Ihr mit dem Kaiser reden würdet ...«

»Nein, nein«, sagte Nikephoros, »mit dem Kaiser kann ich darüber nicht sprechen. Der Kaiser hat doch keinerlei Beziehungen zur Kunst, mein Prokopios. Ich habe gehört, daß er unlängst das Mosaik gelobt hat von dem ... nun, wie nennt Ihr ihn gleich?«

»Papanastasias, Vater.«

»Ja. Der, der die gezeichneten Holzpupppen macht. Der Kaiser hat keine Ahnung, was Kunst ist. Und Malvasias ist meiner Meinung nach ein ebenso schlechter Maler. Versteht sich, die Ravenner Schule. Und seht ihr, sie haben ihn doch die Mosaiken in der Kapelle machen lassen, lieber Prokopios. Ich kann doch nicht hingehen und bitten, man möge irgendeinem Agyropulos oder diesem ... wie heißt der Mann aus Kreta, Papanastasias, nicht – man möge ihnen erlauben, auch weiterhin die Wände zu verderben!«

»Um das geht es ja nicht, mein Vater«, sprach Prokopios geduldig. »Aber bedenkt, daß – wenn die Bilderstürmer den Sieg davontragen – jegliche Kunst zugrunde gehen wird. Auch Eure Ikonen wird man verbrennen, mein Nikephoros!«

Der Abt machte eine Bewegung mit seiner kleinen Hand. »Sie waren schwach, lieber Prokopios«, murmelte er. »Früher verstand ich nicht zu zeichnen. Figuren zu zeichnen, das lernt der Mensch nicht so bald.«

Prokopius deutete mit zitternder Hand auf die antike Statue eines jungen Bacchus, die halb verdeckt in dem blühenden Dornbusch stand. »Auch diese Statue wird vernichtet werden«, sagte er.

»Welche Sünde, o welch eine Sünde«, flüsterte Nikephoros, schmerzbewegt die Augen schließend. »Wir nennen die Statue Johannes den Täufer, aber es ist ein echter, vollkommener Bacchus. Stunden um Stunden habe ich ihn hier betrachtet. Er ist wie ein Gebet, mein Prokopios.«

»Seht Ihr, Nikephoros, und diese göttliche Vollkommenheit soll für immer zerstört werden? Irgendein grölender verlotterter Fanatiker soll sie mit seinem Hammer in Stücke schlagen?«

Der Abt hielt die Hände gefaltet und schwieg.

»Es liegt in Eurer Macht, die Kunst zu retten, Nikephoros«, redete Prokopios inbrünstig auf ihn ein. »Euer Leben, das Leben eines Heiligen, und Eure Weisheit haben Euch eine unermeßliche Hochachtung in der Kirchengemeinde verschafft; Ihr werdet ein Mitglied der großen Synode sein, die entscheiden soll, ob alle Statuen und Bilder nur Hilfsmittel des Götzendienstes seien. Vater, das Schicksal der gesamten Kunst liegt in Eurer Hand!«

»Ihr überschätzt meinen Einfluß, Prokopios«, flüsterte der Abt. »Diese Fanatiker sind stark und haben den Pöbel hinter sich ...« Nikephoros machte eine Pause. »Ihr sagt, daß sie alle Bilder und Statuen vernichten würden?«

»Ja.«

»Und die Mosaiken würden sie auch zerstören?«

»Ja, sie werden sie von den Decken herunterschlagen und die Steinchen auf den Schutthaufen werfen.«

»Was Ihr nicht sagt«, fragte Nikephoros interessiert. »Dann würden sie also auch diesen verzerrten Erzengel Gabriel von dem ...«

»Wahrscheinlich.«

»Das wäre gut«, sagte der Abt vergnügt. »Es ist ein entsetzlich schlechtes Bild, mein Lieber. Ich habe noch niemals so unmöglich schlechte Figuren gesehen, und so was nennt man Kompositionsgründe. Ich sage Euch, mein Prokopios, eine schlechte Zeichnung ist Lästerung und Sünde; das geht gegen den lieben Herrgott. Es heißt wahrlich Götzendienerei treiben, wenn man sich vor schlechten Bildern verneigt. Ich wundere mich nicht, daß sich die Leute dagegen auflehnen. Sie haben ganz recht. Die Schule von Kreta ist Ketzerei. Und sc ein Papanastasias ist ein schlimmerer Ketzer als ein Arianer. Ihr sagt also«, schwatzte der Abt fröhlich, »daß sie diese Schmiererei von den Wänden schlagen würden? Gute Kunde bringt Ihr mir, mein Sohn. Ich bin froh, daß Ihr gekommen seid.« Nikephoros erhob sich mühsam, zum Zeichen, daß die Audienz beendet sei. »Schönes Wettter haben wir heute, nicht wahr?«

Sichtlich niedergeschmettert erhob sich auch Prokopios. »Nikephoros«, stieß er hervor, »aber auch die anderen Bilder werden der Vernichtung anheimfallen! Hört Ihr, jegliches Kunstwerk wird verbrannt und zerschlagen werden!«

»Ja, ja«, sprach der Abt tröstend. Das ist schade, sehr schade. Doch soll die Welt eine schlechte Zeichnung loswerden, darf sie nicht zu streng auf ein paar Übergriffe achten. Wenn sich nur die Menschen nicht mehr vor verzerrten Figuren verneigen, wie sie dieser ... nun ...«

»Papanastasias ...«

»Ja, der. Eine hundsmiserable Schule, die von Kreta. Ich bin froh, daß Ihr mich auf die Synode aufmerksam gemacht habt. Ich werde zugegen sein, selbst wenn man mich auf Händen dorthin tragen müßte. Ich würde mir bis an mein Lebensende Vorwürfe machen, wäre ich nicht mit dabei. Wenn sie bloß diesen Erzengel Gabriel von den Wänden herunterschlagen! – Gott mit Euch, mein Sohn«, sagte er, indem er segnend seine verkrümmte Hand hob.

Gedankenverloren sein Haupt schüttelnd, entfernte sich der Abt Nikephoros. »Schlechte Schule, die von

Kreta«, murmelte er. »Höchste Zeit, ihnen das Handwerk zu legen ... Ach Gott, welch eine Irrlehre ... der Papanastasias ... Das sind keine Figuren, Götzen sind das, verfluchte Götzen«, schrie Nikephoros und fuchtelte mit seinen ausgemergelten, gemarterten Händen in der Luft herum. »Götzen ... Götzen ... Götzen ...«

Christian Morgenstern
Der Maler

Ein Maler kühlte sein Gelüst –
und malte in der Apsis Grund
den Teufel wüst wie einen Hund.
Da stieß ihn dieser vom Gerüst.

Doch tiefer unten Maria stand.
Die reichte ihm ganz schnell die Hand
und, daß er stehn kunnt, seinem Fuß
den Schnabel ihres winzigen Schuhs –

und sprach zu dem Erschrocknen: »Sieh,
so lohnt die junge Frau Marie
dem Schelm, der heute schier geprahlt,
doch vordem *sie* so *schön* gemalt!«

»Nein das haben Sie gemacht«

Johannes Edfelt
Der Maler

In einer gemarterten Welt, wo die Katastrophen öfter einander ablösen, als die Generalstäbler sich beraten, male ich mit eifriger Hand Bilder auf eine Wand – nein, was sage ich: das ist ja keine Wand, das sieht nur so aus. In Wirklichkeit ist es die Haut der Nacht, ein dünnes, sammetweiches Häutchen, auf welchem ich die Träume befestige, die aus mir hervorwallen. Welche Träume! Kann man Träume um einen Stützpunkt, einen Halt anders als unvernünftig und unglaubwürdig nennen? Durch das Haus, das ich bewohne, geht oft ein Beben von entlegenen Eruptionen. Wer weiß nicht, daß es nirgends einen Halt gibt? Hinter der sachte bebenden Webe der Träume ist lauter Leere; der Rachen, der uns am Ende alle schluckt. Zu leben ist nicht notwendig. Zu malen ist notwendig.

Siegfried Lenz
Malverbot

Da fragte die Frau des Malers gegen seinen Rücken: Ist was mit Max? Und als er nickte, nichts als steif vor sich hinnickte, erhob sich Doktor Busbeck, kam näher und nahm Dittes Arm und fragte zaghaft: Eine Entscheidung aus Berlin?

Mein Vater wandte sich überrascht, wenn auch zögernd, um, sah auf den kleinen Mann, der sich für seine

Frage zu entschuldigen schien, der sich für alles zu entschuldigen schien, und antwortete nicht, weil er nicht mehr zu antworten brauchte; denn beide, die Frau des Malers und sein ältester Freund, gaben ihm durch ihr Schweigen zu erkennen, daß sie ihn verstanden hatten und auch schon wußten, welch eine Entscheidung es war, die er zu überbringen hatte.

Natürlich hätte Ditte ihn jetzt nach dem genauen Inhalt seines Auftrags fragen können, und mein Vater, denke ich, hätte bereitwillig, auch erleichtert geantwortet, doch sie forderten ihn nicht auf, mehr zu sagen, standen eine Weile nebeneinander, und dann sagte Busbeck für sich: Jetzt auch Max. Mich wundert nur, daß es nicht schon früher passierte, wie bei den andern. Während sie sich in gemeinsamem Entschluß dem Sofa zuwandten, sagte die Frau des Malers: Max arbeitet, er steht am Graben hinterm Garten.

Das war schon abgewandt gesprochen und enthielt für meinen Vater gleichermaßen Hinweis wie Verabschiedung, worauf ihm nichts anderes mehr übrigblieb, als die Stube zu verlassen, nachdem er mit einem Achselzucken angedeutet hatte, wie sehr er seine Mission bedaure und wie wenig er selbst mit der ganzen Sache zu schaffen habe. Er schnappte sich seinen Umhang vom Ständer, stieß mich an, und wir beide gingen hinaus.

Langsam bewegte er sich an der kahlen Front des Hauses entlang, eher bekümmert als selbstsicher, stieß die Gartenpforte auf, stand jetzt im Schutz der Hecken und setzte seine Lippen in Tätigkeit, ließ sie Worte und ganze Sätze vorsorglich probieren, wie so oft, wie immer, wenn ihm eine Begegnung mehr als das Übliche an

Sprache abzuverlangen drohte, ging dann zwischen den gelockerten und aufgeräumten Beeten, an dem strohgedeckten Gartenhaus vorbei zum Graben, der Bleekenwarf umschloß, einem schilfgesäumten ruhenden Gewässer, das die Einsamkeit des Anwesens erhöhte.

Das stand der Maler Max Ludwig Nansen.

Er stand auf der geländerlosen Holzbrücke und arbeitete im Windschutz, und weil ich weiß, wie er arbeitete, möchte ich ihn nicht ohne Vorbereitung unterbrechen, indem ich meinen Vater dazu bringe, ihm auf die Schulter zu tippen, ich möchte die Begegnung verzögern, weil es kein beliebiges Zusammentreffen ist und ich zumindest erwähnen will, daß der Maler acht Jahre älter war als mein Vater, kleiner von Wuchs, wendiger, unbeherrschter, vielleicht auch listiger und starrsinniger, obwohl sie beide ihre Jugend in Glüserup verbracht hatten. Glüserup: Herrje.

Er trug einen Hut, einen Filzhut, den er tief in die Stirn zog, so daß die grauen Augen im geringen, aber unmittelbaren Schatten der Krempe lagen. Sein Mantel war alt, am Rücken durchgescheuert, es war der blaue Mantel mit den unerschöpflichen Taschen, in denen er, wie er uns einmal drohend sagte, sogar Kinder verschwinden lassen konnte, wenn sie ihn bei der Arbeit störten. Diesen graublauen Mantel trug er zu jeder Jahreszeit, draußen und drinnen, bei Sonne und bei Regen, womöglich schlief er auch in ihm; jedenfalls gehörte der eine zum andern. Manchmal allerdings, an gewissen Sommerabenden, wenn sich über dem Watt die schwerfälligen Konvois der Wolken versammelten, konnte man auch den Eindruck haben, daß es lediglich der Mantel und nicht der Maler war, der da den Deich entlangwanderte und den Horizont inspizierte.

Was der Mantel nicht verbarg, das war nur ein Stück der zerknitterten Hose, und das waren die Schuhe, altmodische, aber sehr teure Schuhe, die bis zu den Knöcheln reichten und einen schmalen, schwarzen Wildledereinsatz hatten.

Wir waren es gewohnt, ihn so zu treffen, und so fand ihn auch mein Vater vor, der hinter der Hecke stand und, wie ich glaube, zufrieden gewesen wäre, wenn er nicht dort hätte stehen müssen, zumindest aber ohne den Auftrag, ohne das Papier in seiner Brusttasche und nicht zuletzt ohne Erinnerungen. Mein Vater beobachtete den Maler. Er beobachtete ihn nicht gespannt, nicht mit berufsmäßiger Aufmerksamkeit.

Der Maler arbeitete. Er hatte etwas mit der Mühle vor, mit der zerfallenden Mühle, die unbeweglich und flügellos im April stand. Leicht über ihren Drehkranz erhoben, stand sie wie eine plumpe Blume auf einem sehr kurzen Stengel, ein düsteres Gewächs, das seiner letzten Tage harrte. Max Ludwig Nansen machte etwas aus ihr, indem er sie entführte, in einen anderen Tag, eine andere Beziehung, in eine andere Dämmerung entführte, die da auf seinem Blatt herrschte. Und wie immer, während er arbeitete, redete der Maler; er sprach nicht mit sich selbst, er wandte sich an einen Balthasar, der neben ihm stand, an seinen Balthasar, den nur er sah und hörte und mit dem er schwatzte und zankte, dem er manchmal sogar eins mit dem Ellenbogen versetzte, so daß wir, obwohl wir keinen Balthasar sehen konnten, den unsichtbaren Gutachter auf einmal stöhnen hörten, und wenn nicht gleich stöhnen, so doch fluchen. Je länger wir hinter ihm standen, desto mehr begannen wir an Balthasar zu glauben, wir mußten ihn anerkennen, weil er sich mit seinen scharfen Atemzügen und seiner zischenden Enttäuschung bemerkbar machte und weil der Maler nicht aufhören wollte, ihn anzusprechen und ihn in ein Vertrauen zu ziehen, das er sogleich bedauerte. Auch jetzt, während mein Vater ihn beobachtete, stritt sich der Maler mit Balthasar, der auf den Bildern, in denen er gefangengesetzt war, einen violetten gesträubten Fuchspelz trug und schrägäugig war und einen Bart aus brodelndem Orange hatte, aus dem es glühend heraustropfte. Trotzdem blickte sich der Maler selten nach ihm um, er stand ziemlich fest bei der Arbeit, die Beine leicht gespreizt, beweglich in den Hüften, und zwar ebenso zur Seite wie nach vorn und hinten beweglich, und während der Kopf sich schräg legte, aus den Schultern hob, pendelte oder sich senkte wie zu einem Rammstoß, schien der rechte Arm von einer erstaunlichen Starre befallen: zäh wirkten seine Bewegungen, angestrengt, als ob da ein unberechenbarer, heikler Widerstand wirksam sei; doch obwohl der entscheidende Arm diese seltsame Versteifung zeigte, arbeitete sonst der ganze Körper des Malers mit.

Mit dem Verhalten seines Körpers bestätigte und beglaubigte er einfach das, was er gerade machte, und wenn er sich, etwa bei Windstille, den Wind vornahm, ihn zwischen Blau und Grün entstehen ließ, dann hörte man phantastische Flottillen in der Luft und das Schlagen von Segeln, und der Saum seines Mantels begann sogar zu flattern, und aus seiner Pfeife, falls er eine im

Mund hatte, wurde der Rauch flach weggerissen – zumindest kommt es mir heute so vor, wenn ich daran denke.

Mein Vater sah ihm also bei der Arbeit zu, zögernd, bedrückt, er stand so lange da, bis er wohl die Blicke spürte, die uns aus dem Haus trafen, aus der Stube, die wir gerade verlassen hatten, da gingen wir langsam an der Hecke entlang, immer noch verfolgt von den Blikken, zwängten uns seitlich in einen Durchschlupf und standen gleich darauf am äußersten Rand der geländerlosen Holzbrücke.

Mein Vater sah in den Garten hinab und erkannte zwischen treibenden Schilfblättern und schwappender Entengrütze sich selbst, und dort gewahrte ihn auch der Maler, als er einen Schritt zur Seite machte und dabei in das stehende, nur von schwachen Schauern geriffelte Wasser hinabsah. Sie bemerkten und erkannten sich im dunklen Spiegel des Grabens, und wer weiß: vielleicht rief dies Erkennen ein blitzschnelle Erinnerung wach, die sie beide verband und die nicht aufhören würde, sie zu verbinden, eine Erinnerung, die sie in den kleinen schäbigen Hafen von Glüserup verschlug, wo sie im Schutz der Steinmole angelten oder auf dem Fluttor herumturnten oder sich auf dem gebleichten Deck eines Krabbenkutters sonnten. Aber nicht dies wird es wohl gewesen sein, woran sie beide unwillkürlich dachten, als sie einander im Spiegel des Grabens erkannten, vielmehr wird in ihrer Erinnerung nur der trübe Hafen gewesen sein, der Samstag, an dem mein Vater, als er neun war oder zehn, von dem glitschigen Tor stürzte, mit dem die Flut reguliert wurde, und der Maler wird noch einmal nach ihm getaucht und getaucht haben, so wie damals, bis er ihn endlich am Hemd erwischte, ihn hochzerrte und ihm einen Finger brechen mußte, um sich aus der Klammerung zu befreien.

Sie traten aufeinander zu, oben und unten, im Graben und auf der Brücke, gaben sich im Wasser und vor der Staffelei die Hand, begrüßten sich wie immer, indem sie, leicht zur Frage angehoben, den Vornamen des andern nannten: Jens? Max? Dann, während Max Ludwig Nansen sich schon wieder seiner Arbeit zuwandte, langte mein Vater in die Brusttasche, zog das Papier hervor, glättete es in der Schere zweier Finger und zauderte und überlegte im Rücken des Malers, mit welchen Worten er es überreichen sollte. Wahrscheinlich dachte er daran, das gestempelte und unterschriebene Verbot wortlos zu überreichen, allenfalls mit der Bemerkung: Da is was für dich aus Berlin, und gewiß hoffte er darauf, daß ihm unnötige Fragen erspart blieben, wenn er den Maler zunächst einmal selbst lesen ließ. Am liebsten hätte er die ganze Angelegenheit natürlich Okko Brodersen überlassen, dem einarmigen Postboten, aber da dies Verbot polizeilich übergeben werden mußte, war mein Vater, der Posten Rugbüll, dafür zuständig – wie er auch, und das würde er dem Maler noch beibringen müssen, dazu ausersehen war, die Einhaltung des Verbots zu überwachen.

Er hielt also den offenen Brief in der Hand und zauderte. Er blickte zur Mühle, auf das Bild, wieder zur Mühle und wieder zum Bild. Unwillkürlich trat er näher heran, blickte jetzt vom Bild zur Mühle, wieder zum Bild und wieder zur flügellosen Mühle, konnte nicht wiederfinden, was er suchte, und fragte: was soll'n das abgeben, Max? Der Maler trat zur Seite, deutete auf den Großen Freund der Mühle, sagte: Der Große Freund der Mühle und machte dem erdgrünen Hügel weiter klumpige Schatten. Da wird auch mein Vater den Großen Freund der Mühle bemerkt haben, der sich still und braun aus dem Horizont erhob, ein milder Greis, bärtig, vielleicht wundertätig, ein Wesen von freundlicher Gedankenlosigkeit, das sich ins Riesenhafte auswuchs. Seine braunen, rot unterfeuerten Finger waren gespannt, gleich würde er sacht gegen einen Flügel der Mühle schnippen, den er offenbar selbst gerade angesetzt hatte, er würde die Flügel der Mühle, die tief unter ihm in sterbendem Grau lag, in Bewegung bringen, schneller, immer schneller, bis sie die Dunkelheit zerschnitten, bis sie, von mir aus gesehen, einen klaren Tag herausmahlten und ein besseres Licht. Es würde den Flügeln der Mühle gelingen, das stand fest, denn die Züge des Greises nahmen bereits eine einfältige Genugtuung vorweg, auch ließen sie erkennen, daß der Alte auf schläfrige Weise erfolgsgewohnt war. Der Mühlenteich meldete zwar violetten Zweifel an, doch dieser Zweifel würde nicht recht behalten; der Große Freund der Mühle entkräftete ihn durch seine entschlossene Zuneigung.

Das is vorbei, sagte mein Vater, die wird sich nich mehr drehn, und der Maler: Morgen geht's los, Jens, wart nur ab; morgen werden wir Mohn mahlen, daß es qualmt. Er unterbrach seine Arbeit, setzte die Pfeife in Brand, betrachtete mit pendelndem Kopf das Bild. Ohne hinzusehen, reichte er meinem Vater den Tabakbeutel, versicherte sich erst gar nicht, ob mein Vater sich eine Pfeife stopfte, sondern steckte den Beutel sogleich wieder in die unerschöpfliche Manteltasche und sagte: Da fehlt noch ein bißchen Wut, nicht Jens? Dunkelgrün fehlt noch – Wut; dann kann die Mühle losklappern.

Mein Vater hielt den Brief in der Hand, dicht am Körper hielt er ihn, in instinktiver Verborgenheit, aus der er ihn hervorziehen würde, wenn der Augenblick günstig wäre, denn er selbst traute es sich nicht zu, den Augenblick zu bestimmen. Er sagte: Die kriegt kein Wind mehr in Gang, und auch keine Wut, Max, und der Maler: Die wird noch nach uns klappern, wart nur ab, morgen werden die Flügel um sich schlagen.

Vielleicht hätte mein Vater noch länger gezögert, wenn der letzte Satz nicht so zur Behauptung geraten wäre, jedenfalls streckte er auf einmal den Arm aus und, während er ihm den Brief hinhielt, drückte er sich so aus: Da, Max, da is was aus Berlin. Du hast es gleich zu lesen. Achtlos nahm der Maler den Brief aus seiner Hand und ließ ihn in der Manteltasche verschwinden, dann drehte er sich zu meinem Vater um, berührte ihn an der Schulter, stieß ihn noch einmal, und zwar kräftiger, in die Seite und sagte mit zusammengekniffenen Augen: Los, Jens, wir haun ab, solange Balthasar in der Mühle ist. Ich hab einen Genever, bei dem wächst dir an jeder Hand ein sechster Finger. Genever, mein Gott, nicht aus Holland, sondern aus der Schweiz, von einem Schweizer Museumsmenschen. Komm ins Atelier.

Doch mein Vater wollte nicht kommen, er zielte mit seinem Zeigefinger kurz in Richtung Manteltasche, sagte: Der Brief da, und nach einer Pause: Den Brief da hast du gleich zu lesen. Max, is aus Berlin, und weil ihm die mündliche Anweisung nicht auszureichen schien, trat er einen Schritt auf den Maler zu, wodurch sich dem die Brücke verengte und der Weg zum Haus. Also holte der Maler achselzuckend den Brief hervor, las den Absender – so, als wollte er dem Polizeiposten einen Gefallen tun –, nickte mit ruhiger Geringschätzung und sagte: Diese Idioten, diese; dann sah er schnell zu meinem Vater, und der Blick, der ihn traf, erstaunte ihn. Er zog den Brief aus dem Umschlag. Er las ihn stehend auf der Holzbrücke, und nachdem er ihn lange gelesen hatte – langsam, meine ich, und immer langsamer, stopfte er ihn zum zweiten Mal in die Tasche, verkrampfte sich, sah weg, sah über das flache Land unter dem Wind zur Mühle hinüber, schien sich durch einen Blick Rat zu holen: bei dem Labyrinth der Gräben und Kanäle, bei den zerzausten Knicks, bei dem Deich und den selbstbewußten Anwesen – ach was, er sah weg, um nicht meinen Vater ansehen zu müssen.

Ich habe mir das nicht ausgedacht, sagte mein Vater, und der Maler: Ich weiß. – Auch ändern kann ich nichts, sagte mein Vater. Ja, ich weiß, sagte der Maler und, seine Pfeife am Absatz ausklopfend: Ich hab' auch alles verstanden, bis auf die Unterschrift: die Unterschrift ist unleserlich. – Die haben viel zu unterschreiben, sagte mein Vater, und der Maler erbittert: Sie glauben es ja nicht, sie glauben es selbst nicht, diese Narren: Malverbot, Berufsverbot vielleicht noch Eß- und Trinkverbot: so etwas kann einer doch nicht mir leserlichem Namen unterschreiben. Er betrachtete mit geneigtem Kopf, sich vergewissernd, den Großen Freund der Mühle, der es braun und begabt fast geschafft hatte, der die Flügel, wenn nicht heute, so doch morgen in ratternde Bewegung bringen würde, und in diese Betrachtung hinein sagte mein Vater in der Weise, wie er Sprache gebrauchte: Das Verbot hat mit Kenntnisnahme in Kraft gesetzt zu werden, steht das nicht so geschrieben, Max? – Ja, sagte der Maler verwundert, so steht es geschrieben und mein Vater leise, aber gut genug zu verstehen: Das mein ich doch, ab sofort. Da packte der Maler sein Arbeitszeug zusammen, allein, ohne Hilfe des Polizeipostens Rugbüll, er erwartete wohl auch keine Hilfe.

Sie schlüpften hintereinander durch die Hecke, gingen mit steifen Schritten durch den Garten.

Sie gingen zum Atelier, das an das Wohnhaus angebaut worden war, so, wie der Maler es sich gewünscht hatte, ein Atelier mit Oberlicht, ebenerdig, mit fünfundfünfzig Nischen und Winkeln, die durch alte Schränke und vollgestopfte Regale gebildet wurden und durch zahlreiche harte, provisorische Lagerstätten, auf denen, wie ich manchmal glaubte, all die drolligen oder auch drohenden Geschöpfe des Malers schliefen, die gelben Propheten und Geldwechsler und Apostel, die Kobolde und die grünen, verschlagenen Marktleute. Da schliefen wohl auch die Slowenen und Strandtänzer, und natürlich auch die krummgewehten Feldarbeiter; ich hab die Lagerstätten im Atelier nie gezählt. Auch die Zahl der Bänke und der mit Leinwand bespannten Feldstühle ließ vermuten, daß hier mitunter das ganze phosphoreszierende Volk herumsaß, das er aus seiner Phantasie entlassen hatte, einschließlich der trägen, blonden Sünderinnen. Kisten stellten die Tische vor, Marmeladengläser und gravitätische Krüge die Vasen; es waren so viele Vasen, daß man schon einen Garten verwüsten mußte, um sie zu füllen, und sie waren gefüllt, immer, wenn ich im Atelier war, stand auf jedem Tisch ein Strauß, das flammte nur so und warb für sich.

In einer Ecke beim Ausguß, gegenüber der Tür, stand ein langer Tisch auf Böcken, die keramische Werkstatt, und darüber, auf einem Bord, trockneten Figuren und spitze Köpfe.

Sie kamen also herein, legten das Arbeitszeug ab, und der Maler ging, um aus der Holzkiste den Genever zu holen. Mein Vater setzte sich, stand auf, band den Umhang ab und setzte sich wieder. Er sah zu den schmalen Fenstern des Wohnhauses hinüber. Die Fenster waren leicht nach außen gewölbt und behielten alles für sich. In einer Kiste raschelte Holzwolle, Seidenpapier wurde zerrissen, dann schorrte etwas über den Atelierboden. Der Maler zog eine Flasche heraus, hielt sie hoch gegen das Licht, wischte sie am Mantel ab, hielt sie abermals gegen das Licht und war zufrieden. Er setzte die Flasche ab, angelte geschickt zwei Gläser von einem Bord, dicke, grüne, langstielige Gläser, die er ungeschickt, jedenfalls, unsicherer als sonst, füllte, schob eins der Gläser meinem Vater hin und forderte ihn auf zu trinken.

Nicht wahr, Jens, sagte der Maler, nachdem sie getrunken hatten, und mein Vater, bestätigend: Weiß Gott, Max, weiß Gott. Der Maler füllte die Gläser noch einmal und stellte die Flasche hoch auf ein Bord, wo er sie nur mit Mühe wieder erreichen konnte, und dann saßen sie sich schweigend gegenüber, aufmerksam, aber nicht lauernd. Sie hörten, wie der Wind mit Getöse über das

Haus ging und nebenan den Kamin untersuchte bis auf den Grund. Draußen auf dem Hof warf er eine Bande von Spatzen in die Luft und mischte sie mit einem Zug von Staren. Die Dachreiter und die Wetterfahne beruhigten sie nicht. Ein unbestimmter Brandgeruch war in der Luft, sie kannten den Geruch, hatten eine Erklärung für ihn: die Holländer brennen Torf, sagten sie beruhigt. Der Maler zeigte stumm auf das Glas, sie tranken, und danach stand mein Vater auf, durchflutet von der Wärme des Genevers, ging hin und her, ging so vom Tisch bis zu einem Eckregal, hob dort den Blick und ließ ihn auf dem Bild »Pierrot prüft eine Maske« ruhen, streifte auch den »Abend der Fohlen« und die »Zitronenfrau« und drehte wieder um und kam zum Tisch zurück – bis er endlich wußte, was er sagen wollte. Mit einer unbestimmten, aber doch umfassenden Bewegung gegen die Bilder sagte er: Und Berlin will das verbieten. Der Maler zuckte die Achseln. Es gibt andere Städte, sagte er, es gibt Kopenhagen und Zürich, es gibt London und New York, und es gibt Paris. – Berlin bleibt Berlin, sagte mein Vater, und dann: Warum glaubst du, Max? Warum verlangen sie es von dir? Warum sollst du aufhören zu malen? Der Maler zögerte. Vielleicht rede ich zuviel, sagte er. Reden? fragte mein Vater. Die Farbe, sagte der Maler, sie hat immer was zu erzählen: mitunter stellt sie sogar Behauptungen auf. Wer kennt schon die Farbe. – Im Brief steht noch etwas anderes, sagte mein Vater: da steht was von Gift. – Ich weiß, sagte der Maler mit säuerlichem Lächeln und, nach einer Pause: Gift mögen sie nicht. Aber ein bißchen Gift ist nötig – zur Klarheit. Er bog einen Blumenstengel zu sich hinunter, ich glaube, es war eine Tulpe, schnippte mit den Fingern gegen die Blütenblätter wie der Große Freund der Mühle gegen die Flügel, schnippte oder schoß beinahe mit zielsicherem Zeigefinger die Blume nackt und ließ den Stengel wieder hochschnellen. Dann blickte er zur Flasche hinauf, holte sie jedoch nicht vom Bord. Mein Vater sah wohl ein, daß er Max Ludwig Nansen noch etwas schuldete, darum sagte er: Ich hab mir das alles nicht ausgedacht, Max, das kannst du mir glauben. Mit dem Berufsverbot habe ich nix zu tun, ich hab das alles nur zu überbringen.

Ich weiß, sagte der Maler, und dann: Diese Wahnsinnigen, als ob sie nicht wüßten, daß das unmöglich ist: Malverbot. Sie können vielleicht viel tun mit ihren Mitteln, sie können allerhand verhindern, mag sein, aber nicht dies: daß einer aufhört zu malen. Das haben schon andere versucht, lange vor ihnen. Sie brauchen doch nur nachzulesen: gegen unerwünschte Bilder hat es noch nie einen Schutz gegeben, nicht nur Verbannen, auch nicht durch Blendung, und wenn sie die Hände abhacken ließen, hat man eben mit dem Mund gemalt. Diese Narren, als ob sie nicht wüßten, daß es auch unsichtbare Bilder gibt.

Erich Fried
Klage um Picasso

Pablo Picasso ist tot und hat Spanien nicht wieder
betreten.
Hippies aus USA machen dort billigen Urlaub

und sagen: »Mit Politik haben wir nichts zu schaffen.
Freiheit ist dort, wo wir unsere Füße hinsetzen können.«

Picasso hat gesagt: »Solang der Faschismus im Land ist,
setze ich keinen Fuß mehr in meine Heimat.«
Er ist tot, der lebendigste Proteus der tausend Gestalten!
Und Francos Mumie lebt noch und hebt noch den Arm.

Der Leitartikel im »Guardian« in London erwähnt, Picasso
sei Kommunist und für die klassenlose Gesellschaft
gewesen, und er erklärt das im rühmenden Nachruf
nachsichtig mit den Worten: »Er war zweifelsohne naiv.«

Zweifelsohne naiv wie sein Guernica-Bild. –
Und zweifelsohne naiv halten Mütter noch immer
ihre ermordeten Kinder im Arm, in Kambodscha
und in den Flüchtlingslagern der vertriebenen
Palästinenser.

Zweifelsohne naiv brüllen noch immer die Ochsen
und krepieren noch immer Pferde, wo Bomben fallen
und Napalm,
und zweifelsohne naiv verstand Picasso das Leben,
das er aufstehen ließ in tausend Spiegelfacetten,

In zerweinten Gesichtern und in verrenkten Leibern,
in Mensch und Tier und lebendigen Fabelwesen,
in Krampf und Erstarren, in Fülle und Kampf und
Zeugung.
Proteus ist tot, und Guernica stirbt noch und lebt noch
immer.

Franz Carl Weiskopf
Souvenir

Der Maler Picasso wurde nach dem Einmarsch der Deutschen in Paris zu seiner eigenen und zur Überraschung seiner Freunde von den Eroberern völlig unbehelligt gelassen, wohl weil das Reichspropagandaministerium aus dieser Tatsache im Ausland Kapital zu schlagen hoffte.

Offiziere und Soldaten der Wehrmacht waren in der Folgezeit häufige Besucher von Picassos Atelier. Ein jeder dieser ungebetenen Gäste wurde stumm empfangen, stumm herumgeführt und erhielt beim Abschied eine Reproduktion des berühmten Gemäldes, das die Zerstörung der baskischen Stadt Guernica durch Naziflieger darstellt. Erst dann sprach Picasso ein Wort und immer nur das eine: »Souvenir!«

Eines Tages stellte sich bei ihm ein Beamter der Geheimen Staatspolizei ein, wies eine solche Reproduktion vor und fragte: »Haben Sie das gemacht?«

»Nein«, entgegnete, indem er den Kopf schüttelte, der Meister, »das haben *Sie* gemacht.«

Ob der Agent diese Antwort nicht oder nur allzu gut verstand, ob er von ihrer Kühnheit überwältigt wurde oder sie als Äußerung eines Wahnsinnigen auffaßte, bleibe dahingestellt; er ging, und Picasso hörte nie wieder von ihm. Dieses hat sich im Jahre 1944 zugetragen, und so etwas ist, wie es in Johann Peter Hebels »Schatzkästlein des Rheinischen Hausfreundes« heißt, des Lesens zweimal wert.

Peter Härtling
Der Satz des Malers

Der Garten bekommt
ein Dach
und der Himmel ist
nur zu ahnen
unter dem Baum,
den ich pflanzte,
damit er mich schirme,
mir die Jahre
zähle.
Er könnte seinen Frieden
mit mir
teilen.
Doch ich weiß es besser.
Ich habe
die neuesten Nachrichten
gelesen,
ich habe
den Unfrieden
buchstabiert.
Vielleicht, sage ich mir,
wird mein Baum,
der wuchs und wächst
im Vertrauen auf das Licht,
die Luft, den Regen,
dürr werden
oder zu Asche verglühen,
er, der mich beschirmte,

in dessen Schatten ich
das Altern ertrug
und auch jenen Satz las,
lange vor
den neuesten Nachrichten,
den Satz des Malers
Henri Rousseau:
»Wenn ein Herrscher
Krieg will,
so soll eine Mutter
zu ihm gehen
und es ihm verbieten.«

Günter Kunert
Das Bild der Schlacht am Isonzo

Auch der Maler war in der Schlacht gewesen; bald danach fertigte er ein Gemälde an, auf dem er darstellte, was er gesehen hatte: Im Vordergrund lagen Sterbende, denen die Gedärme aus den aufgerissenen Leibern quollen, und Leichen, über die Pferde und Tanks weggegangen, daß bloß blutiger Brei geblieben, geschmückt mit Knochensplittern. Dahinter stürmten die Soldaten der gegnerischen Heere aufeinander zu, in besudelten Uniformen, angstverzerrt die Gesichter. Im Hintergrund, unterhalb des Befehlsstandes, waren Offiziere dabei, Weiber zu schwängern, Kognak zu saufen und die Ausrüstung ganzer Kompanien für gutes Geld zu verhökern.

Dies war das Bild, und es hing im Atelier des Malers,

als ein Besucher erschien, der sich porträtieren lassen wollte und durch Wesen und Benehmen sich als alter General zu erkennen gab. Er erschrak vor dem Bild.

So sei die Schlacht nie gewesen, rief er, das Bild lüge! Sein blinzelnder Blick fuhr kreuz und quer das Werk ab und entdeckte dabei hinter dem zerschmetterten Schädel eines Toten eine kleine Gestalt, die trommelnd und singend und mit kühn verschobenem Helm aufs Schlachtfeld lief. Dieses Detail kaufte der General, ließ es aus dem Gemälde schneiden und einrahmen: Damit künftige Generationen sich ein Bild machen könnten von der großen Schlacht am Isonzo.

Heinz Piontek
Am Künstlerstammtisch

Als Reichsfelder im Dunkeln den Bus bestieg, stand der Mond so tief, daß man ein Flugzeug als kleine scharfe Silhouette über ihn hinweggleiten sah.

Im *Alten Wirt* setzte er sich zu Ferber, Holzbauer und Höller an den Tisch. Hinter ihnen hingen das Posthorn und die bemalte Seitenfront eines Pferdeschlittens. Wie immer schnurrte der Wirt, die zählbaren Haare frisch mit Wasser angeklatscht, von Tisch zu Tisch und senkte ruckartig den Kopf. Offenbar war der Antiquar im Begriff, Holzbauer einen Tip zu geben, denn die Rede ging von einer *Pendule à Colonne*, einem Auktionsstück, das aus der traditionsreichen Werkstatt von Pierre Basile Lepaute und seinem Sohn Pierre Michel stammte, feuervergoldet, ca. 1812.

Sie fingen mit Reichsfelder an, über das Wetter zu räsonieren, und hatten einen einhelligen Zorn auf die Vorgänge in der Atmosphäre.

Der Wirt hatte neue Musikbänder mit alten, offenbar wieder gern gehörten Kamellen angeschafft und ließ sie pausenlos laufen. Glücklichweise liefen sie mit sehr geringer Lautstärke, und nur wer genau hinhörte, erkannte sie wieder.

La vie en rose. Sag mit quando, sag mir wann. Sag mir, wo die Blumen sind.

Roland Ferber, wer erinnert sich noch?, hatte seiner Zähne halber die feste Anstellung als Hornist beim Symphonieorchester der Stadt aufgeben müssen, war beim Patentamt als Registrator untergekommen, wo er, zwischen Aktenregalen eingeklemmt, klassische Reiseliteratur las. Nun war Ferbers Mutter gestorben. Seine weit auseinanderstehenden Schneidezähne entblößend, berichtete er davon. Er sagte, er sei, wie sie wüßten, sechsundfünfzig, seinen Vater habe er vor acht Jahren verloren, doch jetzt erst, beim Anblick des auffallend klein gewordenen, unbewegten Gesichts, das wie gegen Kälte in einen Schal gepackt war, den die Schwester oben zwischen den dünn gewordenen Haaren der Toten mit einer Schleife wie bei einem Osterei zusammengebunden hatte – ja erst in diesem Moment habe er sich *erwachsen* gefühlt, das heißt: ohne Rückhalt. Caspar Höller war in den beiden vergangenen Jahren kurz hintereinander zur Beerdigung seiner Eltern gefahren. Der wuchtige Holzbauer, Abteilungsleiter, sprach leise von seinem Schwiegervater und einem koronarchirurgischen Eingriff, wobei eine Beinvene in das Koronargefäß und die Aorta implantiert worden sei; der Patient liege jetzt im Koma, aber mit der Letzten Ölung versehen. Darauf nahm Holzbauer zwei rote Dragées mit einem Schluck Bier ein.

Reichsfelder hatte in letzter Zeit so viel von Unfällen und Todesarten zu hören bekommen, daß er nervös wurde und zu meutern anfing.

Höller hob spöttisch die Stimme an: »Mitten wir im Leben sind / mit dem Tod umfangen.«

»Genau.«

Das war Ferber gewesen, und sie schmunzelten.

»Sie kannten einander seit fünfzehn, teilweise fünfundzwanzig Jahren. Benn sollte gesungen haben: Ab vierzig sind wir nicht mehr dicht. Sie, ausgebildete Spezialisten, hatten obendrein nicht sichtbare Gefäßschäden, Insuffizienzen, Abnützungsbeschwerden und Geschichten nur noch mit der eigenen Frau. Reichsfelder meinte, dennoch seien sie noch ganz markante alte Säckle. Ja, sie wurden sich einig, so war es eben, das Leben kam und ging durch die Wirtshaustür, ausschließlich junge verliebte Paare saßen heute um sie herum, und es gehörte dazu, daß die Alten redeten, wie sie die noch Älteren mit den nötigen Formen bestattet hätten, friedensmäßig, wie Totenstille in die Häuser einzöge, aber der alte Reichsfelder, dessen Mutter noch immer in Dissingen lebte, spürte doch sein Herz revoltierend gegen die Rippen pochen.

Sag mir, wo die Blumen sind.
Wo sind sie geblieben?

Man fragte den Dichter, während er endlich sein Bier bekam, wie es ihm, abzüglich des Wetters, gehe. Daraufhin erwähnte Reichsfelder seine Spritztour. Alle drei kannten das Donauried. Man ging dazu über, sich mit der traurigen Lage der Völker zu befassen.

Sag mir, wo die Männer sind.
Wo sind sie geblieben?
Sag mir, wo die Männer sind.
Was ist geschehn?
Sag mir, wo die Männer sind?
Zogen fort. Der Krieg beginnt.
Wann wird man je verstehen?
Wann wird man je verstehn?

Höller trug englisches Kammgarn, hatte für die Ausbildung von vier Söhnen gesorgt, von denen keiner zu den verlorenen Söhnen gehörte, und ließ sich von seiner Tochter starken Kaffee in das Büro des Antiquariats bringen. Ferbers Kinder waren längst verheiratet. Die Entlassung aus dem Symphonieorchester machte ihm aber noch immer zu schaffen, er war nicht zu bewegen, wieder einen Konzertsaal zu betreten; schon viel, daß er sich nachts die Hornkonzerte KV 412, 417, 495 vom Plattenspieler anhörte, die er natürlich auswendig kannte.

Sag, wo die Soldaten sind,
was ist geschehn?
Sag, wo die Soldaten sind.
Über Gräbern weht der Wind . . .

Dem Abteilungsleiter einer Anstalt des Öffentlichen Rechts konnte neuerdings gekündigt werden. Dr. Holzbauer jedoch war jetzt seiner Sache sicher, nachdem er jahrelang – mit seinen Worten – wie ein Fuchs unter Füchsen hatte vorgehen müssen, um im Funkhaus zu überleben. Wahrscheinlich kam seine Nierengeschichte daher, auch seine Sucht nach neuesten Medikamenten. Er war übrigens der einzige am Tisch, der während des Krieges keinen Tag dem Dienst mit der Waffe (so der Sprachgebrauch) nachzukommen brauchte.

Sag mir, wo die Mädchen sind,
was ist geschehn?
Sag mir, wo die Mädchen sind –
Blumen blühen im Sommerwind.
Wann wird man je verstehn?

Zur Verwunderung seiner Freunde, die den Dichter zu kennen meinten, mischte er sich plötzlich ein und begann eine Geschichte zu erzählen, die sehr lange zurücklag und gar nicht zum allgemeinen Gespräch paßte.

Es war die Geschichte eines Porträts, dessen Maler, der Berliner Klaus Richter, bald nach Kriegsende, nicht viel älter als sechzig, verstorben war.

Im Jahr 43, so fuhr Reichsfelder fort, habe Richter für ein Luftwaffenkasino den Reichsmarschall *nach der Natur* porträtieren sollen. Als glänzender Anekdotenerzähler brachte er es fertig, die Sympathie Görings zu gewinnen und an dessen Mittagstafel in den masurischen Wäldern teilzunehmen.

Für den Nachmittag war höchster Besuch aus der Nachbarschaft angesagt. Göring erlaubte dem Künstler, aus einem Waggonfenster seines Salonzuges die Kaffeerunde zu beobachten. So bekam Richter die einzigartige

Chance, den Größten Feldherrn aller Zeiten, der schon seit längerem keine Porträtisten mehr an sich heranließ und Fotografen bloß bis zu einem festgesetzten Abstand, zu skizzieren. Helles Septemberlicht. Richter schaute durch einen Vorhangspalt. Seine Schutzpatrone hießen Bosch, Grünewald und Corinth, und als gewitzter Berliner beschwor er sie, jetzt sein Auge außerordentlich zu schärfen, Hand und Werkzeug zu stählen. Nur zwei bis zweieinhalb Meter von ihm entfernt, draußen im milden Septemberlicht, saß zwischen dem Reichsmarschall und dem entmachteten, doch kürzlich befreiten Mussolini, bei einer Tasse Schokolade, ER.

Und dann beschrieb Reichsfelder das nach jenen Skizzen entstandene Ölbild. Das einzige unheimliche Hitlerbild, das existierte. Klaus Richters Porträt eines Geisteskranken 1943.

Die anderen redeten nun eine Weile nichts. Das Musikband lief im Hintergrund, und aus dem Hintergrund kam wieder die Stimme:

Wann wird man je verstehn?
Wann wird man je verstehn?

Marlene Dietrich? Ganz klarer Fall. Die sang noch immer so, als käme für ihre Chansons eine andere überhaupt nicht in Betracht.

Bertolt Brecht
Rat an die bildenden Künstler, das Schicksal ihrer Kunstwerke in den kommenden Kriegen betreffend

Heute dachte ich daran
Daß auch ihr malenden und zeichnenden Freunde
Und ihr, die den Meißel führt
In den Zeiten der gewiß kommenden großen Kriege
Nichts werdet zu lachen haben.

Gründet ihr doch eure Hoffnungen
Die zu der Herstellung von Kunstwerken nötig sind
Hauptsächlich auf kommende Geschlechter!
Da werdet ihr für eure Gemälde, Zeichnungen und Steine
Die ihr unter Entbehrungen geschaffen habt
Gute Verstecke ausfindig machen müssen.

Bedenkt, daß zum Beispiel die Kunstschätze des Britischen Museums
Unter Menschen- und Geldopfern zusammengeraubt
Aus allen Himmelsgegenden, die Arbeiten
Versunkener Völker, an einer Straßenecke aufbewahrt
Durch wenige Brisanzbomben in Staub verwandelt werden können
An einem Vormittag zwischen neun Uhr und neun Uhr zehn

Wohin also mit den Kunstwerken? Nicht genug sicher
Sind die Laderäume der Schiffe, die Sanatorien in den Waldungen

Die Stahlkammern der Banken, nicht genug sicher.
Ihr müßtet versuchen, die Erlaubnis zu erlangen
Eure Gemälde in den Tunnels der Untergrundbahn anzubringen
Oder noch besser in den Hangars für die Flugzeuge
Die sieben Stockwerke tief unter dem Boden einzementiert sind.
Gemälde, geradezu an die Wände gemalt
Nehmen ja keinen Platz weg.
Und ein paar Stilleben und Landschaften
Werden die Bombenfliegermannschaften nicht stören.

Allerdings müßtet ihr dann an gut sichtbaren Stellen
Täfelchen anbringen mit leicht lesbaren Hinweisen
Daß in der und der Tiefe, unter dem und dem Gebäude (oder Steinhaufen)
Eine kleine Leinwand von euch liegt, darstellend
Das Gesicht eurer Frau.

Damit die kommenden Geschlechter, eure ungeborenen Tröster,
Erst erfahren, daß es zu unserer Zeit Kunst gegeben hat
Und Nachforschungen anstellen, Schutt weggrabend, mit Schaufeln
Während der Wächter im Bärenfell
Hoch über dem Wolkenkratzerdach, über den Knien die Büchse
(Oder den Bogen) Ausschau hält nach dem Feind oder der Krähe
Die er ersehnt, seinen hungrigen Magen zu füllen.

Leinwand voller Lust

Valentin Schumann
Der Auftrag

Vor etlichen Jahren kam ein reicher Herr gen Augsburg zu einem Maler und brachte ihm ein hölzernes Täflein, das er sich bei einem Schreiner hatte machen lassen, und sprach: »Mein lieber Meister, ich wollte, daß Ihr mir hierauf ein schönes Bettstättlein malet.« Der Maler sprach: »Ja, Herr.« Und als es gemacht war, kam der Herr am andern Tage wieder und sah das Bettstättlein an; es gefiel ihm wohl, und er sprach: »Meister, jetzt malet mir ein schönes Bett darein und darauf ein schönes Fräulein.« Der Maler malte es auch. Und als der Herr auch am andern Tag wiederkam und alles fand, wie er es bestellt hatte, da gefiel es ihm von Herzen wohl, und er sagte, nun solle er ihm unten an das Bettstättlein ein feines zinnernes Nachttöpflein malen. Der Maler malte auch das auf das allerschönste, und am fünften Tage, als es trocken und fertig war, fand der gute Herr alles, wie er es gewünschet: das Bettstättlein mit schönen seidnen Betten und darauf ein über die Maßen schönes nacktes Fräulein und ein feines Nachttöpflein. Als er das alles fleißig besehn hatte, fragte der Maler: »Herr, gefällt es Euch?« – »Ja«, sprach der Herr, »aber jetzt tut noch ein Ding und malet mir über alles einen feinen grünen Vorhang.« – »Ei, potz Marter, Herr«, sprach der Maler, »das wird sich nicht schicken, kauft ein grünseidnes Tüchlein und hängt es darüber, dann könnt Ihr es wegnehmen, wann Ihr wollt.« Der Herr sprach: »Meister, hört Ihr nicht, was ich Euch sage? Machet es mir also, und ich will Euch wohl bezahlen. Wenn *ich* nur weiß, was dahinter ist, ein andrer braucht es nicht zu wissen.«

Johann Wolfgang Goethe
Amor als Landschaftsmaler

Saß ich früh auf einer Felsenspitze,
Sah mit starren Augen in den Nebel;
Wie ein grau grundiertes Tuch gespannet,
Deckt' er alles in die Breit und Höhe.

Stellt' ein Knabe sich mir an die Seite,
Sagte: Lieber Freund, wie magst du starrend
Auf das leere Tuch gelassen schauen?
Hast du denn zum Malen und zum Bilden
Alle Lust auf ewig wohl verloren?

Sah ich an das Kind und dachte heimlich:
Will das Bübchen doch den Meister machen!

Willst du immer trüb und müßig bleiben,
Sprach der Knabe, kann nichts Kluges werden;
Sieh, ich will dir gleich ein Bildchen malen,
Dich ein hübsches Bildchen malen lehren.

Und er richtete den Zeigefinger,
Der so rötlich war wie eine Rose,
Nach dem weiten ausgespannten Teppich,
Fing mit seinem Finger an zu zeichnen.

Oben malt' er eine schöne Sonne,
Die mir in die Augen mächtig glänzte,
Und den Saum der Wolken macht' er golden,
Ließ die Strahlen durch die Wolken dringen,
Malte dann die zarten leichten Wipfel
Frisch erquickter Bäume, zog die Hügel,
Einen nach dem andern, frei dahinter;
Unten ließ ers nicht an Wasser fehlen,
Zeichnete den Fluß so ganz natürlich,
Daß er schien im Sonnenstrahl zu glitzern,
Daß er schien am hohen Rand zu rauschen.

Ach, da standen Blumen an dem Flusse,
Und da waren Farben auf der Wiese,
Gold und Schmelz und Purpur und ein Grünes,
Alles wie Smaragd und wie Karfunkel!
Hell und rein lasiert' er drauf den Himmel
Und die blauen Berge fern und ferner,
Daß ich, ganz entzückt und neugeboren,
Bald den Maler, bald das Bild beschaute.

Hab ich doch, so sagt' er, dir bewiesen,
Daß ich dieses Handwerk gut verstehe;
Doch es ist das Schwerste noch zurücke.

Zeichnete darnach mit spitzem Finger
Und mit großer Sorgfalt an dem Wäldchen,
Grad ans Ende, wo die Sonne kräftig
Von dem hellen Boden widerglänzte,
Zeichnete das allerliebste Mädchen,
Wohlgebildet, zierlich angekleidet,

Frische Wangen unter braunen Haaren,
Und die Wangen waren von der Farbe
Wie das Fingerchen, das sie gebildet.

O du Knabe! rief ich, welch ein Meister
Hat in seine Schule dich genommen,
Daß du so geschwind und so natürlich
Alles klug beginnst und gut vollendest?

Da ich noch so rede, sieh, da rühret
Sich ein Windchen und bewegt die Gipfel,
Kräuselt alle Wellen auf dem Flusse,
Füllt den Schleier des vollkommnen Mädchens
Und, was mich Erstaunten mehr erstaunte,
Fängt das Mädchen an, den Fuß zu rühren,
Geht zu kommen, nähert sich dem Orte,
Wo ich mit dem losen Lehrer sitze.

Da nun alles, alles sich bewegte,
Bäume, Fluß und Blumen und der Schleier
Und der zarte Fuß der Allerschönsten,
Glaubt ihr wohl, ich sei auf meinem Felsen
Wie ein Felsen still und fest geblieben?

Richard von Schaukal
Goya

Ich habe die lange schwüle Nacht
Bei einer junge Dame verbracht:
Nun liegt sie und träumt mit offenen Lippen von
meinem Nacken . . .
Ich will jetzt malen, ihr sollt euch packen!
Steht nicht herum und gafft so ledern!
Sonst zerr' ich euch an euren Agraffenfedern
Oder kitzle eure dünnen Waden
Mit meinem Degen. Ich bin von Gottesgnaden,
Ich bin ein Grande im offnen Hemd.
Ich liebe das Licht, das die Welt überschwemmt,
Ich liebe ein Pferd,
Das bäumend sich gegen den Zügel wehrt,
Den Juden lieb' ich, den keiner begehrt.
Dem König lass' ich sagen, er solle
Klopfen, wenn er mich stören wolle.

Lion Feuchtwanger
Goya und »Die Nackte« des Velázquez

Cayetana bat Francisco, mit ihr auf den Mirador zu steigen, den Aussichtsturm. Diesmal aber ging sie nicht vorbei an der verschlossenen Tür auf halber Höhe der Treppe, sie sperrte auf und hieß Goya eintreten.

Das Kabinett war klein, dumpfige Luft schlug ihnen entgegen, das Innere war dämmerig. Sie öffnete die Fensterläden, jäh und voll strömte das Licht ein. Der

Raum war so gut wie leer, ein einziges Bild hing an der Wand, ein mittelgroßes Breitbild in prächtigem Rahmen, davor standen zwei bequeme, abgebrauchte Sessel. »Setzen Sie sich, Don Francisco«, forderte Cayetana ihn auf mit einem ganz kleinen und, wie ihm schien, verschmitzten Lächeln.

Er beschaute das Bild. Es stellte eine mythologische Szene dar mit muskelstarken Männern und fleischigen Frauen, es schien entstanden in der Werkstatt des Peter Paul Rubens, und es waren wohl nicht die begabtesten Schüler, die daran gearbeitet hatten. »Sie besitzen bessere Bilder«, meinte nach einer Weile Francisco.

Cayetana drückte auf einen Knopf an der Wand. Die Mythologie bewegte sich seitwärts, wohl mittels einer Feder, und gab den Blick frei auf ein anderes Gemälde.

Francisco richtete sich hoch, stand auf, trat hinter seinen Sessel. Sein Gesicht spannte sich, wurde beinahe finster vor Aufmerksamkeit, die Unterlippe schob sich vor. Alles an ihm war Beobachtung, Schauen.

Auf dem Bild war zu sehen eine liegende Frau, die, auf den rechten Arm gestützt, sich im Spiegel betrachtete, dem Beschauer den Rücken zukehrend. Die Frau war nackt. In dem Spiegel, den ihr ein kleiner, kniender, geflügelter Knabe vorhielt, wurd vag ihr Antlitz sichtbar. Es war aber diese nackte Frau nicht von einem Ausländer gemalt, sie war nicht in Antwerpen entstanden und nicht in Venedig – solcher ausländischer Bilder hingen manche in den königlichen Schlössern oder auch im Schlosse dieses oder jenes Granden: nein, das Bild, vor dem jetzt Francisco stand, war von spanischer Hand gemalt, es konnte nur von *einem* gemalt sein, von Diego

Velázquez. Es war, des war kein Zweifel, jenes Bild, von dem ihm Don Antonio Ponz erzählt hatte und gelegentlich auch Miguel. Es war jene kühne, verbotene, verrufene, gefeierte »Doña desnuda«, die »Nackte Frau« des Velázquez, eine Psyche oder Venus oder wie immer man sie nennen wollte, und jedenfalls eine sehr wirkliche nackte Frau. Sie war nicht rosig und fleischig, nicht weiß und überquellend fett, keine Italienerin des Tizian, keine Holländerin des Rubens: sie war ein wunderbares spanisches Mädchen, und sie existierte also wirklich, die Doña desnuda des Velázquez, und Francisco Goya stand vor ihr.

Er vergaß, daß das Bild seine hundertfünfzig Jahre alt war, daß er in Cádiz war, daß Cayetana neben ihm war. Er schaute auf das Bild des Kollegen, als wäre es soeben erst fertig geworden, auf das kühnste, verbotenste Bild des Kollegen Velázquez: die Doña desnuda.

Ein jeder wohl wählte sich einen Menschen, einen lebenden oder toten, ihm nachzuleben. Wenn sich Francisco Goya vom Schicksal etwas hätte ausbitten dürfen, dann wäre es die Kunst und der Ruhm des Velázquez gewesen; er ließ unter den Spaniern keinen großen Meister gelten außer dem Diego Velázquez. Nächst der Natur war dieser Don Diego sein Lehrmeister, und er hatte zeit seines Lebens darum gerungen, dessen Malerei ganz zu verstehen. Da war nun dieses große, neue, geheimnisvolle, hochberühmte Bild. Goya, schnell im Fühlen und im Wahrnehmen, schnell im Lieben, Hassen, Verehren und Verachten, spürte, noch ehe ein halbe Minute vergangen war: er bewunderte das Bild, und er lehnte es ab.

Er bewunderte, wie natürlich die sehr anmutige Frau gelagert war, ohne lässig zu erscheinen; seine eigenen, Franciscos, Menschen schwebten oft in der Luft, statt zu sitzen oder zu liegen. Er bewunderte die List, mit welcher der Kollege das Antlitz der Frau im Dämmer des unklaren Spiegels gelassen und alle Aufmerksamkeit des Beschauers auf die wunderbaren Linien des Körpers gelenkt hatte, auf die Kontur des liegenden, sehr spanischen Frauenleibes mit seiner schmalen Taille und dem stark entwickelten Becken.

Vor allem aber bewunderte er, daß Don Diego überhaupt es unternommen hatte, dieses Bild zu malen. Das Verbot der Inquisition, Nacktheit im Bilde darzustellen, war eindeutig und streng, und kein anderer spanischer Meister hatte es gewagt, dieses Lockendste zu malen, nacktes weibliches Fleisch. Don Diego mochte gedeckt gewesen sein durch die Gunst seines Königs oder eines mächtigen Auftraggebers, aber sicher hatten auch am Hofe des Vierten Philipp die Priester und Mucker Macht und Einfluß gehabt, und die Launen der großen Herren waren unbeständig. Velázquez hatte diese Frau gemalt, weil es ihn reizte zu zeigen, daß man Nacktheit auch anders darstellen konnte als auf die Art des Tizian und Rubens. Er hatte Gefahr auf sich genommen, weil er ein großer Künstler war und voll von spanischem Stolz, weil er hatte beweisen wollen, daß wir Spanier auch das können.

Er hat es bewiesen. Wunderbar, wie die Farben ineinandergingen, das Perlmutter des Fleisches, das weißliche Schleiertuch, das grünliche Grau des Spiegels, das dunkle Braun des Haares, die rötlich violetten Bänder des nackten Knaben, die ganz leichten Regenbogentöne seiner Flügel. Zart, leicht, streng und elegant war diese nackte Frau gemalt, nichts Billiges war da, nichts von der grellen, lauten Lust, die von dem Weiberfleisch der Italiener und Holländer ausging. Vielmehr war etwas leicht Düsteres über dem Bild, und das Schwarz des Tuches, auf dem die Frau lag, der dunkelrote Vorhang, der schwarze Rahmen des Spiegels, das ganze ernste Kolorit hielt jede Vertraulichkeit fern. Don Diego war Spanier. Für ihn hatten Schönheit und Liebe nichts Leichtes, Lockeres, sie waren etwas Ernstes, Wildes und sehr oft der Eingang zu Schwerem, Tragischem.

Francisco schaute und bewunderte. Daß man schaue und bewundere, hatte wohl Don Diego gewollt. Aber wenn einer eine Frau malte in den wunderbaren Farben des Fleisches, welche die Natur ihr gegeben, und sie so malte, daß man bewunderte und kalt blieb, war das das Rechte? Gut, Don Diego hatte sie erreicht, jene Meisterschaft ohne Haß und Lieben, jene Interesselosigkeit der Kunst, von welcher Winckelmann und Raphael Mengs und sein toter Schwager soviel geschwatzt hatten, jene Meisterschaft ohnegleichen: aber wenn ihm, Francisco, heute der Teufel solche Meisterschaft darböte für nichts, er würde sie nicht haben wollen, er würde sagen: Muchas gracias, no! Es war gut, daß dieses bewundernswerte, feierlich heitere und düstere Gemälde der Nackten Frau in der Welt war. Aber es war auch gut, daß nicht er, Goya, es gemacht hatte. Und er war glücklich, nicht nur weil er nicht in der stolzen Gruft der Kirche San Juan Bautista lag, sondern überhaupt, weil er der Maler Francisco Goya war und nicht der Maler Velázquez.

Plötzlich war eine hohe, quäkende Stimme im Raum. »Die Dame ist eine träge Dame«, sagte die Stimme. »Seitdem ich sie kenne, liegt sie hier auf dem Diwan, schaut in den Spiegel und faulenzt.«

Goya war herumgefahren. Da stand eine Mißgestalt, ein verkrüppelter und verschrumpfter Alter, sehr bunt gekleidet, geschmückt mit Medaillen und höchsten Orden. »Du sollst einen nicht immer erschrecken, Padilla«, tadelte, doch ohne Schroffheit, Cayetana, und sie setzte Goya auseinander, die Kreatur sei der Hofnarr ihres toten Großvaters, Padilla genannt; er lebe hier in Obhut des alten Verwalters und seiner Frau, scheu, selten ans Licht tauchend.

»Sie tut gut daran, hier in Cádiz zu wohnen, die Doña desnuda«, quäkte Padilla weiter. »Man ließe sie nirgendwo sonst wohnen. Dabei ist sie doch eine so vornehme Dame, in Wahrheit ein Grandin der Ersten Reihe. Seit hundertfünfzig Jahren hat sie keinen Finger gerührt.« Es galt aber für einen Granden jegliche Art von Arbeit als Schande.

»Du mußt jetzt fortgehen, Padilla«, sagte, immer sanft, Cayetana, »du darfst den Herrn Ersten Maler nicht länger stören.« Padilla verbeugte sich, seine Orden klirrten, er ging.

Cayetana saß im Sessel, sie schaute zu Goya auf, und lächelnd und gespannt fragte sie: »Glaubst du, Padilla hat recht? Glaubst du, sie war eine Grandin? Dem Tizian und dem Rubens sind große Damen nackt Modell gesessen, das ist erwiesen.« Und mit ihrer etwas harten, kindlichen Stimme wiederholte sie »Glaubst du, sie war eine Grandin?«

Francisco hatte bisher nur an den Maler gedacht und an das Bild und mit keinem kleinsten Gedanken an das Modell. Nun, indes Cayetana fragte, wußte er sogleich die Antwort: das gute Gedächtnis seines Auges machte ihn sicher. »Nein«, sagte er, »sie war keine Grandin, sie war eine Maja.« –»Vielleicht war sie eine Maja *und* eine Grandin«, sagte Cayetana. »Nein«, wies Francisco sie mit der gleichen Sicherheit zurück. »Sie ist von dem Bild ›Die Spinnerinnen‹«, erklärte er, »da ist kein Zweifel, die, welche das Garn vom Haspel abwickelt. Denk an den Rücken, den Hals, den Arm, denk an die Schultern, das Haar, die Haltung.

Sie war eine Maja, keine
Grandin«, schloß er, streitbar nicht, je-
Doch entschieden. Cayetana
Konnte sich der »Spinnerinnen«
Nicht erinnern. Doch wahrscheinlich
Hatte Francho recht, Sie war ent-
Täuscht. Sie hatte es sich hübscher
Vorgestellt, mit ihm vor diesem
Bild zu stehn. Sie drückte auf den
Knopf, und vor die nackte Göttin,
Vor die nackte Spinn'rin, schob sich
Die Mythologie.

Heinrich Wilhelm von Gerstenberg
An den Maler

Diese Spröde male mir,
Wie sich Amor neben ihr
Auf ein duftend Veilchen setzt,
Wie er seine Pfeile wetzt,
Wie er ihre Brust verletzt,
Wie er schnell ihr Herz bekehrt,
Und sie schnell mich küssen lehrt:
Aber ach! das kannst du nicht! –
Ach! das kann ja Amor nicht!

Aldous Huxley
Das Porträt

»Bilder?« sagte Mr. Bigger. »Sie möchten Bilder sehen? Bitte, wir haben gegenwärtig eine sehr interessante gemischte Kollektion verschiedener Moderner in unsern Ausstellungsräumen; Franzosen, Engländer . . .«

Der Kunde hob kopfschüttelnd die Hand. »Nein, nein. Nichts Modernes für mich«, erklärte er in seinem anheimelnden Nordenglisch. »Ich möchte richtige Bilder, alte Bilder. Rembrandt und Reynolds und so dergleichen.«

»Ich verstehe.« Mr. Bigger nickte. »Alte Meister. Oh, aber natürlich, wir können mit alten wie modernen dienen.«

»Die Sache ist nämlich die«, sagte der andre, »ich hab' mir da vor kurzem ein ziemlich großes Haus gekauft –

ein Herrenhaus«, setzte er mit eindrucksvoller Betonung hinzu.

Mr. Bigger lächelte; die Unbefangenheit dieses schlichten Menschen hatte etwas ungemein Einnehmendes. Er fragte sich, auf welche Weise der Mann wohl zu seinem Vermögen gekommen sei. »Ein Herrenhaus.« Wie er das gesagt hatte, das war wirklich ganz reizend. Hier saß ein Mann, der sich von der Dienerschaft zur Herrschaft eines Herrenhauses emporgearbeitet hatte, von der breiten Basis der feudalen Pyramide zu ihrem schmalen Gipfel. Seine eigene Geschichte und die ganze Geschichte der sozialen Klassen war in diesem Nachdruck auf dem »Herren-« enthalten gewesen. Aber der Fremde sprach weiter; Mr. Bigger durfte seinen Gedanken nicht erlauben, noch länger abzuschweifen. »In einem solchen Haus«, sagte er, »und wenn man eine Stellung wie die meine zu wahren hat, muß man ein paar Bilder haben. Alte Meister, versteht sich. Rembrandt, und wie sie alle heißen.«

»Gewiß«, sagte Mr. Bigger, »ein alter Meister ist das Symbol gesellschaftlicher Überlegenheit.«

»Ja, sehr richtig!« rief der andre strahlend. »Sie haben genau das ausgesprochen, was ich sagen wollte.«

Mr. Bigger verneigte sich und lächelte. Es war köstlich, jemanden gefunden zu haben, der die kleinen Ironien, die man sich gestattete, für nüchternen Ernst nahm.

»Wir würden die alten Meister freilich nur unten im Erdgeschoß, in den Wohn- und Empfangsräumen, brauchen. Es wäre zuviel des Guten, sie auch in den Schlafzimmern zu haben.«

»Ganz und gar zuviel des Guten«, stimmte Mr. Bigger bei.

»Tatsache ist«, fuhr der Herr des Herrenhauses fort, »meine Tochter – sie malt ein wenig. Recht hübsch sogar. Ich lasse einige von ihren Sachen einrahmen, um sie in den Schlafzimmern aufzuhängen. Es ist vorteilhaft, eine Künstlerin in der Familie zu haben. Erspart einem, Bilder zu kaufen. Aber wir brauchen natürlich etwas Altes für die untern Zimmer.«

»Ich glaube, ich habe genau, was Sie suchen.« Mr. Bigger streckte den Arm aus und drückte auf die Klingel. Meine Tochter malt ein wenig – er stellte sich eine große blonde Person vor, einer Schankkellnerin ähnlich, einunddreißig und noch nicht verheiratet, schon etwas überreif. Seine Sekretärin erschien in der Tür. »Bringen Sie mir das venezianische Porträt, Miß Pratt, das im Hinterzimmer hängt. Sie wissen schon, welches ich meine.«

»Sie haben es sehr mollig hier«, sagte der Herr des Herrenhauses. »Das Geschäft geht, hoffe ich?«

Mr. Bigger seufzte. »Die Wirtschaftskrise«, sagte er. »Wir Kunsthändler leiden unter ihr mehr als jeder andre.«

»Ah, die Wirtschaftskrise!« Der Herr des Herrenhauses lachte vor sich hin. »Ich sah sie die ganze Zeit kommen. Manche Leute glaubten, die guten Zeiten würden ewig dauern. Die Narren! Ich bin aus allem ausgestiegen, bevor's wieder 'runterging. Darum kann ich es mir jetzt leisten, Bilder zu kaufen.«

Mr. Bigger lachte mit. Das war die richtige Sorte von Kunde. »Ich wollte, ich hätte was gehabt während der Konjunktur, um draus auszusteigen«, sagte er.

Der Herr des Herrenhauses lachte, bis ihm die Tränen über die Wangen kollerten. Er lachte noch, als Miß Pratt wieder eintrat. Sie trug ein Bild, das sie mit beiden Händen wie einen Schild vor sich hinhielt.

»Stellen Sie's auf die Staffelei, Miß Pratt!« sagte Mr. Bigger. »Na«, er wandte sich an den Herrenhausbesitzer, »was halten Sie von dem da?«

Das Bild, das nun vor ihnen auf der Staffelei stand, war ein Porträt, ein Kniestück. Mit rundlichem Gesicht, weißer Haut, hochbusig, in einem tief ausgeschnittenen Kleid von blauer Seide, schien es eine typische Italienerin der Mitte des 18. Jahrhunderts zu sein. Ein leichtes, selbstgefälliges Lächeln kräuselte die ein wenig wie zum Kuß gespitzten Lippen, und in der Hand hielt sie eine schwarze Maske, als hätte sie sie soeben, am Ende eines Karnevalstags, abgenommen.

»Sehr hübsch«, sagte der Herr der Herrenhauses. »Aber«, setzte er zweifelnd hinzu, »es sieht nicht sehr wie ein Rembrandt aus, nicht? Es ist so klar und hell. Auf alten Meistern kann man gewöhnlich überhaupt nichts mehr sehen; sie sind alle ganz dunkel und verschwommen.«

»Sehr richtig«, sagte Mr. Bigger. »Aber nicht alle alten Meister sehen wie ein Rembrandt aus.«

»Das freilich nicht.« Der Herr des Herrenhauses schien nicht ganz überzeugt zu sein.

»Dies hier ist ein Venezianer des achtzehnten Jahrhunderts. Ihre Farben waren immer so leuchtend. Giangolini hieß der Maler. Er starb jung, wissen Sie. Man kennt kaum mehr als ein halbes Dutzend Bilder von ihm. Und dieses ist eines davon.«

Der Herr des Herrenhauses nickte. Er wußte Seltenheitswert zu schätzen.

»Man bemerkt auf den ersten Blick den Einfluß Longhis«, fuhr Mr. Bigger leichthin fort. »Und es ist etwas von der Morbidezza der Rosalba in der Art, wie das Gesicht gemalt ist.«

Der Herr des Herrenhauses blickte unbehaglich von Mr. Bigger auf das Bild und von dem Bild auf Mr. Bigger. Man ist nie verlegener, als wenn jemand zu einem spricht, der mehr Wissen besitzt als man selbst. Mr. Bigger nutzte seinen Vorteil.

»Merkwürdig«, fügte er hinzu, »daß man nichts von Tiepolos Manier darin gewahrt. Finden Sie nicht auch?«

Der Herr des Herrenhauses nickte. Sein Gesicht hatte einen betrübten Ausdruck angenommen. Die Winkel seines Kindermundes zogen sich herab. Man hätte beinahe erwartet, er werde in Tränen ausbrechen.

»Es ist ein Vergnügen«, sagte Mr. Bigger und ließ es endlich genug sein, »sich mit jemandem zu unterhalten, der wirklich etwas von Malerei versteht. So wenige Leute verstehn etwas davon.«

»Na, ich kann nicht behaupten, daß ich mich sehr gründlich damit befaßt habe«, erwiderte der Herrenhausbesitzer bescheiden. »Aber ich weiß, was mir gefällt, wenn ich's sehe.« Sein Gesicht heiterte sich auf, da er wieder festen Boden unter den Füßen fühlte.

»Ein natürlicher Instinkt«, sagte Mr. Bigger. »Der ist eine sehr wertvolle Gabe. Ich konnte es Ihnen vom Gesicht ablesen, daß Sie ihn besitzen. Ich sah das im Augenblick, als Sie in die Galerie kamen.«

Der Herr des Herrenhauses war entzückt. »Wirklich?

Aber nein!« sagte er. Er spürte, wie er wuchs, wie er an Bedeutung zunahm. »Wirklich?« Er neigte den Kopf kritisch zur Seite. »Mja. Ich muß sagen, es ist ein sehr gutes Stück Malerei. Sehr fein. Aber Tatsache ist, daß mir ein mehr historisches Bild lieber gewesen wäre, wenn Sie verstehn, was ich meine. Etwas mehr Ahnenbildartiges, wissen Sie. Ein Porträt von jemand mit einer Geschichte – Anne Boleyn oder Lady Hamilton oder Wellington oder so jemand.«

»Aber, mein werter Herr, ich wollte es Ihnen eben sagen: Dieses Bild *hat* eine Geschichte.« Mr. Bigger neigte sich vor und klopfte dem Herrenhausbesitzer aufs Knie. Unter den buschigen Brauen zwinkerten seine Augen voller Wohlwollen und belustigter Heiterkeit. Etwas wissend Freundschaftliches lag in seinem Lächeln. »Mit der Entstehung dieses Bildes hängt eine äußerst merkwürdige Geschichte zusammen.«

»Was Sie nicht sagen!« Der Herr des Herrenhauses zog die Brauen hoch.

Mr. Bigger lehnte sich in seinen Drehstuhl zurück. »Die Dame, die Sie da sehen«, sagte er und schwenkte die Hand gegen das Porträt, »war die Gemahlin des vierten Lords Hurtmore. Das Geschlecht ist jetzt erloschen. Der neunte Lord starb erst voriges Jahr. Ich erwarb das Bild, als das Schloß und alles darin unter den Hammer kamen. Es ist traurig, diese alten Ahnensitze dahinschwinden zu sehn.« Mr. Bigger seufzte. Der Herr des Herrenhauses blickte feierlich drein, als wäre er in der Kirche. Einen Augenblick lang herrschte Schweigen. Dann sprach Mr. Bigger in verändertem Ton weiter: »Nach den Porträts zu schließen, die ich gesehn habe, scheint der vierte Lord ein langgesichtiger, düster dreinblickender, grauer Mensch gewesen zu sein. Man könnte sich ihn nie jung vorstellen. Er war die Art von Mann, die aussieht, als wäre sie ihr Leben lang fünfzig. Seine Hauptinteressen im Leben waren Musik und römische Altertümer. Es gibt ein Porträt von ihm, auf dem er in der einen Hand eine Elfenbeinflöte hält und die andre auf das Bruchstück einer römischen Skulptur stützt. Mindestens die Hälfte seines Lebens brachte er auf Reisen in Italien zu, wo er Antiken nachspürte und Musik hörte. Als er ungefähr fünfundfünfzig war, fand er plötzlich, daß es für ihn an der Zeit sei zu heiraten. Und diese hier war die Dame seiner Wahl.« Mr. Bigger wies auf das Bild. »Sein Geld und sein Titel müssen vieles Fehlende ersetzt haben. Nach ihrem Aussehn kann man sich nicht recht vorstellen, daß Lady Hurtmore großes Interesse an römischen Altertümern fand. Auch dürfte sie, wie ich glaube, nicht viel für Theorie und Geschichte der Musik übrig gehabt haben. Sie liebte Kleider und Gesellschaften, sie liebte das Spiel und den Flirt, mit einem Wort, sie liebte es, sich zu vergnügen. Es scheint nicht, daß sich das neuvermählte Paar allzugut vertrug. Aber jedenfalls vermieden die beiden einen offenen Bruch. Ein Jahr nach der Vermählung beschloß Lord Hurtmore, Italien abermals aufzusuchen. Zu Anfang des Herbstes trafen sie in Venedig ein. Für Lord Hurtmore bedeutete Venedig eine unbegrenzte Fülle von Musik: Galuppis tägliche Konzerte im Waisenhaus der Misericordia, Piccini in Santa Maria, neue Opern bei San Moisè; es bedeutete köstliche Kantaten in einem Hundert Kirchen; es bedeutete Privatkonzerte von

Amateuren; es bedeutete Porpora und die besten Sänger Europas; es bedeutete Tartini und die größten Geigenspieler. Für Lady Hurtmore war Venedig ganz anderes: das Glücksspiel im Ridotto, Maskenbälle, fröhliche Soupers – alle die Genüsse der vergnüglichsten Stadt der Welt. Wie sie so jedes sein eigenes Leben lebten, hätten sie hier in Venedig beinahe endlos glücklich sein können. Aber eines Tags hatte Lord Hurtmore den verhängnisvollen Einfall, ein Porträt seiner Frau malen zu lassen. Man empfahl ihm Giangolini als einen vielversprechenden Maler, als den kommenden Mann. Lady Hurtmore begann ihre Sitzungen. Giangolini war hübsch und draufgängerisch. Giangolini war jung. Seine Technik in der Liebe war ebenso vollkommen wie in der Malerei. Lady Hurtmore wäre übermenschlich gewesen, wenn sie ihm hätte widerstehen können. Sie war nicht übermenschlich.«

»Das ist keiner von uns, he?« Der Herr des Herrenhauses bohrte Mr. Bigger den Zeigefinger in die Rippen und lachte.

Höflich stimmte Mr. Bigger in sein Gelächter ein; sobald es verklungen war, erzählte er weiter. »Am Ende beschlossen sie, miteinander durchzubrennen – über die Grenze. Sie wollten in Wien leben, von dem Familienschmuck der Hurtmore, den die Lady vorsorglich in ihren Reisekoffer packen würde. Er war mehr als zwanzigtausend Pfund wert, der Hurtmore-Familienschmuck; und in dem Wien Maria Theresias konnte man recht schön von den Zinsen von zwanzigtausend Pfund leben.

Die Vorbereitungen waren leicht getroffen. Giangolini hatte einen Freund, der alles für sie besorgte – ihnen Pässe auf falsche Namen verschaffte, Pferde mietete, die auf dem Festland ihrer warten sollten, und der ihnen seine Gondel zur Verfügung stellte. Sie bestimmten den Tag der letzten Sitzung für die Flucht. Der Tag kam. Gemäß der Gewohnheit brachte Lord Hurtmore seine Frau in einer Gondel zu Giangolinis Atelier, verließ sie, sobald sie dort auf dem hochlehnigen Modellsessel thronte, und ging, um sich Galuppis Konzert in der Misericordia anzuhören. Es war um die Zeit, da der Karneval seinen Höhepunkt erreichte. Sogar am hellichten Tag gingen die Leute in Masken umher. Lady Hurtmore trug eine aus schwarzer Seide – dieselbe, sehn Sie, die sie da, auf dem Porträt, in der Hand hält. Ihr Gemahl, obwohl er kein Nachtschwärmer war und Karnevalsscherze mißbilligte, zog es vor, sich lieber der grotesken Mode seiner Umgebung anzupassen als durch Nichtanpassung ihre Aufmerksamkeit auf sich zu lenken.

Der lange schwarze Mantel, der riesige schwarze Dreispitz, die langnasige Maske aus weißem Papier, sie gehörten in diesen Karnevalswochen zum gewöhnlichen Aufzug eines jeden venezianischen Edelmanns. Lord Hurtmore wünschte nicht aufzufallen; auch er trug sie. Der Anblick dieses ernsten, feierlich dreinsehenden englischen Mylords in der Clownsuniform eines fröhlichen, maskierten Venezianers muß reichlich grotesk und absurd gewesen sein. ›Pantalone im Kostüm Pulcinellos‹, so nannten ihn die beiden Verliebten, wenn sie miteinander allein waren; der alte Narr der ewigen Komödie, als Clown gekleidet. Also, an jenem Vormittag kam, wie ich schon sagte, Lord Hurtmore nach seiner

Gewohnheit in einer gemieteten Gondel und brachte seine Lady mit. Und sie wieder brachte unter den Falten ihres weiten Mantels eine kleine Lederschatulle mit, darin, kosig auf Seide gebettet, die Hurtmore-Juwelen ruhten. Die beiden saßen in der kleinen dunklen Kabine der Gondel und sahen die Kirchen, die wie mit der Laubsäge reichverzierten Paläste und die hohen schäbigen Häuser vorbeigleiten. Hinter seiner Hanswurstmaske hervor sprach die Stimme Lord Hurtmores ernst, gemessen und unbeirrbar.

›Der gelehrte Padre, Martini‹, sagte er, ›hat mir versprochen, daß er mir die Ehre erweisen wird, morgen mit uns zu dinieren. Ich bezweifle, daß es einen Mann gibt, der mehr von der Geschichte der Musik weiß als er. Ich möchte Sie bitten, Madam, daß Sie sich Mühe geben, ihn mit besonderer Auszeichnung zu bewirten.‹

›Das werde ich, Sie können dessen versichert sein, mein Lord.‹ Kaum vermochte sie die lachende Erregung zu unterdrücken, die in ihr aufschäumte. Morgen um die Zeit des Abendessens würden sie schon weit weg sein – über die Grenze, hinter Görz, und auf der Wiener Chaussee dahingaloppieren. Armer alter Pantalone! Aber nein, er tat ihr nicht im geringsten leid. Schließlich hatte er ja seine Musik, seinen Krimskrams von Marmorbrocken. Unter ihrem Mantel umfaßte sie die Schmuckschatulle fester. Wie berauschend amüsant doch ihr Geheimnis war!«

Mr. Bigger verschränkte die Finger und drückte die Hand theatralisch aufs Herz. Er unterhielt sich. Er wendete seine lange Fuchsnase dem Herrn des Herrenhauses zu und lächelte wohlwollend. Der war ganz Aufmerksamkeit.

»Ja, und?« fragte er.

Mr. Bigger löste die Hände voneinander und ließ sie auf seine Knie sinken.

»Und«, sagte er, »die Gondel hält vor Giangolinis Haus. Lord Hurtmore hilft seiner Gemahlin beim Aussteigen und führt sie hinauf in des Malers Atelier im ersten Stock, übergibt sie mit seiner gewohnten höflichen Redewendung in dessen Obhut und geht dann, sich Galuppis Morgenkonzert in der Misericordia anzuhören. Das Liebespaar hat gute zwei Stunden für die letzten Vorbereitungen.

Kaum ist der alte Pantalone sicher aus dem Weg, da erscheint auch schon des Malers nützlicher Freund, maskiert und im Domino wie jedermann auf den Straßen und auf den Kanälen dieses Karneval-Venedigs. Es folgt allgemeines Umarmen, Händeschütteln und Gelächter; alles ist so wundervoll gutgegangen, gar kein Verdacht erweckt worden. Unter Lady Hurtmores Domino hervor kommt die Schmuckstatulle. Sie öffnet sie, und es setzt laute italienische Ausrufe des Erstaunes und der Bewunderung. Die Brillanten, die Perlen, die großen Hurtmore-Smaragde, die Rubinspangen, die diamantenen Ohrgehänge – alle diese leuchtenden, funkelnden Dinge werden liebevoll besichtigt und kennerisch in den Händen gedreht. Auf mindestens fünfzigtausend Zechinen schätzt sie der nützliche Freund. Die beiden Liebenden umarmen sich verzückt.

Der nützliche Freund unterbricht sie; es gibt noch einiges Letztes zu erledigen. Sie müssen noch ins Polizeiministerium und ihre Pässe unterschreiben. Oh, eine bloße Formalität; aber es muß sein. Unterdessen wird er selbst ausgehn und einen von den Diamanten der Lady verkaufen, um die nötigen Geldmittel für die Reise zu beschaffen.«

Mr. Bigger machte eine Pause und zündete sich eine Zigarette an. Er blies eine Rauchwolke in die Höhe und erzählte weiter.

»So brachen sie also auf, alle mit Maske und im Domino, der nützliche Freund in der einen Richtung, der Maler und seine Geliebte in einer andern. Ach ja, die Liebe in Venedig!« Mr. Bigger sah entrückt zur Zimmerdecke hinauf. »Waren Sie jemals in Venedig und verliebt?« fragte er, sich wieder dem Herrn des Herrenhauses zuwendend.

»Nie weiter als bis Dieppe«, antwortete der und schüttelte den Kopf.

»Ah, da haben Sie eines der größten Erlebnisse versäumt. Da können Sie nie voll und ganz verstehn, welcher Art die Gefühle der kleinen Lady Hurtmore und des Künstlers waren, als sie gemeinsam auf den langen Kanälen dahinglitten und einander durch die Augenschlitze ihrer Masken anschauten. Manchmal, vielleicht, küßten sie einander auch – obgleich das eigentlich schwierig gewesen wäre, ohne daß sie sich demaskiert hätten, und immer Gefahr bestand, daß jemand durch die Fenster der kleinen Kabine ihre entblößten Gesichter erkennen könnte. Nein, wenn man's recht bedenkt«, schloß Mr. Bigger sinnend, »ist eher anzunehmen, daß sie sich darauf beschränkten, einander anzuschauen. Aber wenn man in Vendig auf den Kanälen dahinträumt, kann man sich beinahe mit dem Anschauen zufriedengeben – bloß dem Anschauen.«

Mit einer Handbewegung liebkoste er die Luft und ließ seine Stimme in Schweigen verklingen. Er tat zwei, drei Züge an seiner Zigarette, ohne etwas zu sagen. Als er weitersprach, war sein Tonfall sehr ruhig und ausgeglichen.

»Ungefähr eine halbe Stunde nachdem sie weggegangen waren, hielt eine Gondel vor Giangolinis Haustor, und ein Mann mit einer weißen Papiermaske, in einen schwarzen Domino gehüllt, auf dem Kopf den unvermeidlichen Dreispitz, entstieg ihr und ging die Treppe hinauf in des Malers Atelier. Es war niemand darin. Von der Staffelei herab lächelte süß und ein wenig einfältig das Porträt. Aber kein Maler stand davor, und der Modellpodest war leer. Die langnasige Maske sah sich mit ausdrucksloser Neugier in dem Raum um. Ihr wanderndes Spähen kam endlich auf der Schmuckschatulle zur Ruhe, die dort, wo das sorglose Liebespaar sie gelassen hatte, offen auf dem Tisch stand. Die tiefliegenden, dunkel beschatteten Augen hinter der grotesken Maske verweilten lange und wie gebannt auf diesem Gegenstand. Pulcinello mit der langen Nase schien in Nachdenken versunken zu sein.

Ein paar Minuten später ertönten auf der Treppe Schritte und der Klang zweier Stimmen, die miteinander lachten. Der Maskierte wandte sich ab und trat ans Fenster. Hinter ihm öffnete sich lärmend die Tür; trunken vor Erregung, in froher, lachender Unbekümmertheit stürmte das Liebespaar herein.

›Ah, *caro amico*! Schon zurück? Glück gehabt mit dem Diamanten?‹

Der Domino am Fenster rührte sich nicht; Giangolini

plauderte fröhlich weiter. Mit dem Unterschreiben hatte es gar keine Schwierigkeit gehabt; keinerlei Fragen waren gestellt worden; er hatte die Pässe in der Tasche. Sie konnten sogleich abreisen.

Lady Hurtmore begann plötzlich unbändig zu lachen; sie vermochte gar nicht aufzuhören.

›Was gibt's denn?‹ fragte Giangolini, ebenfalls lachend.

›Ich mußte gerade‹, keuchte sie zwischen den Ausbrüchen ihrer Heiterkeit, ›ich mußte an den alten Pantalone denken, wie er in der Misericordia sitzt und feierlich ernst wie eine Eule zuhört!‹ Sie erstickte beinahe und stieß die Worte schrill und gewaltsam hervor, als spräche sie durch Tränen. ›Wie er den faden Kantaten dieses dummen alten Galuppi zuhört!‹

Der Mann am Fenster wandte sich um. ›Leider, Madam‹, sagte er, ›war der Maestro heute vormittag indisponiert. Es gab kein Konzert.‹ Er nahm die Maske ab. ›Und so erlaubte ich mir denn, früher als sonst zurückzukommen.‹ Das lange, graue, tiefernste Gesicht Lord Hurtmores sah ihnen entgegen.

Das Liebespaar starrte ihn an und war für eine Weile sprachlos. Lady Hurtmore griff nach ihrem Herzen; es hatte einen fürchterlichen Sprung getan, und sie verspürte ein grauenhaftes Gefühl in der Magengrube. Der arme Giangolini war weiß wie seine Papiermaske. Sogar in diesen Zeiten der *cicisbei* und anerkannten galanten Freunde wußte man von Fällen zu berichten, daß gekränkte und eifersüchtige Ehemänner sich zu Mord hatten hinreißen lassen. Er war unbewaffnet, aber der Himmel mochte wissen, welche Werkzeuge der Vernichtung unter diesem undurchschaubaren schwarzen Domino verborgen waren. Doch Lord Hurtmore tat nichts Brutales oder Würdeloses. Ernst und gemessen, wie er alles tat, ging er zum Tisch, ergriff die Schmuckschatulle, schloß sie äußerst sorgfältig, und mit den Worten: ›Ich glaube, das ist wohl meine Schatulle‹, steckte er sie in die Tasche und verließ das Zimmer. Das zurückgebliebene Liebespaar sah einander fragend an.«

Es entstand eine Stille.

»Nun, und dann?« fragte der Herr des Herrenhauses.

»Dann kam der Umschwung«, antwortete Mr. Bigger und schüttelte betrübt den Kopf. »Giangolini hatte sich darauf eingelassen, mit fünfzigtausend Zechinen durchzugehn. Lady Hurtmore fühlte sich nach einiger Überlegung nicht sehr von der Idee des Liebesglücks unter einem Strohdach begeistert. Der Platz der Frau, entschied sie schließlich, sei im Heim – beim Familienschmuck. Ob aber Lord Hurtmore die Sache in genau demselben Licht sah? Das war die Frage, die aufregende, beunruhigende Frage. Sie beschloß hinzugehn und sich zu überzeugen.

Sie kam gerade zum Mittagessen zurecht. ›Seine durchlauchtigste Exzellenz warten im Speisezimmer‹, meldete ihr der Majordomo. Die hohen Türflügel wurden vor ihr aufgerissen; sie segelte majestätisch hinein, Kopf hoch – aber mit welcher Angst im Herzen! Ihr Gemahl stand vor dem Kamin. Er kam ihr entgegen.

›Ich habe Sie erwartet, Madam‹, sagte er und führte sie an ihren Platz.

Das blieb die einzige Anspielung, die er je auf den Vorfall machte. Am Nachmittag sandte er einen Bedienten in das Atelier des Malers, das Porträt zu holen. Es befand sich im Gepäck, als Lord und Lady Hurtmore einen Monat später die Rückreise nach England antraten. Die Geschichte wurde mit dem Bild von einer Generation der andern vererbt. Ich habe sie von einem alten Freund der Familie gehört, als ich voriges Jahr das Porträt kaufte.«

Mr. Bigger warf das Zigarettenende in den Kamin. Er schmeichelte sich, die Geschichte gar nicht schlecht erzählt zu haben.

»Sehr interessant«, sagte der Herr des Herrenhauses, »wahrhaftig sehr interessant! Ganz historisch, nicht wahr? Es ließe sich auch von Anne Boleyn oder Lady Hamilton keine bessere erzählen, was?«

Mr. Bigger lächelte zerstreut und wie von fern. Er dachte an Venedig – an die russische Gräfin, die in derselben Pension gewohnt hatte, den fiederigen Baum im Hof vor seinem Fenster, das starke, scharfe Parfüm, das sie gebrauchte (es machte einen den Atem anhalten, sobald man es zu riechen begann), und dann das Baden am Lido – und die Gondel – und die Kuppel von Maria della Salute vor dem dunstigen Himmel, genauso wie sie ausgesehen hatte, als Guardi sie malte. Wie ungeheuer lange her und weit weg das alles nun zu sein schien! Es war sein erstes richtiges Abenteuer gewesen und er damals kaum älter als ein Knabe. Mit einem Ruck erwachte er aus seiner Träumerei.

Der Herr des Herrenhauses sagte etwas. »Also wieviel würden Sie für das Bild wollen?« fragte er. Sein Ton war kühl und unbeteiligt; er verstand sich wie selten einer aufs Handeln.

»Tja«, sagte Mr. Bigger und verließ nur ungern die russische Gräfin und das paradiesische Venedig vor fünfundzwanzig Jahren, »ich habe auch schon tausend Pfund verlangt für weniger bedeutende Bilder als dieses hier. Aber ich kann es mir verzeihen, wenn ich Ihnen dieses für siebenhundertfünfzig lasse.«

Der Herr des Herrenhauses stieß einen leisen Pfiff aus. »Sieben fünfzig? Das ist zu viel.«

»Aber, mein werter Herr«, verwahrte sich Mr. Bigger, »bedenken Sie doch nur, was Sie für einen Rembrandt von dieser Größe und Qualität zahlen müßten – mindestens zwanzigtausend. Siebenhundertfünfzig sind sicherlich nicht zu viel. Im Gegenteil, es ist sehr wenig, wenn man die Bedeutung des Bildes, das Sie bekommen, in Betracht zieht. Sie besitzen selber ein genügend gutes Urteil, um zu sehen, daß das hier ein sehr feines Kunstwerk ist.«

»Oh, das leugne ich nicht«, sagte der Herr des Herrenhauses. »Alles, was ich sage, ist nur, daß sieben fünfzig ein schönes Stück Geld sind. Puh! Ich bin froh, meine Tochter malt selber ein wenig. Denken Sie nur, wenn ich auch die Schlafzimmer mit Bildern zu je sieben fünfzig ausstatten müßte!«

Er lachte.

Mr. Bigger lächelte: »Sie dürfen auch nicht vergessen, daß Sie Ihr Geld sehr gut anlegen. Späte Venezianer steigen im Preis. Wenn ich Kapital übrig hätte –« Die Tür ging auf, und Miß Pratts blonder Wuschelkopf guckte herein.

»Mr. Crowley möchte wissen, ob er Sie sprechen kann, Mr. Bigger.«

Mr. Bigger runzelte die Stirn. »Sagen Sie ihm, er soll warten«, sagte er ein wenig gereizt. Er räusperte sich und wandte sich wieder dem Herrn des Herrenhauses zu. »Wenn ich etwas Kapital übrig hätte, würde ich das ganze in späten Venezianern anlegen. Jeden Penny.«

Er fragte sich, während er die Worte sprach, wie vielen Leuten er wohl schon gesagt haben mochte, er würde sein Kapital, wenn er eins hätte, in Primitiven anlegen, in Kubisten, Negerplastik, japanischen Holzschnitten ...

Schließlich stellte ihm der Herr des Herrenhauses einen Scheck über sechshundertachtzig aus.

»Sie könnten mir mit dem Bild eine maschinegeschriebene Abschrift der Geschichte senden«, sagte er, als er seinen Hut aufsetzte. »Es ist eine gute Geschichte, um sie den Gästen bei Tisch zu erzählen, glauben Sie nicht? Ich möchte die Einzelheiten gern ganz genau haben.«

»Oh, natürlich«, sagte Mr. Bigger, »die Einzelheiten sind äußerst wichtig.«

Er geleitete den untersetzten kleinen Mann zur Tür. »Guten Tag. Guten Tag.« Weg war er.

Ein hochaufgeschlossener, blasser junger Mensch mit kurzem Backenbart erschien in der Türöffnung. Seine Augen waren dunkel und melancholisch; seine Miene, sein ganzes Äußeres waren romantisch und dabei ein wenig bedauernswert. Es war der junge Crowley, ein Maler.

»Entschuldigen Sie, daß ich Sie warten ließ«, sagte Mr. Bigger. »Weswegen wollten Sie mich denn sprechen?«

Mr. Crowley sah verlegen drein, zögerte. Wie er es haßte, daß er so etwas tun mußte! »Die Sache ist die«, sagte er endlich – »ich bin schrecklich knapp mit Geld. Und da dachte ich mir, daß Sie vielleicht nichts dagegen hätten – wenn es Ihnen nicht ungelegen ist –, mich für das Ding zu bezahlen, das ich unlängst für Sie gemacht habe. Ich bedaure unendlich, Sie auf diese Weise belästigen zu müssen.«

»Aber bitte, mein junger Freund!« Mr. Bigger tat dieser jämmerliche Mensch leid, der es nicht verstand, für sich zu sorgen. Der arme junge Crowley war hilflos wie ein Säugling. »Was hatten wir denn als Preis vereinbart?«

»Ich glaube, es waren zwanzig Pfund«, antwortete Mr. Crowley schüchtern.

Mr. Bigger zog die Brieftasche. »Na, machen wir fünfundzwanzig daraus«, sagte er.

»O nein, wirklich, das könnte ich nicht ... Ich danke Ihnen vielmals.« Mr. Crowley errötete wie ein junges Mädchen. »Möchten sie nicht vielleicht doch eine kleine Ausstellung von einigen meiner Landschaften veranstalten?« fragte er, kühn gemacht durch Mr. Biggers wohlwollendes Wesen.

»Nein, nein, nichts von Ihren eigenen Sachen!« Mr. Bigger schüttelte unerbittlich den Kopf.« An dem modernen Zeug ist kein Geld zu verdienen. Aber ich will Ihnen gern jede Anzahl Ihrer alten Meister abnehmen.« Er trommelte mit den Fingern auf Lady Hurtmores glatt gemalte Schulter. »Versuchen Sie noch einen Venezianer!« fügte er hinzu. »Der da war ein großer Erfolg.«

Alfred Wolfenstein
Keine Rolle

Lissy spielte nur eine Nebenrolle in dem großen Film. Immerhin war sie die Schwester der Heldin, ein Mädchen voller Sehnsucht, doch ungeliebt. In der Pause der Premiere ging sie unter dem Publikum auf und ab. Sie wartete, ob jemand von den Zuschauern sie in der Wirklichkeit wiedererkennen würde.

Denn das ist der Ruhm in der Filmwelt; man muß erkannt werden, überall, wo man sich sehen läßt. Lissy träumte in der Menschenmenge, – daß die Menschenmenge plötzlich stehen blieb und sie anstarrte. Sie floh, aber die wilde Jagd der Erkennenden folgte ihr, wo sie auch war. Als sie im amerikanischen Hafen landete, als sie an der Riviera abstieg, als sie sich in irgend einem abgeschiedenen Dorfe niederließ, – der wunderbare Tumult der Erkennungsszenen machte sie wahnsinnig und dennoch so glücklich.

Aber noch ging die Menschenmenge unbefangen plaudernd auf und ab. Lissy wollte sich schon wieder in ihre Loge setzen, um sich bei der Wiederholung des Films nochmals auf der weißen Wand erscheinen zu sehen. Da trat im letzten Augenblick ein Herr auf sie zu und sagte: Er habe sie erkannt. Die Schwester der Heldin sei von ihr gegeben worden. Er sei Maler, und in den wenigen Minuten, da er sie auf der weißen Wand sah, reifte in ihm der Wunsch, sie zu porträtieren. Lissy lächelte überrascht, ja verlegen, denn bei diesem Angebot handelte es sich um eine fremde und sozusagen ältere

Kunst, vor der man sich als Mitglied einer jüngeren unwillkürlich verbeugen muß, nicht ohne auf sie herabzusehen.

Der Maler, übrigens ein sehr gut aussehender Mann von großer Gestalt, mit schmalem Gesicht, großen Augen und kraftvollem Haar, den sie auch als Partner in einem Film anerkannt hätte, begleitete sie. Während sie aus dem stickigen und grellen Kino durch die frischen Straßen unter dem sternklaren Himmel gingen, sagte er: Es sei ihr als Filmschauspielerin wohl etwas unheimlich, daß seine Figuren feststünden; daß ihr Gesicht auf seiner Leinwand festgehalten würde. (Diese Worte machten ihn selbst zu ihrer Freude unheimlich.) Seine Schöpfungen, sagte er, könne man nicht mit einer noch so langen Aufbewahrung des Filmstreifens im Produktionsarchiv vergleichen. Denn er arbeite für die Ewigkeit.

Als sie sich trennten, hatte sie ihm eine Sitzung in seinem Atelier versprochen. Die Zeit bis zu diesem Tage verbrachte sie in ehrlicher Unruhe. Es gibt auch heute noch junge Menschen, denen alles aus der Tiefe der Vergangenheit Herüberragende in einem anderen Glanz von Größe erscheint. Außerdem zweifelte Lissy insgeheim am Film. Sie erkannte bei dieser Gelegenheit deutlicher, daß sie sich als Diva träumte und der kleinsten Rolle nicht gewachsen fühlte. Plötzlich war sie eine hilflose junge Frau, die sich gern malen ließ, statt zu filmen. So ging sie schließlich in ganz erlöster Stimmung zu dem Künstler.

Er öffnete selbst. Niemand war sonst da.

Viele Couches standen rings in dem mächtigen hellen Raum. Auf der buntesten ließ sie sich nieder, erwartungsvoll. Er sah inmitten seiner Bilder strahlend wie ein Gott aus. Durch ihn würde sie heute in die Ewigkeit eingehen.

Dann überraschten sie die heftigen Bewegungen, die er zur Ausübung seiner Kunst brauchte. Mit zuckendem Mund, starken Atemstößen und zusammengekniffenen Augen, aus deren Schlitz erst recht ein geschliffenes Funkeln drang, begann er zu arbeiten. Sie konnte das entstehende Bild nicht sehen. Aber wenn es in Farbe und Ausdruck so lebendig wurde, wie seine sich steigernden Gesten vermuten ließen, so wuchs hier ein Meisterwerk heran. Gewiß wurde es auch ähnlich, denn seine Augen verharrten auf ihrer Wanderung auffallend lange bei ihr. Seine Blicke nahmen ihr Gesicht und ihren Körper mit solcher Glut in sich auf, daß sie manchmal zitterte, wie verbrannt. Diese Strahlen, die sie zuletzt kaum noch zu verlassen schienen, trafen ihr Haar, ihren Mund, ihre Brust. Sie ertrug eine so leidenschaftliche Arbeit kaum noch und wünschte trotzdem keine Pause.

Aber als er zur Tür gerufen wurde, benutzte sie die Minute, um zu sehen, wie weit das Bild schon gediehen sei, und blickte gespannt um die Ecke der Staffelei herum.

Die Leinwand war leer.

Lissy hatte gerade noch Zeit, sich zurückzusetzen. Aber der Maler mußte mit der Arbeit für heute aufhören, obwohl er, wie er sagte, gerade zur Hauptsache kommen wollte.

Mit dringendem Blick bat er sie, schon am nächsten Tage wieder bei ihm zu sein.

Daß sie schon am nächsten Tage wieder bei ihm war,

wird jeden denkenden Menschen angesichts einer solchen Täuschung wundern. Offenbar war sie an einen interessanten Verführer geraten, der seine Kunst als Aushängeschild für zärtlichere Absichten benutzte. Aber sie hatte entdeckt, daß sie selbst einen viel schlimmeren Selbstbetrug begangen hatte. Denn sie, die angebliche Filmkünstlerein, empfand es nun wie eine erlösende Wahrheit, daß dieser Künstler, der sie malen wollte – daß dieser Mann sie einfach liebte. Ich bin eine Frau, dachte sie mit einem Schauer ganz neuer Freude. Ich kann gar nichts als eine Frau sein, das ist alles und das ist genug. Sicherlich hatte sie es schon in all den Monaten gewußt. Aber jetzt erst war es so, als sei sie von einem süßen Kinde entbunden.

Beim Eintreten machte sie ein Gesicht, als komme sie mit der moralischen Mission, diesen lächelnden Liebhaber zur ernsten Ausübung seiner Kunst zu zwingen. Sie ließ sich von seinen zärtlichen Händen auf genau die gleiche Stelle der bunten Couch niederdrücken. Ein aufregender Blick, der sie gar nicht verlassen wollte, leitete dann zur entgegengesetzten Taktik über: Sobald er an der Staffelei stand, blickte er heute viel länger seine leere Leinwand an als sie. Eines Mannes von so feuriger Erscheinung war diese Komödie recht unwürdig. Mit schönen, kräftigen und doch so überflüssigen Bewegungen führte seine Hand den Pinsel, er schwenkte die Palette, seine Augen, seine Stirn blitzten in die Leere vor ihm. Um den Anschein der Arbeit zu verstärken, gewissermaßen ganz vertieft in seine Kunst, sah er Lissy immer seltener an, um dann mit desto größerer Überraschung als Liebender hervorzubrechen. Es bestand nur die Gefahr, daß er auf die Dauer etwas lächerlich werden mußte, wenn er sich noch lange da drüben in der Luft betätigte. Komm, laß dieses Spiel, komm zu mir. Sie schloß die Augen und fühlte seine Berührung, sie öffnete die Augen, und er stand noch vor seiner kahlen Tafel. Sie lehnte sich zurück, ihre Brust verdurstete nach seinem Kuß. Komm zu mir, dort hast du nichts von mir aufgefangen, dort hast du deine Kunst schon abgetan, um mir zu gehören. Du hast die Kunst nur für die Liebe benutzt, mehr ist sie nicht wert! Nun laß sie, wie ich den Film lasse, was ist das alles gegen die Liebe –

Plötzlich stand er bei ihr, nahm ihre Hand und führte sie wie zum Tanz durch den Raum. Irgendwo hielt er an und wartete. In liebevoller Ungeduld sagte sie: »Darf ich mir – das Bild ansehen?« und trat mit spöttischem und zärtlichem Seitenblick auf ihn vor die Staffelei.

Sie erstarrte. Ihr Gesicht sah sie an, in schönen Farben, mit leidenschaftlichem Ausdruck gemalt.

»Gefällt es Ihnen?« hörte sie ihn sagen. »Es wird mir gelingen, und um so besser, weil ich gestern ein wenig in Sie verliebt war, und weil sich heute die Kunst durchgesetzt hat. Ein solcher Wechsel steigert die Arbeit.«

Sie lag, während er noch malte. Sie wußte nicht, wohin sie gehen sollte. Nun hatte sie sich der Liebe verschrieben, aber sie war eine leere weiße Fläche.

Als der Künstler Lissy einen Augenblick allein ließ, verschwand sie.

Anton P. Tschechow
Talent

Der Maler Jegor Sawwitsch, der in der Sommerwohnung bei einer Offizierswitwe lebt, sitzt auf seinem Bett und gibt sich der morgendlichen Melancholie hin. Draußen wird es bald Herbst sein. Ganze Schichten von schweren, plumpen Wolken bedeckten den Himmel; es weht ein kalter, schneidender Wind, und die Bäume biegen sich wehklagend alle nach einer Seite. In der Luft und auf der Erde wirbeln gelbe Blätter herum. Leb wohl, Sommer! Diese Abschiedsstimmung der Natur ist in ihrer Art schön und poetisch, wenn man sie mit dem Auge des Künstlers betrachtet, aber Jegor Sawwitsch ist nicht nach Schönheit zumute. Ihn verzehrt die Langeweile, und es tröstet ihn nur der Gedanke, daß er morgen nicht mehr in diesem Landhaus sein wird. Das Bett, die Stühle, die Tische, der Fußboden – alles ist mit Kissen, zerknautschten Decken und Körben vollgestellt. In den Zimmern ist nicht mehr gefegt, von den Fenstern sind die Kattunvorhänge abgenommen worden. Morgen geht es wieder in die Stadt!

Die Hausfrau ist nicht daheim. Sie ist weggefahren, um Fuhrwerke zu mieten, mit denen man morgen umziehen kann. Ihre Tochter Katja, ein zwanzigjähriges Mädchen, hat die Abwesenheit der gestrengen Mama ausgenutzt und sitzt schon lange im Zimmer des jungen Mannes. Morgen wird der Maler wegfahren, und sie hat ihm noch viel zu sagen. Sie redet und redet und hat das Gefühl, daß sie noch nicht den zehnten Teil von dem gesagt hat, was sie sagen wollte. Mit Augen voller Tränen schaut sie auf sein verwildertes Haar, betrachtet es mit Wehmut und Entzücken. Und verwildert ist Jegor Sawwitsch bis zur Häßlichkeit, er ähnelt fast einem Tier. Seine Haare reichen bis zu den Schultern, der Bart wächst ihm am Halse, aus den Nasenlöchern und aus den Ohren, seine Augen sind unter dichten, buschigen Brauen versteckt. Sie sind so dicht, so verwildert, daß eine Fliege oder Schabe, die in diese Haare geriete, bis ans Ende der Zeiten nicht wieder aus diesem Urwald herausfände. Jegor Sawwitsch hört Katja zu und gähnt. Er ist müde. Als Katja zu schluchzen anfängt, schaut er sie unter seinen buschigen Augenbrauen hervor finster an und sagt mit tiefer, dunkler Baßstimme: »Ich kann nicht heiraten.«

»Warum denn nicht?« fragt Katja leise.

»Weil ein Maler und ganz allgemein ein Mensch, der für die Kunst lebt, nicht heiraten darf. Ein Maler muß frei sein.«

»Wodurch würde ich Sie denn stören, Jegor Sawwitsch?«

»Ich spreche nicht von mir, sondern allgemein ... Berühmte Schriftsteller und Maler heiraten nie.«

»Auch Sie werden berühmt werden, das begreife ich sehr gut, aber versetzen Sie sich doch in meine Lage. Ich fürchte mich vor Mama ... Sie ist streng und reizbar. Wenn sie erfährt, daß Sie mich nicht heiraten und nur so ... dann wird sie mir die Hölle heiß machen. Wehe mir! Und dabei haben Sie ihr noch nicht das Zimmer bezahlt!«

»Hol sie der Teufel, ich bezahle schon noch ...«

Jegor Sawwitsch erhebt sich und beginnt umherzulaufen.

»Ins Ausland müßte man!« sagt er.

Und der Maler erzählt, daß nichts leichter sei, als ins Ausland zu reisen. Für diesen Zweck braucht man nur ein Bild zu malen und zu verkaufen.

»Natürlich!« stimmt Katja zu. »Weshalb haben Sie denn den Sommer über nicht gemalt?«

»Kann ich denn in dieser Scheune arbeiten?« sagt der Maler ärgerlich. »Und wo hätte ich hier die Modelle hernehmen sollen?«

Irgendwo unten, unter dem Fußboden, klappt heftig eine Tür. Katja, die jede Minute die Ankunft ihrer Mutter erwartet hat, steht auf und geht hinaus. Der Maler bleibt allein. Lange geht er aus einer Ecke in die andere und windet sich durch die Stühle und die Haufen von Hausgerät. Er hört, wie die heimgekehrte Witwe mit dem Geschirr hantiert und laut auf irgendwelche Bauern schimpft, die von ihr für jede Fuhre zwei Rubel verlangt haben. Verdrossen bleibt Jegor Sawwitsch vor einem Schränkchen stehen und schaut lange und finster auf die Wodkakaraffe.

»Ach, man sollte dich erschießen!« hört er, wie unten die Witwe über Katja herfällt. »Aber Unkraut vergeht nicht!«

Der Maler trinkt ein Gläschen, und die düstere Wolke auf seiner Seele hellt sich allmählich auf, und ihm ist, als lächelten in seinem Leib alle Eingeweide. Er beginnt zu träumen... In seiner Phantasie malt er sich aus, wie er berühmt wird. Seine zukünftigen Werke vermag er sich nicht vorzustellen, aber er sieht klar, wie über ihn die

Zeitungen schreiben, wie man in den Läden seine Photographien verkauft und wie seine Freunde ihm neidisch nachsehen. Er strengt sich an, sich einen vornehmen Salon vorzustellen, darin er, umgeben von hübschen Verehrerinnen, aber seine Phantasie zeichnet nur etwas Nebelhaftes, Unklares, denn er hat noch nie im Leben einen Salon gesehen. Die hübschen Verehrerinnen geraten ihm ebenfalls nicht, weil er seit seiner Geburt außer Katja keiner einzigen Verehrerin, keinem einzigen anständigen Mädchen begegnet ist. Menschen, die das Leben nicht kennen, malen es sich für gewöhnlich nach Büchern aus, aber Jegor Sawwitsch kennt auch keine Bücher. Er hatte sich einmal vorgenommen, Gogol zu lesen, war aber schon nach der zweiten Seite eingeschlafen . . .

»Er brennt nicht an, platzen soll er!« brüllt unten die Witwe, die den Samowar aufstellt. »Katja, bring Kohlen!«

Der träumende Maler verspürt das Bedürfnis, mit irgend jemand seine Hoffnungen und Träume zu teilen. Er steigt hinunter in die Küche, in der neben dem dunklen Ofen im Rauch des Samowars die dicke Witwe und Katja hantieren. Er setzt sich auf eine Bank neben einen großen Topf und beginnt: »Es ist schön, Maler zu sein! Ich gehe, wohin es mir gefällt, ich tue, was ich will. Man braucht nicht ins Amt, nicht den Acker zu pflügen . . . Ich kenne keine Vorgesetzten, keine Aufseher . . . Bin mein eigener Vorgesetzter. Und bei alledem bringe ich der Menschheit Nutzen!«

Und nach dem Mittagessen legt er sich aufs Ohr, um »auszuruhen«. Gewöhnlich schläft er, bis es dämmert;

aber diesmal merkt er bald nach dem Essen, daß ihn jemand am Fuß rüttelt und lachend seinen Namen ruft. Er öffnet die Augen und erblickt seinen Kameraden, den Landschaftsmaler Uklejkin, der für den ganzen Sommer in das Gouvernement Kostroma gereist war.

»Bah!« ruft er erfreut. »Wen sehe ich da?«

Es beginnt das Händeschütteln, das Ausfragen.

»Nun, hast du was mitgebracht? Sicher hast du hundert Studien zusammengeschmiert?« sagt Jegor Sawwitsch, als er sieht, wie Uklejkin seine Habseligkeiten aus dem Koffer holt.

»Tja ... Etwas habe ich gemacht ... Und du? Hast du was gemalt?«

Jegor Sawwitsch kriecht unter das Bett und holt von dort, ganz rot geworden, eine verstaubte und mit Spinnweben überzogene, auf einen Blendrahmen gespannte Leinwand hervor.

»Da ... ›Mädchen am Fenster nach der Trennung von ihrem Bräutigam ...‹« sagt er. »In drei Sitzungen. Noch lange nicht fertig.«

Das Bild stellt das kaum angefangene Porträt Katjas dar, die am offenen Fenster sitzt; hinter dem Fenster sieht man den Vorgarten und die violette Ferne. Uklejkin gefällt das Bild nicht.

»Hm ... Viel Atmosphäre und ... und auch Ausdruck ...« sagt er. »Man spürt die Ferne, aber ... dieser Strauch da ist zu schreiend ... Furchtbar schreiend!«

Auf der Szene erscheint die Wodkakaraffe.

Gegen Abend besucht Jegor Sawwitsch sein Kamerad und Sommernachbar, der Historienmaler Kostylew, ein Bursche von etwa 25 Jahren, ebenfalls ein Anfänger, der zu Hoffnungen berechtigt. Er hat lange Haare, trägt eine Bluse und Kragen à la Shakespeare und benimmt sich würdevoll.

Als er den Wodka bemerkt, verzieht er das Gesicht und beklagt sich über seine kranke Brust, aber schließlich gibt er doch den Bitten der Kameraden nach und trinkt ein Gläschen.

»Ich habe mir ein Thema ausgedacht, Freunde ...« sagt er, nicht mehr ganz nüchtern. »Ich möchte gern so etwas darstellen wie diesen Nero ... Herodes ... oder irgendeinen anderen Schurken dieser Art, versteht ihr ... und diesem die Idee des Christentums gegenüberstellen. Auf der einen Seite Rom, auf der anderen, versteht ihr, das Christentum ... Ich möchte gern den Geist darstellen ... versteht ihr? Den Geist!«

Unten schreit die Witwe immerzu.

»Katja, gib die Gurken her! Geh zu Sidorow, du Heupferd, und hol Kwas!«

Die Kollegen schreiten alle drei, wie Wölfe im Käfig, von einer Zimmerecke in die andere. Sie reden ohne Unterlaß, aufrichtig und hitzig; sie sind erregt und begeistert. Wenn man ihnen zuhört, meint man, in ihren Händen lägen Zukunft, Berühmtheit, Geld. Und keinem von ihnen kommt es in den Sinn, daß die Zeit weiterläuft, daß sich das Leben von Tag zu Tag seinem Ende nähert, daß sie schon viel fremdes Brot gegessen, aber noch nichts geleistet haben. Sie denken nicht daran, daß sie alle drei Opfer jenes unerbittlichen Gesetzes sind, nach dem von Hunderten von Anfängern, die zu Hoffnungen berechtigten, nur zwei oder drei sich hocharbeiten, alle übrigen aber zum alten Eisen geworfen werden und zugrunde gehen, wenn sie ihre Rolle als Kanonenfutter ausgespielt haben ... Sie sind heiter, glücklich und schauen keck der Zukunft ins Auge!

Gegen zwei Uhr nachts verabschiedet sich Kostylew und geht nach Hause, nachdem er seinen Shakespearekragen in Ordnung gebracht hat. Der Landschafter bleibt bei dem Genremaler zur Nacht. Bevor sie sich schlafen legen, nimmt Jegor Sawwitsch eine Kerze und begibt sich in die Küche, um Wasser zu trinken. In dem engen dunklen Korridor sitzt Katja auf einer Truhe und schaut nach oben, die Hände über den Knien gefaltet. Auf ihrem blassen, abgehärmten Gesicht liegt ein seliges Lächeln, und ihre Augen glänzen ...

»Du bist das? Woran denkst du?« wird sie von Jegor Sawwitsch gefragt.

»Ich denke daran, wie berühmt Sie sein werden ...« sagt sie beinahe im Flüsterton. »Ich stelle mir immerzu vor, was für ein großer Mann Sie werden ... Ich habe eben alle Ihre Gespräche gehört ... Ich träume ... träume ...«

Katja bricht in ein glückliches Lachen aus, weint und legt ehrfurchtsvoll die Hände auf die Schultern ihres Abgotts.

Jean Rhys
Tee bei einem Künstler

Es war offensichtlich, daß er kein Engländer war: er war zu ausgelassen, zu schmutzig, zu offenherzig, und in seinen kleinen Augen lag so ein heiteres Verständnis für all die Sünden und Freuden des Lebens. Er trank rasch ein Glas Bier nach dem anderen, rauchte eine lange, gebogene Pfeife und strahlte zufrieden in die Welt hinein. Seine Begleiterin trug eine schwarze Jacke und einen schwarzen Rock; sie saß mit dem Rücken zu uns.

Ich sagte: »Wer ist der fröhliche Mann dort in der Ecke? Ich habe ihn noch nie gesehen.«

Mein Freund, der jeden kannte, antwortete: »Das ist Verhausen. Völlig übergeschnappt.«

»Verrückter als die meisten Leute hier?« fragte ich.

»Oh ja, richtig meschugge. Sein Atelier ist voller Bilder, die er niemandem zeigen will.«

Ich fragte: »Was denn für Bilder? Seine eigenen Bilder?«

»Ja, seine eigenen Bilder. Sie sind verdammt gut, sagt man.« ... Verhausen hatte als Rompreisträger begonnen, und sein Ruf in Holland und Deutschland war einmal bedeutend gewesen. Er war Flame. Aber nun weigerte sich der alte Knabe auszustellen und wurde fast verrückt vor Wut, wenn er gezwungen war, etwas zu verkaufen.

»Eine Marotte?«

Mein Freund sagte: »Tja, ich weiß nicht. Für eine Marotte dauert's schon ziemlich lange.«

Er begann zu lachen.

»Du kennst doch van Hoyt. Er war mit Verhausen vor Jahren in Antwerpen sehr gut bekannt. Anscheinend hat er schon damals seine Bilder versteckt ... Er war der Meinung, es sei ein Sakrileg, sie zu verkaufen. Dann heiratete er eine junge, flatterhafte Frau aus Brüssel, und die hielt das nicht aus. Sie quengelte und quengelte; sie brauche viel Geld und so weiter und so weiter. Er hörte nicht einmal hin. Da gab sie das Streiten auf und verabredete sich mit einem jüdischen Kunsthändler aus Amsterdam, als Verhausen nicht da war. Es heißt, sie sei in sein Atelier eingebrochen und habe dem Händler die Bilder aus dem Fenster gereicht. Fünf der besten. Van Hoyt sagt, Verhausen habe wie ein Kind geweint, als er es erfuhr. Er saß einfach da und schluchzte. Vielleicht hat er die Frau auch geschlagen. Auf jeden Fall verließ sie ihn bald danach, und wenig später tauchte Verhausen hier am Montparnasse auf. Die Frau, die jetzt bei ihm ist, hat er in irgendeinem schrecklichen Bordell in Antwerpen aufgelesen. Sie muß gut zu ihm sein, denn er sagt, daß die Huren die einzigen Frauen sind, die eine Seele haben. Sie werden im Himmel auf den Nacken der anderen schreiten...« Und mein Freund schloß: »Ein wunderlicher alter Kauz. Aber mittlerweile ein bißchen überholt.«

Ich sagte: »Das scheint mir eine perverse Form von Geiz zu sein. Ich würde seine Bilder gern sehen, oder ist das unmöglich? Ich mag sein Gesicht.«

Mein Freund sagte unbekümmert: »Das ist, glaube ich, möglich. Manchmal zeigt er sie Leuten. Er will sie nur nicht ausstellen und verkaufen. Ich glaube, van Hoyt könnte das arrangieren.«

Verhausens Atelier lag nördlich von Montparnasse im tiefsten Quartier Latin, das schrammeliger und noch nicht so kosmopolitisch ist. Es lag in einer alten, engen Straße mit unegalen Häusern, einer schmutzigen, schönen Straße voller violetter Schatten. Ein Polizist stand müde in der Nähe des Hauses, den Ausdruck gedankenverlorener Stumpfheit im Gesicht: ein gelber Hund lag philosophisch auf dem Straßenpflaster ausgestreckt. Die *concierge* sagte gleichgültig, Monsieur Verhausens Atelier befinde sich im *quatrième à droite*. Ich quälte mich nach oben.

Ich klopfte dreimal. Drinnen hörte man leises Knistern ... Und ein viertes Mal: so laut ich konnte. Die Tür öffnete sich ein wenig, und Monsieur Verhausens Kopf erschien in dem Spalt. Ich las Argwohn in seinen Augen und lächelte so entwaffnend, wie ich nur konnte. Ich sagte etwas von Monsieur van Hoyt – von Monsieurs eigener freundlicher Einladung, meiner großen Freude.

Verhausen prüfte mich weiter durch seine riesige Brille: dann lächelte er in plötzlicher Erkenntnis, gab die Tür frei, verbeugte sich tief und bat mich herein. Der Raum war groß, an allen Wänden standen auf dem Fußboden ungerahmte Bilder, alle mit dem Rücken zur Wand. Es war viel sauberer, als ich erwartet hatte: sehr sauber, sogar Staub war gewischt worden. Auf dem Tisch lag ein weißes Tischtuch, und darauf standen blauen Tassen und Untertassen und ein Teller mit Lebkuchen, der in Scheiben geschnitten und dick mit Butter bestrichen war. Monsieur Verhausen rieb sich die Hände und sagte mit erfreuter, kindlicher Miene und in erstaunlich gutem Englisch, daß er englischen Tee bereitet habe, der schon fertig sei, weil er mich eher erwartet habe.

Wir saßen auf Stühlen und nippten feierlich den Tee. Monsieur Verhausen sah genauso aus wie in dem Café, die blauen Augen hinter der Brille zugleich naiv und weise, die Weste mit den Erinnerungen an viele Mahlzeiten besprenkelt.

Aber ein reizender Mensch – behaglich und Behagen

verbreitend. Seine langen, gebogenen Pfeifen hingen in einer Reihe an der Wand; sie ließen den ganzen Raum auf holländische Weise gemütlich erscheinen. Wir sprachen ernst über den Montparnasse.

Plötzlich sagte er: »Jetzt, wo Sie Ihre zweite Tasse Tee getrunken haben, sollen Sie meine Bilder sehen. Alle Engländer müssen erst zwei Tassen Tee getrunken haben, ehe sie sich in Kunstwerke vertiefen.«

Er war mit einer Leichtigkeit aufgesprungen, die bei einem so massigen Mann erstaunte, und mit gleicher Behendigkeit zog er eine Staffelei ans Fenster und begann, ohne jeden Kommentar Bilder daraufzustellen. Sie waren eines wie das andere farbliche Explosionen: ich brauchte ein wenig, um mich daran zu gewöhnen. Ich glaube, sie waren zum größten Teil, jedoch nicht alle, impressionistisch. Aber was mich sofort faszinierte, war die Art, wie er die Bilder berührte – seine liebevollen, behutsamen Hände.

Nach einer Zeit schien er vergessen zu haben, daß ich da war, und sah sich die Bilder selbst an, bedacht und kritisch, den Kopf zur Seite geneigt, die Stirn gerunzelt und auf flämisch leise vor sich hinmurmelnd. Hin und wieder sagte mir eine Landschaft besonders zu: sie waren meistens nur angedeutet und grandios. Aber die Köpfe waren minuziös gemalt und ... holländisch! Unter einem Lichtstrahl verwandelte sich die Haut einer Frau, die in eine Badewanne stieg, zu Gold.

Dann holte er ein größeres Bild herbei, änderte die Position der Staffelei und drehte sich mit einem leisen Grunzen zu mir um. Ich sagte langsam: »Ich glaube, das ist ein großartiges Bild. Wirklich große Kunst!«

... Ein Mädchen, das in einem Zimmer voller Spiegel auf einem Sofa saß, hielt ein Glas mit grünem Likör in der Hand. Dunkeläugig, mit breitem Gesicht und den großen, kräftigen Gliedern einer Bäuerin, ging ihr jede Leichtigkeit oder Anmut ab.

Doch all der gefährliche Zauber des Lebens jenseits der Grenzen des Erlaubten lag in ihrer Haltung und in ihrem glühenden Blick – all seine tödliche Bitternis und Erschöpfung in ihrem starren Lächeln.

Er nahm meine Komplimente erfreut entgegen, doch mit der vollkommen flüchtigen Freude des Künstlers, dem die Meinung, die andere Leute zu seinen Bildern haben, letztendlich egal ist. Gerade als ich ihm sagte, daß mich das Bild an ein Manet-Porträt erinnere, kam das Original mit einem Einkaufsnetz voller Grünkram herein. Monsieur Verhausen schrak ein wenig zusammen, als er sie sah, und rieb sich wieder die Hände – diesmal entschuldigend. Er sagte: »Das Madame, ist meine kleine Marthe. Mademoiselle Marthe Baesen.«

Sie grüßte mich zurückhaltend und blickte mit undurchdringlichem Gesicht auf das Bild auf der Staffelei. Ich sagte zu ihr: »Ich bewundere gerade Monsieur Verhausens Arbeiten.«

Sie sagte im Ton einer Frage: »Ja, Madame?« und verließ mit ihrem Einkaufnetz das Zimmer.

Der alte Mann sagte zu mir: »Marthe spricht nicht Englisch, und Französisch nur sehr schlecht. Sie ist eine echte Flamin. Außerdem ist sie nicht an Besucher gewöhnt.«

Einen Hauch von Feindschaft lag jetzt im Atelier. Monsieur Verhausesn war nervös und seufzte unruhig.

Ich fragte eher zögernd: »Monsieur Verhausen, stimmt es, daß Sie sich weigern, ihre Bilder auszustellen und zu verkaufen?«

Er sah mich über seine Brille hinweg an, und der argwöhnische Blick, der Blick eines alten Juden, wenn er sein Geld zählt, trat wieder in seine Augen.

»Weigern, Madame? Ich weigere mich gegen gar nichts. Ich bin Künstler. Aber ich habe nicht den Wunsch, meine Bilder zu verkaufen. Und da ich sie nicht verkaufen will, ist eine Ausstellung unsinnig. Von Bedeutung sind die Bilder einzig für mich, was sie höchstwahrscheinlich für niemanden sonst sind.«

Er kicherte vergnügt in sich hinein und fügte mit einem boshaften Glitzern in den Augen hinzu: »Wenn ich tot bin, wird Marthe versuchen, sie zu verkaufen, wahrscheinlich erfolglos. Ich bin schon heute vergessen. Dann wird sie sie verbrennen. Sie kann wertloses Zeug nicht ausstehen, die gute Marthe.«

Als er das sagte, kam Marthe in das Zimmer zurück. Ihr Gesicht war nicht gepudert, aber nahezu ohne Runzeln, ihr Blick war klar und hatte den schlauen, beschränkten Ausdruck der sparsamen Hausfrau – der Blick des engen Horizonts und schneller, harter Urteile. Ohne das Feuer, das sein Genie in ihr gesehen und für immer festgehalten hatte, war sie eine schwerfällige, sanftmütige und uninteressante Frau – jedenfalls für mich.

Sie sagte in schlechtem Französisch: »Ich habe zwei Artischocken gekauft für . . .« Ich bekam nicht mit, für wieviel Sous. Er machte ein erfreutes, gieriges Gesicht.

Auf der Straße waren der gelbe Hund und der Polizist verschwunden. Das Café gegenüber war zum Leben erwacht, und sein Grammophon teilte der Welt mit, daß

Souvent femme varie
Bien fol est qui s'y fie!

Es war sonderbar, wie stark die Gestalt des Mädchens auf dem Sofa mir in Erinnerung blieb: sie verschmolz mit der anbrechenden Nacht, dem Geruch von Paris und dem lauten Geschmetter des Grammophons. Und ich fragte mich: ›Ist es möglich, daß all dieser Zauber, wie er einmal war, vergangen ist?‹

Und dann fiel mir wieder ein, wie sie mit ihren großen Händen seine Wange berührt hatte. In dieser Geste lagen Wissen und Unbeirrbarkeit, als sei sie der Geist aus einer Zeit, als es ihr Amt im Leben war, den Männern Trost zu spenden.

Guy de Maupassant
Das Modell

Wie eine Mondsichel gerundet lag die kleine Stadt Etretat mit ihren weißen Klippen, ihrem weißen Kies und ihrem blauen Meer ruhig in der Sonne eines prachtvollen Julitags. An den beiden Spitzen dieser Sichel strebten die beiden von der Natur geschaffenen Felsentore, das kleine zur Linken, das große zur Rechten, das eine mit seinem Zwergenfuß, das andere mit seinem Riesenbein in das stille Wasser hinaus; und die Felsnadel, beinahe so hoch wie die Klippen, unten breit, am Ende schlank, hob ihren spitzen Kopf zum Himmel.

Auf dem Strand, längs der Flut, saß eine Menschenmenge und beobachtete die Badenden. Auf der Terrasse des Kasinos saß oder erging sich eine andere Menschenmenge, breitete unter dem lichterfüllten Himmel einen Garten von Toiletten aus, darin rote und blaue Sonnenschirmchen, mit großen Seidenblumen bestickt, aufleuchteten.

Auf der Promenade, am Ende der Terrasse, schlenderten andere Leute, die ruhigen, die stillen, mit langsamem Schritt, fern von der eleganten Schar.

Ein junger Mann, bekannt, berühmt, ein Maler, Jean Summer, ging sichtlich verdrossen neben einem kleinen Rollstuhl, darin eine junge Frau, seine Frau, ruhte. Ein Diener schob sachte diesen Rollstuhl, und die Gelähmte betrachtete mit traurigem Blick die Freude des Himmels, die Freude des Tages, die Freude der andern Menschen.

Sie redeten kein Wort. Sie sahen einander nicht an.

»Machen wir doch ein wenig Halt«, sagte die Frau.

Sie hielten an, und der Maler setzte sich auf einen Klappstuhl, den der Diener ihm reichte.

Die Badegäste, die hinter dem reglosen, stummen Paar gingen, beobachteten es mitleidig. Um die Aufopferung des Malers hatte sich eine Legende gebildet. Er hatte sie, von ihrer Liebe gerührt, trotz ihrer Lähmung geheiratet. So hieß es.

Unweit von ihnen unterhielten sich zwei junge Leute, auf einer Schiffswinde sitzend und den Blick ziellos nach dem Horizont gerichtet.

»Nein, es ist nicht wahr; das sage ich dir, und ich kenne Jean Summer gut.«

»Ja, warum hat er sie dann geheiratet? Sie war doch schon vor ihrer Hochzeit gelähmt, nicht wahr?«

»Ja, gewiß. Er hat sie geheiratet ... er hat sie geheiratet ... wie man eben manchmal heiratet ... aus Dummheit, zum Teufel!«

»Ja, aber ...?«

»Ja, aber! Ja, aber, mein Lieber. Es gibt kein ›ja aber‹. Man ist dumm, weil man dumm ist. Und dann weißt du ja, daß bei Malern die lächerliche Heirat geradezu eine Spezialität ist; sie heiraten fast alle ihre Modelle, alte Mätressen, kurz, Frauen, die in jeder Hinsicht havariert sind. Warum? Weiß man's? Man sollte doch, im Gegenteil, meinen, daß der ständig Verkehr mit dieser Sorte Puten, die man Modelle nennt, ihnen für alle Zeit die Lust an solchen Weibchen vertreiben müßte. Keine Spur! Nachdem sie ihnen als Modell gedient haben, heiraten sie sie. Lies doch das kleine, so wahre, so grausame, so schöne Buch von Alphonse Daudet ›Die Frauen der Maler‹!

Bei dem Paar, das du dort siehst, hat sich die Geschichte auf ganz besondere und recht schreckliche Art ereignet. Die kleine Frau hat eine Komödie oder vielmehr ein grausiges Drama inszeniert. Sie hat einfach alles aufs Spiel gesetzt. War sie aufrichtig? Hat sie Jean geliebt? Kann man das je wissen? Wer kann völlig genau abgrenzen, was bei den Handlungen der Frauen gemacht und was ehrlich ist? In einer ewigen Beweglichkeit der Eindrücke sind sie immmer aufrichtig. Sie sind immer jähzornig, verbrecherisch, hingebungsvoll, wunderbar und niederträchtig, um ungreifbaren Regungen zu gehorchen. Sie lügen ohne Unterlaß, ohne es zu wollen, ohne es zu wissen, ohne zu begreifen, und sie sind damit, trotz all dem, von einer unbedingten Freimütigkeit der Gefühle, der Sensationen, beweisen das durch heftige, unerwartete, unverständliche, törichte Entschlüsse, die unser Vernünfteln, unsere Gewohnheit abzuwägen und alle unsere egoistischen Überlegungen zu Fall bringen. Das Unvorhergesehene, Brüske ihrer Entscheidungen bewirkt, daß sie für uns unlösbare Rätsel bleiben. Wir fragen uns immer: Sind sie aufrichtig? Sind sie falsch?

Aber mein Lieber, sie sind gleichzeitig aufrichtig und falsch, weil es ihrer Natur entspricht, beides bis zum Äußersten zu sein, doch weder das eine noch das andere.

Denke nur an die Mittel, deren sich auch die anständigsten bedienen, um von uns zu erreichen, was sie wollen. Sie sind kompliziert und simpel, diese Mittel. So kompliziert, daß wir sie nie im voraus ahnen, so simpel, daß wir nachher, wenn wir zum Opfer geworden sind, nicht umhin können, zu staunen und uns zu sagen: Was! Auf so alberne Art hat sie mich hineingelegt? Und es gelingt ihnen immer, mein Lieber, zumal wenn es sich darum handelt, daß sie geheiratet werden wollen.

Und nun zu der Geschichte von Jean Summer!

Die kleine Frau ist natürlich ein Modell. Sie ist sein Modell gewesen. Sie war reizend, elegant und besaß anscheinend eine göttliche Gestalt. Er verliebte sich in sie, wie man sich in jede Frau verliebt, die auch nur ein wenig verführerisch ist und die man häufig sieht. Er glaubte, daß er sie aus ganzer Seele liebte. Das ist eine eigenartige Erscheinung. Sobald man eine Frau begehrt, glaubt man aufrichtig, man könne sie für den Rest seines Lebens nicht entbehren. Man weiß sehr gut, daß einem dergleichen bereits zugestoßen ist; daß dem Besitz immer der Ekel gefolgt ist. Daß es, um sein ganzes Dasein neben einem andern Wesen zu verbringen, nicht bloß einer brutalen physischen Gier bedarf, die rasch erlischt, sondern einer Übereinstimmung der Seelen, der Temperamente, der Stimmungen. Man muß bei der Verlokkung, die einen packt, zu unterscheiden wissen, ob sie von der bloßen körperlichen Form, von einem gewissen Sinnenrausch stammt oder von einem tiefen, geistigen Reiz.

Nun, er glaubte, daß er liebte, er schwor ihr Treue, und er lebte vollständig mit ihr zusammen.

Sie war wirklich sehr nett, mit jener eleganten Albernheit begabt, die man bei den kleinen Pariserinnen leicht findet. Sie schwatzte, sie plauderte, sie sagte Dummheiten, die geistreich wirkten, weil sie sie so drollig vorzubringen wußte. Sie hatte jederzeit die anmutigen Gesten, die sehr wohl imstande sind, ein Malerauge zu verführen. Wenn sie die Arme hob, wenn sie sich bückte, wenn sie in den Wagen stieg, wenn sie einem die Hand reichte, waren alle ihre Bewegungen einwandfrei und stilgerecht.

Drei Monate lang bemerkte Jean, nicht, daß sie im Grunde nicht anders war als alle Modelle.

Für den Sommer mieteten sie ein kleines Haus in Andrésy,

Ich war eines Abends da, als die erste Unruhe im Geist meines Freundes keimte.

Es war eine strahlende Nacht, und wir wollten einen

Spaziergang am Ufer des Flusses machen. Der Mond überschattete das zitternde Wasser mit einem Regen von Licht, verstreute seine gelben Reflexe über das Gekräusel, über die Strömung, über den ganzen breiten, trägen, dahinziehenden Fluß.

Wir gingen am Ufer entlang, ein wenig berauscht von jener unbestimmbaren Steigerung, die solche traumhaften Abende in uns erregen. Wir hätten übermenschliche Dinge vollbringen wollen, unbekannte, köstliche, poetische Geschöpfe lieben. Wir spürten in uns seltsame Ekstasen, Begehren, Verlangen. Und wir schwiegen, erfüllt von der heiteren, lebendigen Frische der bezaubernden Nacht, von jener Frische des Mondes, die scheinbar unseren Körper durchströmt, ihn durchdringt, den Geist badet, ihn mit Seligkeit umduftet, umrauscht.

Plötzlich stieß Josephine – sie heißt Josephine – einen Schrei aus.

›Ach, hast du den großen Fisch gesehen, der dort aus dem Wasser gesprungen ist?‹

Ohne zu schauen, ohne zu wissen, erwiderte er:

›Ja, mein Kind.‹

Sie ereiferte sich.

›Nein, du hast ihn nicht gesehen; du hast ihm ja den Rücken gedreht!‹

Er lächelte.

›Ja, das ist schon wahr. Aber es ist so schön, daß ich an nichts denke!‹

Sie schwieg. Doch nach einer Minute überkam sie das Bedürfnis zu reden, und sie fragte:

›Fährst du morgen nach Paris?‹

›Ich weiß nicht‹, sagte er.

Abermals erregte sie sich.

›Wenn du glaubst, daß es amüsant ist, so spazierenzugehn, ohne den Mund aufzumachen! Man redet doch, wenn man nicht blöd ist!‹

Er antwortete nicht. Und da spürte sie, dank ihrem perversen Weiberinstinkt, daß sie ihn reizte, und begann jenes greuliche Lied zu trällern, mit dem man uns seit zwei Jahren Ohren und Geist derart erschöpft hat:

›Ich schaute in die Luft!‹

›Ich bitte dich, schweig doch‹, flüsterte er.

Und sie rief wütend: ›Warum willst du, daß ich schweigen soll?‹

›Du verdirbst uns die Landschaft‹, entgegnete er.

Da kam es zu der Szene, der häßlichen, albernen Szene, mit unerwarteten Vorwürfen, unzeitigen Anschuldigungen und schließlich mit Tränen. Alles kam zutage. Sie kehrten zurück. Er hatte sie reden lassen, ohne zu antworten, berauscht von dem göttlichen Abend und niedergeschmettert von diesem Ungewitter an Gemeinheiten.

Drei Monate später zappelte er verzweifelt in diesen unlösbaren und unsichtbaren Banden, mit denen eine derartige Gewohnheit unser Leben umschlingt. Sie hielt ihn fest, unterdrückte ihn, quälte ihn. Sie stritten sich vom Morgen bis zum Abend, sie beschimpften, sie schlugen einander.

So wollte er denn ein Ende machen, um jeden Preis brechen. Er verkaufte alle seine Bilder, lieh sich bei Freunden Geld aus, brachte zwanzigtausend Francs zusammen – er war noch wenig bekannt – und ließ sie eines Morgens mit einem Abschiedsbrief auf dem Kaminsims.

Und dann flüchtete er zu mir.

Nachmittags, gegen drei, wurde geläutet. Ich öffnete. Eine Frau sprang mir ins Gesicht, stieß mich beiseite, trat ein und ging in mein Atelier. Das war sie!

Als er sie kommen sah, stand er auf.

Sie warf ihm den Brief mit den Banknoten mit einer wahrhaft edlen Geste vor die Füße und sagte kurz:

›Da haben Sie Ihr Geld! Ich will es nicht.‹

Sie war leichenblaß, zitterte, offenbar zu jeder Torheit bereit. Er aber wurde auch blaß, blaß vor Wut und Erbitterung, bereit, vielleicht, zu jeder Gewalttat.

›Was wollen Sie?‹ fragte er.

Und sie erwiderte:

›Ich will nicht wie eine Hure behandelt werden. Sie haben mich angefleht. Sie haben mich genommen. Ich habe nichts von Ihnen verlangt. Behalten Sie mich jetzt!‹

Er stampfte auf den Boden.

›Nein, das ist zu stark! Wenn du glaubst, daß du ...‹

Ich hatte seinen Arm gepackt.

›Schweig, Jean! Laß mich machen!‹

Ich näherte mich ihr, und sanft, nach und nach redete ich ihr vernünftig zu, leerte den ganzen Sack mit den Argumenten, die man bei solchen Gelegenheiten gebraucht. Sie hörte mir reglos zu, mit starrem Blick, eigensinnig und stumm.

Schließlich, als mir nichts mehr einfiel und ich merkte, daß die Sache eine üble Wendung nehmen wollte, benützte ich ein letztes Mittel und sagte:

›Er liebt dich noch immer, mein Kind; aber seine Familie will ihn verheiraten, und du begreifst ...‹

Da fuhr sie auf.

›Ah . . . ah! Jetzt verstehe ich!‹

Sie wandte sich zu ihm.

›Du . . . du . . . du willst heiraten?‹

Er erwiderte kurz:

›Ja.‹

Sie machte einen Schritt.

›Wenn du heiratest, bring' ich mich um! Hörst du?‹

Er zuckte die Achseln.

›Schön . . . bring dich um!‹

Zwei- oder dreimal stieß sie, die Kehle von einer entsetzlichen Angst zusammengeschnürt, hervor:

›Was . . . was . . . was sagst du? Wiederhol es!‹

Er wiederholte:

›Schön, bring dich um, wenn es dir Spaß macht.‹

Sie war furchtbar blaß, als sie jetzt sagte:

›Fordre mich nicht heraus! Ich könnte aus dem Fenster springen!‹

Er begann zu lachen, ging ans Fenster, öffnete es, verbeugte sich, wie man das tut, wenn man jemandem zeremoniell den Vortritt lassen will.

›Da ist der Weg. Nach Ihnen!‹

Eine Sekunde lang sah sie ihn mit starrem, furchtbarem, wahnsinnigem Blick an; dann nahm sie einen Anlauf, als wollte sie über eine Hecke auf den Feldern setzen, lief an mir, an ihm vorüber, sprang auf das Fensterbrett und verschwand . . .

Ich werde nie den Eindruck vergessen, den dieses offene Fenster mir gemacht hat, nachdem ich den Körper hinausspringen gesehen hatte; sekundenlang war dieses Fenster groß wie der Himmel und leer wie der

Weltraum. Und instinktiv wich ich zurück, wagte nicht hinzuschauen, als müßte ich selber hinunterfallen.

Jean stand fassungslos da und rührte sich nicht.

Man brachte das arme Mädchen. Beide Beine waren gebrochen. Sie wird nie mehr gehn können.

Ihr Geliebter, ganz wahnsinnig vor Gewissensbissen und vielleicht auch vor Dankbarkeit, nahm sie wieder zu sich und heiratete sie.

So hat sich die Geschichte abgespielt, mein Lieber.«

Es wurde Abend. Die junge Frau fröstelte und wollte heimkehren. Und der Diener begann den kleinen Rollstuhl nach dem Dorf zu rollen. Der Maler ging neben seiner Frau, ohne daß sie seit einer Stunde auch nur ein Wort gewechselt hätten.

Erica Pedretti
Das Modell

Das Modell, sächlich, das stimmt. Stimmt ganz genau: eine Sache. Die Sache hat mit mir, Valerie, nichts zu tun, mit dem, was ich fühle, was ich mir denke, hat mir der, die ich bin, gar nichts zu tun, und mit meinem Körper, diesem weiblichen Körper, und mit meinem Gesicht nur ganz oberflächlich: Umrisse, Linien, Proportionen, Farben, Valeurs.

Die wissen gar nicht, wovon sie reden, wenn sie immerfort von Liebe reden. Das hat mit Liebe wenig, vielleicht nichts zu tun. Selbst wenn sie mal dagewesen ist, die Liebe, und das war sie ja, und flackerte sie nicht immer wieder mal auf? doch, zu Zeiten fast täglich, so verschiebt sich dieses Verlangen, jedes Interesse, weg von mir und aufs Papier. Die Liebe zu mir ist zum Anlaß geworden, zu nichts mehr, sie hat seine eine Liebe neu entfacht, darf seiner wahren Liebe Modell stehen. Ein frierendes Modell, das zuschaut, wie sein Gesicht, der Körper, Umriß, Linien, Flächen, Strich um Strich neu entstehen, auf einem Bogen Papier auferstehen. Ich höre, wenn ich nicht hinsehe, den Stift kratzen, Pause, Kratzen. Nein, er schaut nicht mich an. Es ist der Verlauf einer Linie, ich weiß, es ist meine linke Hüfte, die Franz jetzt fixiert. Sobald er zu zeichnen anfängt, sobald er auch nur ans Zeichnen oder Malen denkt, versinke ich, bin ich für ihn nicht mehr vorhanden. Bin nicht mehr, bin nichts wesentlich anderes als ein Berg, ein Tisch, ein angeschnittener Apfel. Eine Frage von schwer zu reproduzierenden Farbflecken, Glanzlichtern, Linienverläufen. Und das ist so deutlich spürbar, sichtbar wie der Wechsel in der Beleuchtung einer Landschaft.

Heiter bei blauen Himmel: Franz hält Valerie, die sich ein wenig sträubt, vor sich, hat genügend Abstand genommen, um sie als Bild, eins, das er malen wird, betrachten zu können:

– Die Farbe der Schatten ist bei schönem Wetter wirklich blau und violett: du solltest dich jetzt so sehn können, und für die Bäume nehm ich Ultramarin, das kannst du, schau dort, genau beobachten. Alle Blätter, alle belichteten Blätter glänzen, fallen zusammen zu einer einzigen glänzenden Masse. Und was für angenehme Gefühle dieser Akkord von Blau und Grün (auch bei Hodler) hervorruft!

Was für angenehme Gefühle er, seine Gegenwart hervorrief, hervorgerufen hatte, bevor er sie vor sich gestellt, aus seiner Körperwärme heraus und an die Luft und ausgestellt hatte.

Das Gras war weniger grün, der Himmel leuchtete nicht mehr, keine Heiterkeit, Margeriten und Glockenblumen undsoweiter undsoweiter, man weiß ja schon, was es in einer Gebirgslandschaft alles gibt, was vorhin gerade noch prächtig geblüht und gestrahlt hatte, blühte wohl, aber strahlte nicht mehr, war also gar nicht mehr der Rede wert.

Sollte ich ihn in die Arme nehmen, sein Gesicht an die Brust, ihm die Augen verschließen? Wäre gut möglich hier, nur ließ er sich meist sehr widerwillig umarmen, umarmte lieber selbst, dann wann er wollte, dann wenn er nichts oder nicht viel sah. Blind also kam er mir näher, war er bei mir, blieb mir seine Liebe, im Dunkeln war ich seiner sicherer, war ich auch meiner selbst sicher. Nicht hier.

Hier gibt es vor allem anderen das Blau unter dem Ohr bis zum Haaransatz, gleich fängt er, und wärs nur im Geist, zu malen an, organgefarbene Reflexe auf Backe und Stirne, er denkt nur noch an Akkorde, Wiederholungen:

– Der Reiz der Farbe liegt vor allem in ihren Akkorden, in der Wiederholung von Nuancen derselben Farbe.

Während sie von einer ganz anderen Harmonie träumt, sagt oder zitiert er, daß die sanften Harmonien leichter in die Seele einzudringen, daß sie wirklich die Lieblingsakkorde des Herzens zu sein schienen, er redet von der Musik der Linien, und

– zum Teufel, so schweig doch!

während er Hodlers Theorie nachsinnt, beschleicht sie Unbehagen, Ärger:

– Was war das, bis vorhin, für ein herrlicher Tag! Du und ich in einer strahlenden Landschaft, einer so großartigen Landschaft, als hätte Hodler sie gemalt: der sanfte Abhang vor uns, gelb von Löwenzahn, das dunkle Gestrüpp, ultramarin vor dem See.

(Es folgt die detaillierte Schul-Bildbeschreibung einer Sommerlandschaft mit Schweinfurtergrün, Neapelgelb, Siena und grünem Ocker bis zu den Wolken, die hinter der fernsten Felskette langsam auftauchen und im klaren Himmel vereinzelt fast als Kreis vordringen. Mehr als einmal bereits gemalt, bekannt, sie könnte sich die Beschreibung auch schenken.)

– Nur du und ich und ich seh sowieso schon alles so wie du es siehst, wir sehen längst alles, als wären wir eins, als wären wir nur noch einer: du. Alle, die uns stören könnten, Mutter und Berta und auch das Kind, sind fern, ich hätte deine Frau jetzt nicht erwähnen müssen, egal, wir könnten uns jetzt, heiter bei blauem Himmel, leben lassen, du könntest für einmal vergessen, das, was wir erleben, umgehend aufzuzeichnen.

Was ist das für ein Mensch, der alles darstellen, sichtbar machen will, der lebt, nur um dieses Leben zu notieren? Als ginge alles, was ihm nicht aufzuzeichnen gelingt, für immer verloren. Und lebt nur wirklich, wenn er malt, lebt in seinen Bildern, und alles, wirklich alles wird ihm zum Stoff, wird schönes oder interessantes Material, alles, woran mir liegt, was für mich lebendig ist, das, was ich um nichts in der Welt verlieren möchte. Wie ich ihn um nichts in der Welt verlieren will.

Friedrich Hebbel
Der Maler

Ein Maler trat heran zu mir:
»Ich male dir ihr Bild!«
Ich führt' ihn alsobald zu ihr,
Sie litt es freundlich-mild.

Er malte unter Spiel und Scherz
Das süße Angesicht,
Sie fühlte seltsamlichen Schmerz,
Doch sagte sie es nicht.

Er malte ihre Wangen Rot,
Des Auges Glanz zugleich,
Da ward ihr Auge blind und tot
Und ihre Wange bleich.

Und als sie ganz vollendet stand,
Die liebliche Gestalt,
Da griff ich nach des Mädchens Hand,
Doch die war feucht und kalt.

Der Maler sah mir schweigend zu,
dann rief er spöttisch drein:
»Ich wünsch' der Jungfrau gute Ruh,
Sie wird gestorben sein.«

Edgar Allan Poe
Das ovale Porträt

Das *château*, in welches mein Diener gewaltsam eingedrungen, damit ich, schwer verwundet, die Nacht nicht im Freien zubringen müsse, war eines jener gewaltigen Gemäuer aus düstrer Gräue und Größe zugleich, wie sie schon von alters her finster in den Apenninen ragen, in der Wirklichkeit nicht minder denn in der Phantasie der Mrs. Radcliffe. Allem Anschein nach war es erst vor kurzem und vorübergehend nur verlassen worden. Wir richteten uns in einem der kleinsten und nicht ganz so verschwenderisch ausgestatteten Gemächer ein. Es befand sich in einem entlegenen Turme des Schlosses. Die Ausschmückung war zwar prächtig, doch alt schon und verschlissen. Die Wände waren mit gewirkten Tapeten behangen, auch zierten diese mannigfaltige und vielgestaltige wappengeschmückte Siegeszeichen, desgleichen eine ungewöhnlich große Zahl überaus beseelter moderner Gemälde in prunkvollen gülden-arabesken Rahmen. Vielleicht lag es an meinem beginnenden Fieberwahn, doch diese Gemälde, welche allenthalben an den Wänden hingen, nicht nur da, wo sich große glatte Flächen boten, sondern ebenso in den vielen Nischen, wie sie die bizarre Architektur des Schlosses nun einmal geschaffen hatte – diese Gemälde zogen meine Aufmerksamkeit unwiderstehlich an; so daß ich Pedro bat, die schweren Fensterläden des Raumes zu schließen – war es doch bereits Nacht –, die Kerzen eines großen Kandelabers anzuzünden, welcher am Kopfende meines Bettes stand – und die schwarzen, gefransten Samtvorhänge, welche das Bett selber einhüllten, weit aufzuziehen. Dies alles veranlaßte ich, damit ich mich, wenn schon nicht dem Schlafe, so doch zumindest wechselweise der Betrachtung dieser Bilder hingeben konnte sowie der Lektüre eines Büchleins, das auf dem Kissen ich gefunden und das eine kritische Beschreibung der Bilder enthielt.

Lang – lange las sich – und andächtig-andachtsvoll schaute ich. Schnell und köstlich verflogen die Stunden, und tiefe Mitternacht kam. Die Stellung des Leuchters gefiel mir nicht, also streckte ich – meinen schlafenden Diener wollte ich nicht wecken – mit einiger Mühe die Hand aus und rückte ihn so, daß sein Licht stärker auf das Buch fiel.

Doch damit erzielte ich eine gänzlich unerwartete Wirkung. Der Schein der zahlreichen Kerzen (waren es deren doch viele) drang nun in eine Nische des Gemachs, welche bisher tief im Schatten eines der Bettpfosten gelegen hatte. So sah ich denn in hellem Lichte ein Bild, das mir vorher völlig entgangen war. Es war das Porträt eines jungen, zur Frau heranreifenden Mädchens. Einen hastigen Blick nur warf ich auf das Bild, dann schloß ich die Augen. Weshalb ich dies tat, wußte ich zunächst selber nicht genau. Doch während meine Lider also geschlossen blieben, suchte ich im Geiste den Grund dafür zu finden, daß ich sie geschlossen. Es war eine impulsive Bewegung gewesen, um Zeit zum Nachdenken zu gewinnen – um mich zu vergewissern, daß mein Blick mich nicht trog – um meine Phantasie zu beruhigen und ihr zugunsten eines nüchterneren, sichereren

Blickes Zügel anzulegen. Alsbald schaute ich abermals gebannt auf das Bild. Daß ich nun richtig sah, daran konnte und wollte ich nicht zweifeln; denn kaum hatte der Kerzenschein die Leinwand erhellt, da schien die traumartige Lähmung, welche sich meiner Sinne bemächtigen wollte, auch schon verflogen und ich wieder hellwach.

Das Porträt stellte, ich sagte es schon, ein junges Mädchen dar. Es war nur ein Brustbild, gemalt in der sogenannten *Vignetten*manier, im Stile den beliebten Bildnissen Sullys ähnlich. Die Arme, der Busen und selbst die Spitzen des leuchtenden Haars verschmolzen unmerklich mit dem unbestimmten, doch tiefen Dunkel, welches den Hintergrund des Ganzen bildete. Der Rahmen war oval, reich vergoldet und von arabeskem Filigran. Als Kunstwerk konnte nichts bewundernswerter sein denn das Gemälde selbst. Doch daß ich so unvermittelt und so heftig davon angerührt, mochte weder an der Ausführung des Werkes liegen noch an der überirdischen Schönheit des Antlitzes. Und am allerwenigsten daran, daß meine Phantasie, aus dem Halbschlaf aufgeschreckt, den Kopf etwa für den einer lebendigen Person gehalten hätte. Ich sah sogleich, wie die Eigenart von Darstellung, Vignettierung und Rahmen einen solchen Gedanken wohl sofort hätte verjagen müssen – ja, ihn gar nicht erst auch nur einen Augenblick lang hätte aufkommen lassen. So grübelte ich, indes ich wohl eine Stunde halb sitzend, halb zurückgelehnt verharrte und den Blick nicht von dem Bildnis wandte. Endlich ließ ich mich ins Bett zurücksinken, zufrieden darob, nun das wahre Geheimnis dieser Wirkung zu kennen. Ich hatte herausgefunden, daß der Zauber des Bildes in der absoluten *Lebensechtheit* des Ausdrucks lag, die mich zunächst bestürzt, schließlich verwirrt, überwältigt und entsetzt hatte. Voll tiefer, ehrfurchtsvoller Scheu stellt ich den Kandelaber wieder an seinen früheren Platz. Nachdem die Ursache meiner heftigen Erregung so dem Blick entzogen war, suchte ich begierig in dem Buche nach, darin sich die Gemälde und ihre Geschichte erklärt fanden. Als ich die Nummer aufgeschlagen, unter der das ovale Porträt verzeichnet war, las ich die folgenden seltsam dunklen Worte:

›Sie war eine Jungfrau von außergewöhnlicher Schönheit und genauso heiteren Gemüts wie lieblich anzuschaun. Und verrucht war die Stunde da sie den Maler sah, ihn liebte und sein Weib ward. Er, der leidenschaftliche, arbeitsame, ernste Mann, hatte schon in seiner Kunst eine Braut; und sie, ein Mädchen von außergewöhnlicher Schönheit und genauso heiteren Gemüts wie lieblich anzuschaun; eitel Licht und Lust und übermütig wie ein junges Reh; allem war sie lieb und gut; haßte nur die Kunst, ihre Nebenbuhlerin; und fürchtete nur Palette und Pinsel und anderes widerwärtiges Utensil, welches das Antlitz des Geliebten ihr raubte. So war es ein gar schrecklich Ding für die junge Gebieterin, als sie den Maler von seinem Wunsche sprechen hörte, er wolle nun auch sie, seine junge Frau, porträtieren. Sie war aber demütig und gehorsam und saß viele Wochen lang holdselig in dem dunklen, hohen Turmgemach, wo das Licht einzig von oben auf die fahle Leinwand sickerte. Doch er, der Maler, schwelgte in seiner Arbeit, welche Stund um Stunde, Tag um Tag ihren Fortgang nahm. Und er war ein leidenschaftlicher und ungestümer und launischer Mann, der sich in Schwärmerei verlor und also nicht sehen *wollte*, wie das Licht, welches so gepenstisch bleich in jenen einsamen Turm hinabfiel, sein junges Weib an Leib und Seele welken ließ: so siechte sie dahin, alle sahen es, nur er nicht. Doch klagte sie nicht, lächelte fort und fort, weil sie sah, daß der Maler (der hohen Ruhm genoß) mit leidenschaftlicher Glut in seinem Werke aufging und Tag und Nacht sich mühte, sie zu malen, die ihn so liebte und doch mit jedem Tage mutloser und schwächer ward. Und wahrlich, manche, die das Bildnis geschaut, sprachen leise davon, wie ähnlich es sei, als sprächen sie von einem gewaltigen Wunder, und so beweise sich nicht weniger die Macht des Malers denn auch seine tiefe Liebe zu ihr, die er so unübertrefflich malte. Doch schließlich, da die Arbeit ihrer Vollendung nahte, fand keiner Einlaß mehr im Turm; denn der Maler war wie von Sinnen, seine Besessenheit grenzenlos, und kaum mehr wandte den Blick er von der Leinwand, nicht einmal, das Antlitz seines Weibes zu schaun. Und nicht sehen *wollte* er, wie die Farben, die auf die Leinwand er auftrug, den Wangen derer entzogen waren, die da neben ihm saß. Und als viele Wochen vergangen und nur wenig noch zu tun blieb – ein Pinselstrich am Mund und ein Hauch Farbe noch am Aug –, da flackerte das Lebenslicht der jungen Frau noch einmal auf wie die Flamme in der Hülse der Lampe. Und dann war der Pinselstrich getan und der Farbhauch aufgetragen; und einen Augenblick stand der Maler verzückt vor dem Werke, das er geschaffen; im nächsten aber, indes er darauf noch starrte, begann er zu zittern, sehr bleich ward er und erschrak. ›Wahrhaftig‹, rief er mit lauter Stimme, ›das ist das *Leben* selbst!‹ und wandte sich sogleich, seine Liebste zu schaun: – *Sie war tot!*‹

Maler lassen Bilder sprechen

Antoine Houdart de La Motte
Das Ebenbild

Ein gewisser Mensch wollte sich malen lassen. Ein jeder will einmal in seinem Leben gemalet sein. Es ist der Eigenliebe eigentümlich, daß sie Ebenbilder liebt. Diese Kunst, welche uns abmalet, scheinet uns auch zu vervielfältigen. Das ist nicht unsere einzige Torheit. Als das Ebenbild fertig war, wollte unser Mann das Urteil seiner Freunde, in der Malerei erfahrener Leute, darüber vernehmen. »Betrachtet es«, sagte er, »und seht, ob ich getroffen bin, und ob es meine Gestalt ist.«

»Gut«, sagte der eine, »man hat Euch schwarz gemalt und Ihr seid doch weiß!« – Der andere sprach: »Was für ein verdrehtes Maul!« – »Die Nase steht nicht am rechten Ort«, setzte ein Dritter hinzu. »Ich möchte wohl wissen, ob Ihr solch kleine und finstere Augen habt? Und wozu dienen denn diese Schatten? Kurz, Ihr seid es nicht, es muß ganz anders gemalet werden!«

Der Maler schreit vergebens dawider; umsonst ärgert er sich. Auf diesen Ratschluß muß er wieder anfangen zu malen.

Er arbeitet und verbessert; es gelingt nach seinen genommenen Maßregeln, und er wollte dieses Mal sein ganzes Vermögen draufsetzen, daß es vollkommen getroffen wäre. Die Kenner werden wieder zusammen berufen, und sie verdammen noch einmal das ganze Stück. »Das Gesicht«, heißt es, »ist zu lang; die Backen sind eingefallen, die Haut ist runzlig; Ihr seid schmutzig und wie ein Mann von sechzig Jahren gemalt, und ohne Schmeichelei, Ihr seid jung und schön.«

»Nun gut«, sagt der Maler, »ich muß es noch einmal machen. Ich verspreche es Euch recht zu machen, oder ich will meinen Pinsel darüber verbrennen.« Als die Kenner weg waren, sagte der Maler zu dem, der sich malen ließ: »Wenn ich Eure Freunde bei ihrem rechten Namen nennen darf, so sage ich Euch, daß sie privilegierte Unwissende sind, und wenn Ihr erlauben wollt, so will ich sie morgen ertappen. Ich will ebenso ein Bild, aber ohne Kopf malen, und an dessen Stelle sollt Ihr Euren Kopf hinhalten. Laßt sie morgen wieder kommen, es soll alles fertig sein!« – »Ich bin es zufrieden«, antwortete jener.

Der Schwarm dieser Kunstverständigen versammelte sich den Tag darauf wieder. Der Maler zeigte ihnen das Bild ein wenig von ferne und sagte: »Nun, gefällt Euch dieses besser? Was dünkt Euch? Wenigstens habe ich den Kopf von neuem mit großem Fleiß gemalt!«

»Warum laßt Ihr uns wieder rufen?«, sagten diese. »Warum zeigt Ihr uns diesen unausgearbeiteten Entwurf noch einmal? Wenn wir es aufrichtig sagen sollen: er ist es ganz und gar nicht; Ihr habt es noch schlimmer gemacht!«

»Ihr irret Euch, meine Herren!«, sprach der Kopf. »Ich bin es selbst.«

Christan Fürchtegott Gellert
Der Maler

Ein kluger Maler in Athen,
Der minder, weil man ihn bezahlte,
Als weil er Ehre suchte, malte,
Ließ einen Kenner einst den Mars im Bilde sehn
Und bat sich seine Meinung aus.
Der Kenner sagt ihm frei heraus,
Daß ihm das Bild nicht ganz gefallen wollte,
Und daß es, um recht schön zu sein,
Weit minder Kunst verraten sollte.
Der Maler wandte vieles ein;
Der Kenner stritt mit ihm aus Gründen
Und konnt' ihn doch nicht überwinden.
  Gleich trat ein junger Geck herein
Und nahm das Bild in Augenschein.
O, rief er bei dem ersten Blicke,
Ihr Götter, welch ein Meisterstücke!
Ach welcher Fuß! O wie geschickt
Sind nicht die Nägel ausgedrückt!
Mars lebt durchaus in diesem Bilde.
Wie viele Kunst, wie viele Pracht
Ist in dem Helm und in dem Schilde
Und in der Rüstung angebracht!
  Der Maler ward beschämt, gerühret
Und sah den Kenner kläglich an.
Nun, sprach er, bin ich überführet!
Ihr habt mir nicht zu viel getan.
Der junge Geck war kaum hinaus,

So strich er seinen Kriegsgott aus.
Wenn deine Schrift dem Kenner nicht gefällt,
So ist es schon ein böses Zeichen;
Doch wenn sie gar des Narren Lob erhält,
So ist es Zeit, sie auszustreichen.

Theodor Storm
Eine Malerarbeit

»Laßt unsern Doktor erzählen«, entschied eine junge Dame. »Wenn's nur eine Geschichte ist; es kommt auf die Moral nicht an!«

»Erst ein paar Scheite noch in den Kamin!« sagte der Doktor. »So! – und nun – ich weiß nicht, ob einer der verehrten Anwesenden den kleinen Maler Edde Brunken kennt?«

Die meisten aus der Gesellschaft hatten wohl von ihm gehört, auch einzelne seiner Bilder gesehen, persönlich kannten sie ihn nicht. Nur einer sagte: »Ich habe ihn lange nicht gesehen, aber wir sind aus derselben Stadt gebürtig. Obgleich gänzlich verkrüppelt, hatte ich keinen tolleren Kameraden als ihn. Er war der Sohn eines Seekapitäns, und manches Mal bin ich mit dem kleinen Teufel auf seines Vaters Brigg umhergeklettert; ich seh' ihn noch, wie er gleich einem Klümpchen Unglück oben in dem Takelwerke hing.«

»Den also meine ich«, fuhr der Doktor fort, »auch als ich ihn kennenlernte, obgleich ein Mann an die Dreißig, galt er noch immer für einen ziemlich wilden Burschen; es war so recht ein Stückchen der erbarmungslosen

Mutter Natur, ein solches Temperament auf dieses Körperchen zu pfropfen. Aber er besaß jenen hülfreichen Freund, den Humor, mit dem er schließlich alles überwand. Dagegen war ihm, vielleicht weil er die körperlichen Hemmnisse stets nur jenseits der äußersten Grenze respektiert hatte, weniger jener schlagfertige Spott eigen, der sich sonst fast bei allen auszubilden pflegt, welche mit der Natur in Zwiespalt leben. Zuweilen, wenn sein Herz ins Spiel kam – und dieser Muskel war bei ihm sehr stark vertreten –, ließ er sich zu einem für seine äußere Erscheinung bedenklichen Pathos hinreißen und konnte dadurch einem wohlgewachsenen Gegner die gefährlichsten Blößen geben.

Bei einer solchen Gelegenheit lernte ich ihn kennen.

Wir saßen eines Abends, eine bunte Gesellschaft von Künstlern, jungen Juristen und Regierungsbeamten, in einem Kaffeehause, und wie gewöhnlich bildeten Politik und soziale Fragen das Thema des Gespräches. An meiner Seite saß der mir damals noch wenig bekannte kleine Maler, ihm gegenüber ein Regierungsassessor, ein junger Mann mit einer Brille und einem blonden Fuchskopf, den ich mitunter in dem gastfreien Hause meines Onkels gesehen hatte. Dieser – er ist seitdem übrigens mein Vetter geworden – schien auf die eifrigen Verhandlungen der andern nur wie auf eine Art Komödie herabzusehen, die ihn in einem müßigen Augenblick unterhalten durfte. Im Laufe des Gespräches kam man auf den Paß- und Reisezwang, vermöge dessen die jungen Handwerker noch immer als präsumtiv verdächtige Subjekte von einem Polizeiamt an das andere geschickt würden, und es erhob sich ein lebhafter Sturm dagegen.

Als auch mein kleiner Nachbar seine sittliche Entrüstung in gleichem Sinne kundgegeben, bemerkte der Assessor, nachdem er ihn erst eine Weile durch seine Brillengläser fixiert hatte: ›Aber, soviel ich weiß, Herr Brunken‹ – und er sprach den Namen, als fasse er ihn mit einer Zange an –, ›sind die Kunstmaler diesem Zwange nicht unterworfen.‹

Der Kleine sah mit einem raschen Blick zu ihm auf. ›Wenn Sie damit mein Interesse zur Sache bezeichnen wollen‹, erwiderte er, und seine Stimme wurde scharf, ›so bin ich in der Lage, Ihnen mitzuteilen, daß ich ein ganzes Jahr als Stubenmalergeselle gewandert bin.‹

›Das wäre‹, meinte der andere, ›da sprechen Sie denn freilich aus Erfahrung.‹

Aber der Kleine war noch nicht zur Ruhe. Indem er sich in seiner ganzen nicht eben beträchtlichen Höhe aufrichtete, fiel er in sein schwunghaftes Pathos, wobei ihm die Stimme ins Falsett überschlug. So sprach er von verletzter Menschenwürde und dergleichen erhabenen Dingen.

Was half es ihm, daß er die Wahrheit sprach! Der Assessor behielt ruhig seine Hände in den Hosentaschen und betrachtete den kleinen aufgeregten Mann ihm gegenüber, als ob er etwas höchst Amüsantes vor sich habe. – ›So‹, sagte er endlich, nachdem jener sich erschöpft auf seinen Platz gesetzt hatte, ›Herr Brunken, halten Sie so viel auf Menschenwürde?‹

Die Sache war weit genug gediehen; der kleine Maler, indem ihm der Atem mühsam aus der Brust hervorkeuchte, erwiderte mit einem Wort, das selbst der Assessor nicht kaltblütig zu hören vermochte, und am andern

Morgen gab es ein Pistolenduell, bei dem ich selbstverständlich als Arzt zugegen war. Trotz der geringeren Schußfläche, die er zu bieten hatte, wurde der Maler in der linken Schulter verwundet, und da die übrigens ungefährliche Verletzung eine sorgfältige ärztliche Behandlung nötig machte, so wurden wir dadurch näher miteinander bekannt und bald befreundet. Noch während seiner Genesung, wo ich darauf denken mußte, seinen ungeduldigen Arbeitstrieb zu zügeln, hatte ich ihn in das Haus meines Onkels eingeführt, mit dessen Tochter Gertrud ich vetterlich und kameradschaftlich aufgewachsen war.

Der Onkel, der es liebte, sich mit jungen Leuten zu umgeben, lernte bald den Menschen wie den Künstler in meinem Freunde schätzen, und es dauerte nicht lange, so saß Gertrud vor seiner Staffelei und ließ ihr blondes Köpfchen von ihm auf die Leinwand bringen. Sie war eine heitere Natur, dazu nur eben über die Kinderschuhe hinaus, und so kamen die beiden in den wiederholten Sitzungen bald auf einen Neckfuß, der für das Mädchen zwar nur eine harmlose Unterhaltung für das reizbare Temperament meines Freundes aber, wie ich bald bemerkte, nicht ohne tiefere Folgen war. Ich sagte ihr wohl einmal: ›Laß unsern Künstler nur nicht zu tief in deine leichtfertigen Augen gucken!‹ Dann lachte sie mich aus, oder sie sagte: ›Aber du bist äußerst komisch!‹ und begann eines ihrer Schelmenlieder zu trällern, mit denen sie im Hause treppab und -auf zu fliegen liebte.

So stand die Sache, als mein Onkel eines Tages in der schönen Junizeit auf Gertruds Antrieb eine Wald- und Bergpartie veranstaltete, zu der ich außer andern auch unsern Maler einzuladen hatte. – Als ich am Tage vorher in sein Zimmer trat, fand ich ihn arbeitend vor seiner Staffelei; aber sie war vor den Spiegel gerückt, wo des einfallenden Lichtes wegen augenscheinlich ein schlechter Platz zum Malen war und wo ich sie nie zuvor gesehen hatte. ›Laß dich nicht stören!‹ rief ich ihm zu.

›Nur – ein paar Striche noch!‹ erwiderte er, und sein Atem ging keuchend aus der Brust hervor, wie es in Aufregung oder Anstrengung bei ihm zu geschehen pflegte. Unter dem Malen bog er den Kopf zur Seite und blickte eine Weile gegenüber in den Spiegel und gleich danach auf eine Statuette der Venus von Milo, die seitwärts auf einem Tischchen stand. Dann, mit einem kurzen scharfen Lachen, das wie ein Hohn aus der Tiefe des gebrechlichen Leibes hervorbrach, ließ er wiederum den Pinsel eifrig auf der Leinwand arbeiten. Ich sah eine Weile zu, dann aber fragte ich: ›Was zum Henker treibst denn du da?‹

›Ich, Verehrtester? Ich arbeite in Kontrasten.‹

›Das ist eine schlechte Kunst.‹

›Es ist gar keine Kunst‹, erwiderte er, indem er den Malstock auf den Boden stützte und den Körper wie erschlafft in sich zusammensinken ließ. ›Keine Spur von Kunst, Arnold, eitel nichtswürdige Abschrift der Natur. Das kleine borstige Ungeheuer dort im Spiegel ist in seiner Art ebenso vollkommen wie die Göttliche ohne Arme neben ihm. Mein Gehirn vermag weder hier noch dort etwas hinzuzutun.‹

Ich war aufgestanden und hinter seinen Stuhl getreten. Ein kleines, aber fast vollendetes Bild in kräftigen

Farben stand auf der Staffelei. Es war eine sonnige Parkpartie in altfranzösischem Gartenstil; auf dem freien Platze im Vordergrunde erhob sich aus einem blühenden Rosengebüsch die Statue der Venus; ihr zu Füßen, zu ihr emporschauend, stand in zierlicher Rokokokleidung die Gestalt eines verkrüppelten Mannes, in der ich, unerachtet der struppige Vollbart hier rasiert und das Haar des unbedeckten Hauptes mit Puder bestreut war, sogleich den Maler selbst erkannte. Die langen Finger der beiden Hände, welche aus breiten Spitzenmanschetten hervorsahen, hatten sich um die goldene Krücke eines Bambusrohrs gelegt, auf welche der kleine Mann im veilchenfarbenen Wams sich mühselig zu stützen schien. Er hatte augenscheinlich zuvor auf der Bank geruht, welche im Schatten der hohen Buchenhecke der Statue gegenüberstand, denn das dreieckige Hütchen lag noch dort. Weshalb er aber jetzt in die heiße Sonne hinausgetreten war und so finster zu dem Antlitze der Liebesgöttin emporblickte, wurde erst verständlich, wenn man im Mittelgrunde des Bildes den sonnigen Laubgang hinabsah, durch den sich im traulichsten Behagen ein Liebespaar entfernte. Der Kavalier zeigte nur den Rücken und die eine lebhaft gestikulierende Hand, das zierliche Puderköpfchen des Dämchens aber, das an seinem Arme hing, war zurückgewandt und schaute übermütig lachend nach dem Krüppel, an dem sie soeben vorübergegangen sein mochten. Ich hätte fast den Namen meines Mühmchens ausgerufen, aber die Ähnlichkeit, ob absichtlich oder zufällig, war doch nur eine flüchtige.

Mein kleiner Freund hatte mich gespannten Blickes angesehen, während ich dies seltsame Bild betrachtete.

›Du hast ihr Arme gegeben‹, bemerkte ich endlich, um nur etwas zu sagen, indem ich auf die Gestalt der Venus zeigte.

›Freilich‹, versetzte er hastig, ›schöne hülfreiche Arme, und sie hilft auch jedem, nur nicht solchen Kreaturen, deren eine dort zu ihren Füßen kriecht.‹

›Für wen‹, unterbrach ich ihn, ›hast du denn eigentlich dieses Bild gemalt?‹

›Nur eine Studie zur Selbsterkenntnis, Verehrtester.‹

›Freilich‹, sagte ich, ›einige Selbsterkenntnis ist darin. Du hast sehr wohl gewußt, daß du etwas besitzest, das selbst der Königin der Schönheit fehlt, zu der du dort so mißvergnügt hinaufschaust.‹

Er sah mich fragend an.

›Du hast in der Tat‹, fuhr ich fort, ›unerachtet du dir sonst eben nicht geschmeichelt, deine ohnehin nicht übeln Augen in das beste Licht zu setzen gewußt.‹

Mein kleiner Freund lächelte. ›Meinst du?‹ fragte er. ›Aber was nützen mir die Augen?‹

›Nun, ich weiß nicht; aber sie haben schon manchem genützt.› – Wir sprachen weiter in dieses Thema hinein, und es gelang mir nach und nach, das Antlitz meines Freundes aufzuhellen. Als ich dann mit meinem Auftrage zum Vorschein kam, war er sogleich bereit, die Partie mitzumachen. Nur wie beiläufig fragte er noch: ›Ist auch der Assessor eingeladen?‹ Und ich antwortete: ›Ohne Zweifel; aber, Brunken, der hat ja keine Augen, wenigstens nur so etwas wie eine Andeutung davon, und im übrigen, ihr versteht es ja vortrefflich, ohne alle Berührung umeinander herumzugehen.‹

Mein Freund lächelte wieder; ich glaube sogar, er

zupfte sich die Krawatte zurecht und warf dabei verstohlen einen Blick in den gegenüberhängenden Spiegel.«

Carl Spitzweg
Maler-Schnadahüpfel

Z'erst tuat ma's patiern,
Drauf kimmt dö Lasur,
Und durch dös Lasiern
Werds grad wia d' Natur!
    Hu-i-di-e, Hu-i-di-e!

Z'letzt nimmst no a Farb her,
Die d' Augn recht daschreckt,
Die streichst nocha dick hi –
Dös hoaßt ma 'n Effekt!
    Hu-i-di-e, Hu-i-di-e!

Nur Farb drauf in Häufn,
Als wann gmauert wer'n müaßt,
Daß d' Nachwelt kann greifen,
Wann d' Farb eppa schiaßt!
    Hu-i-di-e, Hu-i-di-e!

A Leinwand hon i aufgspannt
So glatt und so fein –
Ja, komponieren kunnt i schon, woaßt,
Aber's fallt ma nix ein!
    Hu-i-di-e, Hu-i-di-e!

Jetz glaub i in koan Fall,
Daß i net weit mehr fehl –
Morgn steht mir dö dick Köchin
Als Psyche Modell!
Hu-i-di-e, Hu-i-di-e!

Na, jetz bin i im Zweifel:
Schaugt d' Psyche so aus?
Z'letzt, hol mi der Teufel,
I mach a Sennerin draus!
Hu-i-di-e, Hu-i-di-e!

Ja, es is ja wahr a,
In Kritisieren, do sans fix –
Aber selba was macha?
Na – macha könnas nix!
Hu-i-di-e, Hu-i-di-e!

Beim Maln wia beim Dichtn
Is allweil oan Gschicht:
Es soll si halt raima –
So is a Gedicht!
Hu-i-di-e, Hu-i-di-e!

Alfred Polgar
Auf Holz gemalt

Das Bild, echt Öl, darstellend mein Antlitz im Dreiviertelprofil, nebst Kragen, Krawatte und etwas Rock, soll ein Geschenk sein. Es wird über dem Tischchen mit der Duck-Ente aus Porzellan und dem Rubinglas hängen, Wandschmuck sowohl wie Herzenssache, und oft wird sie davor, selbst schon in Hut und Mantel, fertig zum Weggehen, ein Weilchen stehen bleiben und es betrachten, manchmal liebevoll, manchmal böse. Wenn ich fort sein werde, zumeist liebevoll.

Indes der Meister Farben auf die Palette quetscht, bestaune ich seine Bilder. Es scheint mir nicht ausreichend: wundervoll, herrlich, großartig! zu sagen. Feineres Urteil, Beziehung zur Kunst verratend, tut Not. Doch ich werde mich hüten. Ganz leicht könnte ein schrecklicher Unsinn dabei herauskommen, und den malt er mir dann mit strafendem Pinsel ins Gesicht. Hingegen sind schlechthin Gefühle, Stimmungen, erweckt durch Bilder, unüberprüfbar. Ohne Risiko kann man sagen: »Diese Landschaft macht mich froh, sie tut Süß-Beunruhigendes in mein Herz, eine glückliche Spannung, wie man sie beim Warten auf einen geliebten Menschen empfindet«; oder: »Diese Nackenklinie hat etwas merkwürdig Sommerliches. Wenn ich sie ansehe, muß ich an Frühstück im Freien denken.« Kann einer kontrollieren, ob das stimmt oder nicht? Könnte man's, die impressionistische Kunstdeutung hätte ein schweres Leben.

Gegenüber meinem Modellsitz und der Staffelei ist ein Spiegel. Ich kann in ihm genau verfolgen, wie ich allmählich werde nach meinem Ebenbild, wie mir, ganz im Sinn der alten Racheformel, erbarmungslos widergetan wird, Zug um Zug, Aug' um Aug'. Nichts nützt es, Seele in den Blick zu tun, ein bedeutendes Gesicht zu machen. Der an der Staffelei malt doch das Gesicht, das du hast, nicht jenes, das du machst, dein Müssen, nicht dein Mögen, deine untrügliche Oberfläche, nicht deine trügerische Tiefe.

Jetzt gräbt er aus dem Blechtopf ein tüchtiges Häufchen Weiß tut es auf die Palette; wie Exkrement eines Riesenvogels liegt es dort. Für die Haare, leider, braucht das der Meister.

Ich möchte ihn zur Güte herumkriegen, ihn weich stimmen, damit er mir nicht gar zu weh tue, seinen Blick und seine Hand bestechen, ihm Schonung abschmeicheln, ähnlich wie man's beim Zahnarzt tut. Ich studiere des Meisters Mund, um ihm nach diesem zu reden. Aber das hat seine Gefahren. Denn treffe ich auf ein Thema, das ihn sehr interessiert, so wird er am Ende gar abgelenkt, und sein Ingenium kommt mehr ins Gespräch als ins Bild. Also erzähle ich Anekdoten. Er lacht. Vielleicht kristallisieren sich, durch den Pinsel fließend, dieses Lachen und die Trefflichkeit der Anekdoten zu Spuren von Sympathischem in meinem Antlitz. Ich versuche es auch mit Selbstverspottung, mokiere mich über mein Aussehen. Vielleicht rührt das den Maler. Vielleicht erliste ich so von ihm eine gefälligere Proportion meiner Züge, eine Stirn, die strenge gedankliche Tätigkeit verrät.

Fertig. Ich habe das fröhlich grinsende, gänzlich ungeistige Gesicht eines Handelsmanns, der zu wissen scheint, wie man Kunden hineinlegt.

Zum Glück gefällt auch dem Künstler das Porträt nicht. Besonders der Blick. Er kratzt – es ist gruselig mitanzusehen – die Augen aus, setzt andere ein. Meine eher konziliante Weltanschauung wird durch Vertiefung der Falten um den Mund ins hoffnungslos Pessimistische hinabgedrückt. Ich bin noch immer Handelsmann, aber schon nach dem Bankerott. Mir fallen Porzellan-Ente und Rubinglas ein; das Herz tut mir weh.

Der Meister, ein bedrohliches Messer in der Hand, sieht ohne Zufriedenheit auf mich und auf seine Arbeit, mit einem argen Blick, der zu sprechen scheint: Nicht das Bild ist mißlungen, du bist es. Hernach sagt er: »Wir wollen es noch einmal versuchen« und beginnt sein Werk von der Tafel herunterzuschaben.

Während er mit dem Messer über das Holz kratzt, erhellen sich seine Mienen. Jetzt ist wohl die rechte Vision, wie ich zu malen sei, in ihm aufgetaucht, jetzt weiß er es, jetzt hat er es.

Aber indem seine Hand einen Augenblick das Messer sinken läßt, sagt er: »Ich bin begeistert, wie fest meine Farben halten. Man kriegt sie kaum wieder vom Holz herunter.«

Joachim Ringelnatz
Maler und Tierfreund

Ich hatte eine Landschaft in Öl gemalt,
Und sie gefiel mir sehr:
Ein blauer Himmel, aus dem die Sonne wie Wonne strahlt,
Und darunter weites, ruhiges, grünes Meer.
»Einsame Sehnsucht.«

Danach fuhr ich irgendwo hin,
Um einen kleinen Affen zu erwerben,
Weil ich ein Tierfreund bin.
Aber was einem die Tiere nicht alles verderben.

Wieder zu Haus, stieß ich aus einen Schrei,
Denn mein Bild war verhext.
Erstens hatte mein Papagei
Etwas Groteskes ins Meer gekleckst,
Und das geradezu künstlerisch kühn.
Aber das Wasser selber war abgeleckt
Von meinem Wolfshund. Der lag vom Schweinfutter Grün
Vergiftet am Boden, verreckt.

In den Himmel hatte sich eine Fliege geklebt,
Und zwar mit dem Rücken.
Die strampelte, wie man, wenn man Großes erlebt,
Mit den Beinen strampelt vor lauter Entzücken.
Und offenbar nicht minder beglückt
In ihrer Nähe

Hing auch mein Laubfrosch ans Bild angedrückt
Und tat so, als ob er die Fliege nicht sähe.

Da wollte mein Affe, mit lautem Geschrei – – –
Doch ich band ihn fest. Und lächelte dann.
Wie gut, daß man bei der Ölmalerei
Alles noch übermalen kann.

Mit Phantasie das Gegebne fixiert –
Genie und Farbe und Lichter dick aufgetragen –
Schwarz, Weiß, Rot, Ocker mutig darüber geschmiert – – –
Ein schönes Bild, muß ich selber sagen,
»Mein Selbstporträt«.

Carlo Manzoni
Der Maler

Zum Donnerwetter nein, ich war nicht eingeschlafen, also konnte es kein Traum sein. Aber wie sollte ich an die Wirklichkeit glauben können? Und doch: dieses Monstrum da sprach, bewegte sich und sagte sogar ganz vernünftige Sachen.

Es erinnerte mich an einen gewissen Gino Tuttibaci; wir sind zusammen in die Schule gegangen. Damals war er ein normaler Junge, vielleicht ein bißchen exzentrisch. Jedenfalls hatte er zwei Augen am richtigen Fleck, zwei Arme rechts und links und zwei Beine da, wo sie hingehörten. Ein Bub wie hundert andere. Wir spielten mit Federn, Briefmarken oder bunten Pfeifen.

Ich erinnere mich auch deshalb genau an ihn, weil wir

in derselben Straße wohnten und so auch nach der Schule miteinander spielten. Ich ging zu ihm, und er kam zu mir, um miteinander die Aufgaben zu machen. Dann zogen wir um, und unsere Wege trennten sich.

Wir begegneten uns nie mehr, und ich hörte auch nichts mehr von ihm. Genau so, wie es fast immer geht mit unseren Mitschülern. Man verliert sich aus den Augen, begegnet sich vielleicht hie und da einmal. »Servus, wie geht's dir? Erinnerst du dich an mich? Wie du dich verändert hast! Erzähl mir was von deiner Familie. Wieviele Kinder?« usw. usw., das obligate Gerede.

Manchmal erinnert man sich nicht, vor allem nicht an den Namen. Brontolati? Aber ja, dieser Blonde, der immer Tinte über die Rechenaufgaben schüttete! Causilio? Nein, Rubaldi. Er war immer in der hintersten Bank und blieb sogar sitzen, wenn ich vorrückte. Ich glaube, der ist's.

Gut also. So passiert es eben, daß man hie und da einem von ihnen begegnet. Aber an jenem Tag geschah etwas völlig Außergewöhnliches: Ich reparierte gerade einen Schalter, als es an der Wohnungstür läutete. Ich war allein zu Hause, meine Familie war zu Besuch bei Onkel Soave, um ihm beim Pfeifenrauchen zuzusehen.

Ich machte also auf, und ein lebendig gewordener Alptraum stand vor mir. Keiner von Ihnen hat je einen Mann gesehen, der an Stelle des Bauches ein Fahrrad hat und statt des Kopfes eine Kaffeemühle. Der einen Arm da hat, wo ein Bein sein sollte und der mit einem Schraubenzieher endet statt mit einer Hand. Der die Beine oben und die Arme unten hat, und ich weiß nicht mehr, was noch alles. In diesem Augenblick sah ich nur ein monströses Durcheinander von Dingen vor mir, in dem auch irgendwo ein Auge saß, ich weiß nur nicht mehr genau, wo. Auch an den Platz des Mundes erinnere ich mich nicht, ich glaube, er war zwischen den Radspeichen und hätte smaragdgrüne Lippen.

Kaum war die Türe offen, sprang dieses seltsame Konglomerat von Dingen auf mich zu und umarmte mich. Ich weiß nicht recht, ob man von Umarmen reden konnte. In Wirklichkeit schmiß er mir ein Bein und ein Stück von einer Lenkstange mit einer Glocke um den Hals, und eine Ecke der Kaffeemühle traf meine Wange. Dann löste sich die konfuse Masse von mir und begann zu sprechen.

»Mein Lieber«, sagte sie, und so bemerkte ich endlich den sich bewegenden Mund zwischen den Radspeichen – »du hast dich überhaupt nicht verändert. Natürlich etwas reifer, aber sonst ganz der alte. Wieviele Jahre haben wir uns nicht gesehen! Erkennst du mich nicht wieder?«

Ich schaute ihn an, aber ich war immer noch wie vor den Kopf geschlagen.

»Ich bin Gino. Gino Tuttibaci, wir sind zusammen in die Schule gegangen. Erinnerst du dich jetzt?«

An den Namen erinnerte ich mich wohl, aber nicht, daß ich je mit einem Fahrrad in die Schule gegangen bin, das als Kopf eine Kaffeemühle hatte. »Gino Tuttibaci«, rief ich verblüfft, »komm herein.«

Ich ließ ihn eintreten, und das schaurige Ding folgte mir in den Salon und warf sich dort in ein Fauteuil. Sitzend sah das Ganze wieder anders aus ... Die Kaffeemühle war nicht mehr an der Stelle des Kopfes, sondern auf einer Hüfte, und das Auge war auf den Unterarm gerutscht. Ich bemerkte, daß es eine Träne auf den Wimpern hatte und sie sich mit einer Zahnbürste wegputzte.

»Ich bin ehrlich gerührt«, sagte das seltsame Ding mit Namen Gino Tuttibaci, »dich nach so langer Zeit wiederzusehen. Aber es tut mir weh, daß du dich scheinbar immer noch nicht an mich erinnerst.«

Ich sagte, daß ich mich wohl erinnere, aber ihn sehr verändert fände, so sehr, daß ich ihn, bei einer zufälligen Begegnung auf der Straße, nicht wiedererkannt hätte.

Ein tiefer Seufzer entstieg einer Schachtel, in der ein gestärkter Kragen lag. »Ich verstehe«, sagte Gino, »und es ist auch ganz natürlich. Ich habe mich sehr verändert seit damals. Vielleicht ist mein Auge noch dasselbe, aber das genügt wohl nicht. Aber ich versichere dir, daß ich überhaupt nicht gealtert bin, wenn ich auch einige graue Speichen bekommen habe.«

»Ich sehe es«, sagte ich, »aber wie ist das passiert?«

»Die Kunst«, sagte Gino, »die Kunst hat mir so übel mitgespielt. Du wirst dich erinnern, daß ich schon damals gern mit Pinsel und Farben herumspielte.«

»Ich erinnere mich«, sagte ich. »Trinkst du etwas, vielleicht einen Kognak?«

»Danke schön, gern«, sagte Gino. Ich goß ein Glas Kognak ein, er nahm es mit einer Pinzette und schüttete den Inhalt in ein Knopfloch seines Ärmels.

»Großartig«, sagte er. »Also, das Malen machte mir Spaß, und ich schrieb mich in der Kunstakademie ein. Ich wurde Maler, ein guter Maler. Meine Porträts waren sprechend ähnlich. Ich malte auch Landschaften und Stilleben. Aber leider wollte sie mir niemand abkaufen. Meine Kollegen verachteten mich. Sie sagten, ich sei ohne jede Phantasie, ein kalter Kopist der Realität, aber kein Maler. Gedemütigt und ausgelacht, wollte ich trotzdem der klassischen Malerei treu bleiben, aber es ging nicht. Ich begann, Galerien und Ausstellungen zu besuchen und die moderne Malerei zu studieren. Ich mußte mich anpassen, wenn ich in Künstlerkreisen ernst genommen werden wollte. Entweder den Beruf wechseln oder mich anpassen. Meinen Beruf wollte ich nicht wechseln, und so probierte ich es eben eines Tages.«

Die Fahrradglocke klingelte, und ich stand auf, weil ich dachte, es habe an der Tür geläutet.

»Ich habe nur geniest«, sagte er, »entschuldige, ich habe mich erkältet.«

»Gesundheit!« sagte ich und setzte mich wieder.

»Danke. Also, eines Tages probierte ich es. Stufenweise begann ich, den menschlichen Körper zu deformieren. Ich malte ein Porträt und setzte das rechte Auge etwas herunter, auf die Wange. Es schien mir, einen guten Schritt vorwärts gekommen zu sein auf dem Weg zum Modernismus. Als ich am Morgen aufwachte, saß mein rechtes Auge nicht mehr an seinem alten Platz: es hatte sich auf die rechte Wange verlagert. Ich machte mir Sorgen. Es schien mir wie eine Mahnung, mein altes System nicht aufzugeben.

Aber das Porträt war ein großer Erfolg. Ein Großindustrieller, Besitzer einer der größten Kartoffelfärbereien unseres Landes, kaufte es mir um einen Phantasiepreis ab. Ein Dilemma tat sich vor mir auf: Wenn ich so weitermachte, wurde ich reich, wenn nicht, blieb ich ein armer Teufel. Aber das Auge auf der Wange war eine Warnung, oder vielleicht doch nur eine neue Krankheit? Ich ging zu einem Arzt, der mich untersuchte und dann vollkommen verstört sagte, daß ihm so etwas noch nie untergekommen sei. Ich sah tadellos mit dem Auge und konnte es auch auf- und zumachen wie das andere. Ich kehrte in mein Atelier zurück und arbeitete weiter. Ich wollte weiterprobieren und malte eine sitzende Frau, deren Ohr ich auf ihren linken Arm verlegte.

Als ich am nächsten Morgen aufwachte, hatte ich ein Ohr tatsächlich in der Höhe des Ellbogens. Es war also doch eine Warnung. Ich mußte aufhören und zu meiner alten Malweise zurückkehren. Leider wurde auch dieses Gemälde als Meisterwerk gelobt. Die Summe, die ich dafür bekam, überstieg alle meine Erwartungen. Alle Kritiker begannen mich in den Himmel zu heben. Sie sagten, daß ich endlich den Weg zur wahren Kunst gefunden und ich die Straße der Unsterblichkeit beschritten habe. Berühmtheit und Reichtum. Ich war ein Genie.

Ich verlor den Kopf. Ich ließ mich von diesem Hosianna singenden Chor einlullen, ich arbeitete wie wild, ich malte einen Mann, der statt eines Beines einen Besenstil hatte. Am nächsten Morgen hatte ich einen Besenstil statt einem Bein. Den dazugehörenden Schuh warf ich in die Abfalltonne.«

Gino goß sich noch einen Kognak in die Schachtel und sein Mund zwischen den Radspeichen lächelte.

»Der Weg zur Kunst ist mit Dornen übersät«, sagte er, »ein Künstler muß alle Schwierigkeiten überwinden, er muß sich seiner Kunst aufopfern. Von diesem Tag an nahm ich keinerlei Rücksicht mehr. Ich verdiente mehr Geld als ein Großbierbrauer, meine Werke hatten die Hunderttausendergrenze überschritten. Ich malte die abstrusesten Dinge, und alle fanden ihren Niederschlag in meiner Person. Ich bin der große Meister.«

»Meinen Glückwunsch», sagte ich.

In diesem Moment kam meine Schwester nach Hause. Sie schaute in den Salon.

»Was hast du denn da für eine gräßliche Unordnung angerichtet?« fragte sie.

»Das ist keine Unordnung«, sagte ich, »das ist mein Schulfreund Gino.«

Der Alptraum namens Gino sprang auf und ging zur Tür. Die Kaffeemühle errötete vor Zorn, und das Auge blitzte.

»Unordnung«, rief er schon an der Tür, »ihr seid eben Banausen ohne den leisesten Kunstsinn!«

Er schlug die Türe hinter sich zu und verschwand tödlich beleidigt. Meine Schwester fiel in Ohnmacht, womit ich die Bestätigung hatte, daß dies alles kein Traum war.

Albin Zollinger
Der kunstreiche Maler

Ich habe von einem Maler gehört, dem was er malte lebendig in die Welt purzelte, so daß er seiner Tage nur eine einzige Leinwand besaß, ob er gleich vom Morgen zum Abend fleißig war, und es kam ihm zustatten, nicht das viele Tuch kaufen zu müssen, denn alles lief ihm ja davon, er hatte nichts von seiner Arbeit als das Vergnügen, er litt schwarzen Hunger.

Nämlich er malte nichts wie lustige Männlein, mit Zipfelmützen auf dem Haupt, dazu Weiblein in blauen und roten Röcken, Husaren, Bettelvolk, Musikanten, Fischer, Banditen, barmherzige Brüder – die machten ihm allesamt besonderen Spaß, die schloffen ihm unterm Pinsel weg, kaum daß ihnen der letzte Knopf angemalt war, hockten sich auf das Brettlein, von der Staffelei zu springen, und machten sich aus dem Haus, das Maul wischend oder die Kappe emporwerfend oder auch mit demütigen Füßen, je nachdem sie weltlich oder geistlich erschaffen waren von ihrem lumpigen Herrn. Der sah sich weiter nicht nach ihnen um, sondern vergnügte sich, hingegeben und schmunzelnd immerzu neue Schelmerei und Anmut zu erfinden. Er hielt wohl auch einmal eine reichliche Kumpanei würfelnder Krieger oder tanzender Jungfräulein beisammen, indem er sie mit einem letzten Tüpfelchen nacheinander hurtig vollendete, also daß ihm der Schwarm der Hühnlein über den Schoß kollerte und er ein fröhliches Lachen anschlug, wenn sie zappelnd und tuschelnd über die Fliesen davongingen. Denn war einem Scholaren sein Instrumentlein vor die Brust gemalt, so wußte er es auch zu spielen und schwand mit zierlichem Bänkelgesang zur Ferne. Die Betschwestern bewegten mit Fertigkeit ihre Lippen und Rosenkränze. Die Zecher setzten sich auf des Meisters Holzpantoffeln, ihre Kannen zu hälden. Fuhrknechte und Reiter trieben ihre Rößlein an, welche schnaubten und wieherten und über die Türschwelle setzten. Noch in der Werkstatt, riefen die Marktfrauen ihr Gemüse aus, zankten sich Handwerksburschen, knallten Jäger ihre Büchsen los – Lumpenbrüder bettelten gar ihren eigenen Schöpfer an, der nichts besaß.

So war die Welt von des Meisters putzigem Völklein voll geworden, die Menschen hatten ihren Jubel daran; denn man traf es an Bächen, im Wiesenschaumkraut, in den Wäldern, Bergen, das war lustig, das Leben war heller und kurzweiliger gemacht durch die Kunst dieses braven Mannes; darum aber liebte man ihn überall und redete viel Rühmendes von ihm. Man mochte sich nicht vorstellen, daß es einmal anders gewesen; die Kinder, wenn sie davon hörten, fingen gleich zu weinen an, weil sie sich das Land nicht denken wollten ohne die herzlieben Zwerglein. Mägdlein und Buben weilten allezeit um des Malers Häuschen – er bewohnte eine verlassene Kapelle – durften auch frei hinein, zuzuschauen. Da war es dann eine lustige Erwartung auf allen Gesichtern, weil der Meister sich ergötzte, etwa ein Säulein mit dem Schwänzchen zu beginnen, daß die Kinder dutzendfältig auf seine Absicht rieten, ein Schlänglein, eine Weinrebe, ein Hündlein erwartend, bis sie unversehens in die tollste Fröhlichkeit ausbrachen, wenn zu guter Letzt das Ferkel rosig und grunzend absprang, ein Dirnlein erschreckend und mit vergnügtem Gesicht in den Tag laufend. Das war noch eine gute Zeit für die liebe Jugend, ja; denn es brauchte ein Jung nur die Hand auszustrecken und den Meister schön zu bitten, da malte er ihm im Handumdrehen das beste Segelschiff mit Besatzung und Tönnlein und Tauen hin, daß er es gleich nehmen und im Weiher vor den Wind geben konnte, die Matrosen taten alles nach der Regel, wie er es ihnen vom Strande aus kommandierte. Oder ein Kind wollte seine Puppe haben, dann kriegte es sie ganz nach Begehren, braun, blond, schwarzhaarig, mit dunklen oder blauen Augen, Spitzenzeug oder Seide oder Samt – lebendig natürlich, atmend und redend und, wenn sie ihren Trunk verlangte, weinend; die Milchflasche ging obendrein. Oder es wollte die Jungwelt einmal einen richtigen und rechten Menschenfresser von Auge sehen, dann zauberte ihr Freund vor allem einen flechtbärtigen Wald in die Werkstatt, und wie nun zähnefletschende Kannibalen mit Beil und Spieß zwischen die Stämme eilten und ein Feuer richteten, und hernach grünverzierte Rothäute auch dahertanzten, ihr Huronengebrüll anzustimmen, da wuchs den Buben das Haar zu Berg, und die Mädchen krochen so eng an den Maler, daß er seinen Arm nicht weiter zu regen verstand, lachte und mit großer Anstrengung noch einen Kolumbus erstehen ließ, welcher diese wilde Welt entdeckte und unverweilt zum Christentum bekehrte. Dann kamen die sauberen Burschen leutselig heran mit Kruzifixen und Rosenkränzen, weil ihnen daran gelegen schien, nunmehr als ordentliche Christenmenschen anerkannt zu sein; ihren guten Willen zu bekunden, verbrannten sie Messer und Pfeile im Feuer, rodeten den Urwald und machten ein Paradies daraus mit blauen und grünen Vögeln und süßen Früchten. Es war kein Wunder so unglaublich und prächtig oder schauerlich, dieser Maler ließ es lebendig in die Luft blühen. Drum war er ein unschätzbarer Reichtum und Segenspender der ganzen damaligen Menschheit; man hätte glauben sollen, er wäre auf Rosen gebettet worden:

allein das gerade Gegenteil davon traf zu, wie gesagt: er litt schwarzen Hunger.

Denn sonderbarerweise fiel es ihm niemals ein, er könnte auch für sich selber ein wenig Lustbarkeit erschaffen; er vergaß die eigene Person ja förmlich und erhielt sich fast zufällig aus den Äpfeln und Nüssen, welche die Kindlein ihm gutherzig in die Taschen schoben oder auf den Sims reihten. Die Menschen wußten nicht, daß er auch des Brotes bedurfte, davon zu leben; sie meinten, seine Kunst wäre geschickt genug, daß er nicht stürbe, und wenn er stets schmaler und bleicher wurde, so rechneten sie, das mache seine Arbeit, und fanden es natürlich. Wie nun einmal wieder der Winter kam und viel Schnee häufte sich an, so daß alle Besuche aufhörten, da gingen dem guten Mann bald seine Mittel aus, er ward sterbenskrank und lag viele Wochen auf seinem Lager von dürrem Laub; der Wind fauchte in dem kalten Ofen, Wasser troff von der Diele, daß der Ärmste auch nicht stilleliegen durfte.

Einst in einer Nacht, es wimmerte so traurig, schaurig von einem Luftzug, der um das Haus ging, öffnete sich plötzlich die Tür mit einem Geräusch; der Maler dachte, das wäre nun der Wolf, und er lächelte sogar ein wenig, weil er froh war, sterben zu können; die Welt und das Leben freuten ihn kein bißchen mehr, und seine Kunst dünkte ihn lächerlich und ganz und gar eitel. Es war aber der Jud, welcher zu ihm kam, sehr verwundert und erschrocken – jener Jude, der, niemand wußte freilich darum, des Meisters niedliche Wesen mit dem Falternetz zusammenfing und in fremde Länder verkaufte um teures Geld. Es war ihm so vorgekommen, als ob sein Wild rar würde, da sorgte er sich herzlich um den Maler und kam, sich nach ihm zu erkundigen. Nun war er außer sich, jammerte und weinte Tränen. Der Meister bat ihn um ein Stücklein Brot, wenn er welches bei sich führte; da gaffte der Schacherer, lachte zuletzt und ersuchte den Kranken freundlich, ihn nicht zu vexieren, indem das Brot es wohl nicht wäre, was ihm mangelte, vielmehr die Medizin oder auch der ideale Geist, wie er sich ausdrückte. Doch beharrte der Meister auf seiner Ansicht, es wäre der Magen, welcher rebellierte. – Wie denn? entgegnete der Jud, er vermöchte jedwedes Ding in die Welt zu zaubern, wie es nur sein Herz gelüste, und wolle einem ehrlichen Manne weismachen, er täte nicht sich selber Wurst und Wein und Gold zaubern, wie es nur sein Herz gelüste? Nee, so nobel seien auch die Künstler nicht! und blinzelte mit dem Aug und ging davon, eilig den Doktor zu holen.

Der Maler aber blieb in großer Verwunderung darüber, daß jede Herrlichkeit ihm so nah gelegen und er hatte sie nie bedacht. »Fehlt's mir im Kopf?« sprach er vor sich hin und versuchte, ob er sich erheben könnte. Doch besann er sich gleich darnach; etwas an dieser Sache schien ihm nicht rühmlich zu sein; er war aber zu erschöpft, es herauszufinden, sein Hunger war zu groß, er schleppte sich zitternd vor die Staffelei, malte ein Stück Brot und eine Tasse heißer Milch dazu. Nachdem er sich damit sehr gestärkt, räumte er ein wenig die Werkstatt auf, ging vor das Haus und fand die dünne zarte Sonne über die Maßen köstlich; er dachte an den Frühling und seine Schlüsselblumen, Vogelsang kam ihm zu Sinn und Gewitter über sommerlichem Korn, so daß er gern gejauchzt hätte vor Glück, noch immer da zu sein in dieser schönen Welt. Nur verwirrte ihn leise das Gewissen, das er sich machte – er kam sich irgendwie beschmutzt vor, seine eigenes Werk aufgegessen zu haben. Er gelobte sich indessen, es nie wieder vorkommen zu lassen; da ward ihm leicht, daß er wirklich einen hellen Jauchzer in die Welt stieß. Er ging hin und malte einen dicken Föhnwind, der den Winter versengte, er malte Schlüsselblumen und Veilchen und Haselkätzchen, und alsobald nahten die Kinderlein mit Gesang blumenbekränzt und rosig, ihn zu grüßen. Der Arzt war nicht mehr nötig.

Dann war es wieder Lenz und Vorsommer; die brachten aber noch keine Nüsse, der Maler litt Not, und einmal versucht, gingen ihm die Gedanken nach der holden Verlockung aus, daß er auch schlecht malte, und weil er schlecht malte, ward er ärgerlich und leichtsinnig, und eines Tages richtete er sich ein Mahl, das nicht karg war. Wohl verleidete ihm das seine Arbeit für mehrere Tage; er war ja satt, er hatte weder Hunger noch Sehnsucht; da streifte er lieber im Efeu herum und ließ die Farben vertrocknen. Aber die Kleinen erschienen, wollten Eselein und Jesuskindlein haben; an diesem Werk begeisterte er sich aufs neue und blieb fleißig bis in den Herbst hinein. Da zeigte es sich, daß Nüsse und Äpfel dem Manne nicht mehr genügten – plötzlich eines Tages ward er tätig, sich nun einmal ein schönes Haus zu malen, und er wohnte in der Folge auf einem hohen Schloß am Meer, so daß die Jugend ihn bald nicht mehr gefunden hätte. Auch so zeigte sie sich von nun an merklich scheu, die klaren Augen sahen ihn mit einem schmerzlichen Vorwurf an, der ihn ärgerte. Er schuf sich hastig eine Gesellschaft von viel lauten Freunden, mit denen er seinen Wein trank. Jedoch für diese Gesellschaft brauchte er Diener und Dienerinnen; die schuf er sich. Jedoch Haus und Gesellschaft und Diener und Dienerinnen waren nichts ohne die Herrin. Warum soll ich allein so einsam und ohne Liebe durch das Leben gehen, wo alle andern sich zusammentun und es gut haben? sagte sich der Maler, und da nahm auch er sich eine Frau. Er bekam eigene Kinder, die er besser zu lieben glaubte als weiland die fremden. Er hatte nun alles, alles und brauchte nichts mehr zu arbeiten. Er saß auf der Terrasse seines Schlosses und blickte übers Meer; seine Kinder spielten um ihn herum, und die Frau lehnte sich an ihn; er war nun ein wohlversorgter Mensch wie alle andern.

Aber bald kam es so, daß die Geschöpfe seines Pinsels in der Welt zu schwinden anfingen, keine neuen überraschten und erfreuten die Menschen; da beklagten sie ihn, da schmähten sie ihn, da vergaßen sie ihn. Die Kindlein wußten nichts mehr von ihm, alle die Liebe der tausend Herzen war ihm verloren; nie war der Mann so einsam und so arm an Liebe gewesen wie er es nun in seiner Fülle war.

Das spürte er selber recht wohl; dann ließ er sich Essen auftragen, seine Frau mußte ihm singen und die Kinder ihn liebkosen, da glaubte er sich allemal geborgen. Aber mehr und mehr saß er mit einem bitteren Gesicht; es kam ihm vor, je glanzvoller sein Leben wurde, desto rascher ging es bergab mit ihm. Je mehr er die Seinen liebte, desto schuldiger fühlte er sich. In dem Maße wie sie ihn umschlossen, wuchs seine Sehnsucht, wieder heimatlos zu sein in den Herzen der Vielen. Und manchmal des Nachts hörte die Frau ihn seufzen; dann hatte er Heimweh nach seiner Kunst.

Wohl besaß er ein schönes hohes Gemach mit Vasen und farbigen Teppichen, in welchem er malen konnte; allein es kam ihm nun alles so matt vom Herzen, er war in seinen Gedanken zerstreut. Die bleichen kränklichen Geschöpfe seines Pinsels verursachten ihm Schrecken und Gewissensnot; er quälte sein Hirn, herauszufinden, woran er es nur fehlen lasse und warum es nichts mehr war mit seiner Kunst.

Insgeheim ahnte er es freilich längst, aber er sträubte sich, der mahnenden Stimme in seiner Seele Gehör zu geben; denn wie jener gestrenge heilige Meister sprach auch sie: Gib alles was du hast den Armen und werde eine Bettler! – Sollte es ihm nicht schwer fallen, Schloß und Frau und Kinderlein zu verlassen, um wieder frei zu werden dem kärglichen Dienst seiner Kunst?

Das fiel ihm sehr, sehr schwer. Seine Liebe brannte wie ein Feuer in ihm; aber auch sein Beruf brannte wie ein Feuer in ihm. Er saß herum und grübelte; seine Frau weinte um ihn. Er saß herum und grübelte, die Nächte schlief er nicht; er wurde wieder krank und schlimmer krank als vom Hunger, es stand zu fürchten, daß er seinen Verstand verlor.

Als die Menschen das hörten, gab es einige, die sagten, es geschehe ihm nach Verdienst. Das kam auch dem Kranken wiederum zu Ohren, und weil er dem Urteil recht geben mußte, ward er sehr still und sehr versonnen. Eines Morgens hatte er sich von seinem Lager wegbegeben und blieb verschwunden.

Man vermutete zuerst, daß er sich aus Verzweiflung ins Wasser gestürzt. Aber dann wurde die Kunde laut, des Meisters Völklein gehe wieder um, und da wußte man denn, daß er sich irgendwo in einen Wald geflüchtet, wo er malte.

Seine Familie trauerte um ihn; dafür hatten Tausende ihr Glück von dem einsamen Fleiß des Meisters, der aus Sehnsucht und Bußfertigkeit mit dreifacher Kunst wirkte, so daß Geschöpfe von ihm in der Welt erschienen, die ihresgleichen nie gesehen und auch gar keinen Tod zu haben schienen. Kinder und edle Jünglinge beteten allbereits zu dem verschollenen Künstler, weil er ihnen als ein Heiliger galt.

Über eine lange Zeit war zu bemerken, daß neue Gaben des Meisters sich nicht mehr zeigten; alle bunten Scharen verschwanden aus dem Kerbelkraut, und ihren letzten folgend, sah man sich in das verlorenste Gebirge verführt: Da lag der Einsiedler auf eine Steinplatte gebettet mitten in vielem Enzian und gelben Sternblumen. Seine feinen Mägdlein weinten um ihn, seine Klosterfrauen beteten für ihn, die Soldaten standen ihm Wache. Im Chor sangen sie stolz und mächtig sein hohes Lob.

Jiri Kolár
Das sprechende Bild

Mein erstes seriöses Werk
war das Portrait Seiner Hoheit
Ich malte das Bild aus dem Gedächtnis
aber so treu

daß ich einmal beim Betreten des Ateliers
die Hacken zusammenschlug und salutierte
Das würde freilich nichts bedeuten
hätte ich nicht von der Leinwand Antwort bekommen
Gehör und Ahnung täuschen euch nicht, Freunde
aus meinen Händen ist tatsächlich
ein sprechendes Bild hervorgegangen!
Augenblicklich rannte ich nach Hause
und führte meinen Vater vor das kleine Wunder
Väterchen kannte gut Seine Hoheit
und bald entwickelte sich zwischen beiden
eine philosophische Diskussion
die leider nicht nur fünf Minuten dauerte
Seine Hoheit brachte die Rede aufs zarte Geschlecht
nahm auf die Zunge
was schändlich wäre auf eine Schaufel genommen
zu werden
sprudelte gottloseste Anekdoten aus sich heraus
gegen die das Geplätscher des Herrn de Sade
nur zartfühliges Leporello wäre
Mein Vater erstarrte zur Salzsäule
zog mich nach einer Weile in eine Ecke und sagte:
Junge, wenn du nicht am Galgen enden
und das Gras von unten wachsen sehen willst
dann vernichte das Bild und höre überhaupt auf zu malen
denn der erhabene Geist deines Genies
flößt durch irgend unnatürliche Kraft
den Gestalten deiner Werke das zu sprechen ein
was sie wirklich im Herzen tragen
und nicht das
womit sie sich vor aller Welt brüsten

Ohne weiter zu überlegen verbrannten wir das Bild
samt Staffelei Palette Pinsel und Farben
Das Atelier habe ich am nächsten Tag
irgendeinem Leonardo vermietet

Kurt Kusenberg
Der letzte Pinselstrich

Der Maler Regulo wohnte in einem kleinen Häuschen vor der Stadt. Das Häuschen gehörte ihm, er hatte es durch seiner Hände Arbeit redlich erworben. In der Stadt hielt man nicht viel von dem stillen, bescheidenen Mann, der seinen Hausstand selbst versah und sich nur blicken ließ, wenn die Küche Zufuhr heischte. Ging er dann bedächtig von Laden zu Laden, so liefen die Kinder hinter ihm her und riefen: »Maler, Maler, mal uns was! Roter Fuchs und kleiner Has!«

Das war ganz unsinnig, sowohl als Gedicht wie als Geheiß, denn noch nie hatte Regulo Tiere gemalt, er malte ausschließlich Menschen. Allenfalls hätte man annehmen mögen, der Spottvers sei auf des Malers rotes Bärtlein gemünzt. Doch dieses hing ihm so schütter ums Kinn, daß es niemandem beigefallen wäre, das karge Ding einen Fuchspelz zu heißen, auch den Kindern nicht. Nein, die Kinder sangen, weil sie nach böser Kinderart den Maler kränken wollten, und da ist das Unsinnige besonders dienlich, denn man kann sich seiner nicht erwehren. Aber ihre Mühe war vergeblich. Indem Regulo dem nächsten Laden zuschritt, lächelte er die Kinder freundlich an und faßte sie dabei so scharf ins

Auge, daß es ihnen schien, als male er sie haargenau ab. Das mochten sie nicht, sie verstummten und ließen den Maler ziehen.

Regulo war kein Künstler von Rang, doch er verstand sich darauf, Menschen so naturgetreu zu malen, daß man beinahe der Täuschung erlag, sie lebten wirklich. Ebendies schätzte man an seinen Bildern, und darum kaufte man sie. Wer ahnte die Mühe, die es ihn gekostet, ehe er über die besondere Fertigkeit gebot? Zehn, zwanzig Jahre hindurch hatte er den Menschen studiert und durfte nun von sich sagen, daß er ihn gründlich kenne. Er kannte das beinerne Gerüst, das dem Fleische Halt verleiht, und die Haut, die es schützend umspannt. Er wußte, wie ein Kurzatmiger sich verfärbt, wenn er hastig Treppen steigt, wie ein schönes Weib vor den Spiegel tritt, wie ein Ratsschreiber, die Feder ins Tintenfaß tunkt. Doch nicht nur die Menschen, auch ihre Kleider waren ihm vertraut. Er kannte den Speckglanz einer alten Hose, die trügerische Frische eines gewendeten Rockes und das verwegene Aussehen einer Uniform, die zwei Feldzüge erlebt hat. Von innen nach außen erschuf Regulo den Menschen, von außen nach innen durchschaute er ihn.

Einem großen Maler rühmt man nach, er habe Früchte so täuschend ähnlich gemalt, daß die Vögel herbeiflogen, um daran zu picken, und von einem anderen erzählt man sich ein gemaltes Spiegelei sei ihm dermaßen wirklich geraten, daß er, ganz in Gedanken, Salz und Pfeffer auf die Farben schüttete. Dergleichen zu hören, spornte Regulos Ehrgeiz an. Ihn lechzte danach, Menschen zu bilden, die man für wahr und lebend hielt,

Menschen, denen kein Auge ansah, daß sie Menschenwerk waren. Er stand dicht davor, den Zauber zu meistern, nur ein winziger Schritt war noch zu tun.

Eines Tages war er getan. Regulo hatte ein Bild gemalt, das den Titel »Der Friedensstifter« führte. Man sah darauf ein junges Ehepaar, welches sich offensichtlich zerzankt hatte, und einen beleibten, älteren Herrn, der den beiden gütlich zuredet. Als Regulo den Pinsel aus der Hand legte und das Werk betrachtete, erkannte er, daß er sein Ziel erreicht habe: ähnlicher konnte man Menschen nicht darstellen. Der Maler fand, er verdiene einen Festschmaus, doch als er die Küche erforschte, wies sie nichts Rechtes her. Da machte er sich auf und ging in die Stadt, um einzukaufen.

Dieses Mal sparte er nicht, wie es sonst seine Art war, und die Krämer wunderten sich über die Wünsche des bescheidenen Mannes. Als die Kinder hinter ihm her sangen: »Maler, Maler, mal uns was«, wandte er sich lachend nach ihnen um und rief: »Ich habe euch etwas gemalt, und ihr würdet staunen, wenn ihr es sehen könntet!« Schwer bepackt kam er zu Hause an und machte sich sogleich ans Kochen und Braten. Ein kräftiger Trunk würzte das üppige Mahl, Regulo ward zum Prasser, und als er sich die Lippen wischte, überkam ihn das Gelüst nach einem Pfeiflein. Frohgemut entzündete er den Tabak und paffte vor sich hin. Aber die Pfeife sollte nicht lange glimmen, denn jetzt wollte Regulo, ehe er sich schlafen legte, sein letztes Werk mit einem stolzen, satten Blick betrachten.

Er trat vor das Bild und erschrak ins Herz hinein; derweil er reglos stand, verglomm ihm das Pfeiflein.

Was mußte der Arme sehen? Er mußte gewahren, daß der beleibte Herr sich davongemacht hatte, als sei er nie gemalt worden. Wo er zuvor gesessen, schimmerte nun die blanke Leinwand, und das uneinige Ehepaar durfte fortan nicht damit rechnen, daß jemand Frieden stifte. Oh, war das arg! In der ersten Verwirrung bedachte Regulo, ob er sich des beleibten Herrn nicht entschlagen und das Bild »Unfrieden« nennen sollte. Gleich darauf kam ihm, zumal er getrunken hatte, der Argwohn gegen seine eigenen Augen; er ging in die Küche und steckte den Kopf in kaltes Wasser. Doch das half nichts, der beleibte Herr kam nicht wieder, er hatte sich wirklich davongemacht. »Ach was«, sagte sich Regulo, »morgen male ich ihn neu, und dann wird er schon bleiben!«

Aber am Morgen stand es noch schlimmer. Als Regulo sein Bild betrachtete, sah er, daß auch das junge Ehepaar verschwunden war. Nur die hellen Umrisse waren noch zu sehen, dazu der Raum, in dem die Figuren sich aufgehalten hatten; das Bild war zum leeren Gehäuse geworden. Wie konnte das geschehen? Regulo wußte es nicht, er wußte vor allem nicht zu sagen, wohin die Figuren sich begeben haben mochten. Vielleicht in das Bild eines anderen Malers, der über diebische Zauberkünste gebot? Nun, Regulo nahm sich vor, ein wachsames Auge auf derlei unredliche Gesellen zu haben. Des weiteren beschloß er, und daran ermesse man seine Schaffenskraft, sogleich ein neues Werk zu beginnen.

Noch am gleichen Tage entwarf er ein Bild, welches sich »Wartezimmer« nannte und ein gutes Dutzend Leute aufwies, die geduldig darauf harrten, daß der Arzt sie in sein Sprechzimmer einlasse. Die Figuren waren dem Leben trefflich abgelauscht; wer sich darauf verstand, vermochte sogar anzugeben, welches Leiden jeden einzelnen hergeführt. Die nächsten Tage gingen damit hin, daß Regulo den Raum und die Figuren sorglich untermalte, Schicht um Schicht, denn was er bildete, sollte Dauer haben. Dann ging er daran, die Patienten schön herauszurunden und mit großer Naturtreue auszustatten. Eine dicke Frau, die an Wassersucht litt, ward als erste betreut und schlug als erste dem Maler ein Schnippchen. Abends empfing sie den Pinselstrich, der sie vollendete, am Morgen darauf suchte Regulo vergeblich nach der gelungenen Figur; sie war den drei anderen nachgefolgt.

Mit den übrigen Patienten erging es dem Maler nicht besser. Sobald einer fertig gemalt war, stahl er sich davon und ließ das Wartezimmer leerer zurück. Der Arzt, dem Regulo eine gute Praxis zugedacht, mochte nun zusehen, wie er sich und die Seinen durchbrachte. Regulo war verzweifelt. Er gab sein Bestes her und mußte erleben, daß ihm die Früchte seines Fleißes unter den Händen dahinschwanden. Nur noch drei Kranke saßen im Wartezimmer, und indem der Maler sie vollendete, geriet er endlich darauf, wie er sich seine Figuren bewahren können. Eine von ihnen entwischte ihm im letzten Augenblick, die zweite mußte er opfern, um die Probe aufs Exempel zu machen, nur die dritte blieb ihm – ein todkranker Greis, mit dem ohnehin nicht viel anzufangen war. Doch jetzt hatte Regulo das Geheimnis erkannt. Wollte er seine Figuren auf der Leinwand halten, so mußte er ihnen den letzten Pinselstrich versagen.

Ehe er sie nicht vollends entlassen, wischten sie ihm nicht davon, und so ergab sich der betrübliche Zustand, daß Regulo verzichten mußte, wenn er bewahren wollte. Man mag ermessen, wie schwer ihn solches ankam, denn sein ganzes Wesen war darauf gerichtet, die Dinge, die er erschuf, fertigzustellen. Obwohl er wußte, was ihn erwartete, geschah es ihm einmal ums andere, daß er wider seine Einsicht eine Figur vollendete und sie bald darauf nicht mehr vorfand. Im Laufe eines Jahres gab er an fünfzig Figuren daran, und nur seine aufrichtigen Freunde wird die Kunde trösten, daß er zur selben Zeit ihrer hundert auf die Leinwand brachte. Es sah nicht gut mit Regulo aus, seit ihn die schwere Prüfung befallen, doch er hielt still und trotzte dem Schicksal.

Da erreichte ihn die Einladung eines Kunstfreundes, der ihn bat, einige Tage bei ihm zu verbringen. Der Kunstfreund besaß sechzehn Bilder von Regulos Hand, und es stand zu erwarten, daß er zumindest ein siebzehntes dazu erwerben werde, denn er hatte, wie er schrieb, inzwischen sein Haus durch Anbauten vergrößert. Regulo ließ den wackeren Mann wissen, daß er mit Freuden komme, packte eine Handvoll Bilder ein und fuhr ab.

Als Gast und Gastfreund abends gemächlich beisammensaßen, meinte dieser: »Sie haben mich, lieber Regulo, Ihre neuen Arbeiten sehen lassen, und ich habe sie bewundert wie alles, was Sie erschaffen. Doch das Wichtigste blieb ungesagt, es ist dies: Seit einem Jahr ist die große Meisterschaft zu Ihnen gekommen. Sie zeigt sich darin, daß Sie Ihre Bilder nicht mehr bis aufs letzte Tüpfelchen vollenden, sondern in reifer Einsicht es dem

Beschauer überlassen, die Vollendung vorzunehmen. Dazu gratuliere ich Ihnen, und darauf wollen wir trinken.«

Regulo hob das Glas. »O wüßten Sie, wie hart mich der Verzicht ankommt! Doch ich muß mir, damit mein Werk bestehe, das Fertige versagen.«

»Ja, das müssen Sie«, entgegnete der Kunstfreund, »und das ist gut so. Übrigens werde ich Ihnen morgen, nachdem wir handelseins geworden sind, einen besonderen Genuß verschaffen. Es haben sich nämlich im Lauf des letzten Jahres Fremde angesiedelt, ehrbare Leute, die emsig arbeiten und ganz für sich leben. Woher sie kommen, weiß man nicht recht. Die einen sagen, es seien Flüchtlinge, die andern meinen, es handle sich um eine Sekte. Wie dem auch sei: Sie werden prächtige Gestalten darunter finden, lauter Menschen, die danach verlangen, daß Ihr Pinsel sie male.«

Am nächsten Morgen näherten sich die beiden langsam der Siedlung. Diese bot in der Tat einen überaus freundlichen Anblick. Hübsch standen die Häuslein, und wohin man sah, gewahrte man Ordnung und Sauberkeit. Kaum waren die Besucher angelangt, als ringsumher ein lautes Türenschlagen und Getrappel anhub; von allen Seiten her eilten die Siedler auf die Fremden zu. Wiewohl sie rasch herbeikamen, haftete ihrem Schritt ein eigentümliches Zögern an, und als sie im Kreise umherstanden, schienen sie geradezu betreten.

Regulo verhielt sich aber auch gar zu seltsam, er machte es den Siedlern schwer, mit ihm ins Gespräch zu kommen. Bösen Blickes sah er in die Runde, musterte einen nach dem anderen und murmelte dabei Verwünschungen in seinen roten Bart. Der Gastfreund schämte sich für ihn. »So haben Sie doch ein Einsehen, lieber Regulo!« flüsterte er dem Maler zu. »Es sind Fremde, die von weither kommen und sich vor unseren Augen unsicher fühlen. Wer weiß, was sie alles zurückgelassen haben!«

Regulo zog die Brauen finster zusammen. »Ich weiß, was sie zurückgelassen haben, und eben darum bin ich ihnen gram. Sie zum Beispiel«, wandte er sich an einen beleibten älteren Herrn, »hatten den Auftrag, einen Zwist beizulegen. Haben Sie es getan?«

Der andere schwieg und blickte verlegen drein.

»Und Sie«, fuhr Regulo auf eine dicke Frau los, »hätten längst zum Arzt gehen sollen, denn Sie leiden an Wassersucht. Wie steht es damit?«

»Danke, es geht«, erwiderte die Frau, »und außerdem haben wir hier einen guten Arzt.«

»Einen guten Arzt!« höhnte Regulo. »Gewiß, ich habe ihn bereits entdeckt, ich kenne ihn ganz genau, aber es ist nicht der Arzt, zu dem ich Sie geschickt hatte.« Er trat an einen würdigen Fünfziger heran. »Sie sind Notar, mein Herr?«

»Ich leugne es nicht«, sprach jener vorsichtig, »aber ich übe zur Zeit meinen Beruf nicht aus.«

Regulo wartete die Antwort nicht ab, er hatte ein neues, ein altbekanntes Gesicht erspäht. »Und Sie, junger Mann, zanken sich gern mit Ihrer Frau.«

Der Angesprochene errötete. »Das ist längst beigelegt«, meinte er und tat einen Seitenblick auf den beleibten älteren Herrn. »Sie waren ja selbst so freundlich, Herr Regulo, für einen Friedensstifter zu sorgen.«

»Und wie habt ihr mir das gelohnt, ihr alle?« schrie Regulo, blaß vor Wut.

»Mäßigen Sie sich doch!« versuchte der Kunstfreund einzulenken. »Selbst wenn Ihnen die Leute einst unrecht getan haben, sollten Sie nicht so hart mit ihnen umgehen.«

Regulo blickte den anderen traurig an. »Wenn Sie wüßten, wie hart man mit mir umgegangen ist, würden Sie kein Wort für die Bösewichte einlegen.«

In diesem Augenblick trat ein hochgewachsener Mann vor, der ein Senator oder ein hoher Richter sein mochte; daß er Rektor einer Universität war, wußte Regulo nur allzu gut. »Die Stunde«, sprach er mit wohltönender Stimme, »ist zwar nicht eben glücklich gewählt und ich schmeichle mir nicht, bei Ihnen ein williges Ohr zu finden, doch sei trotzdem unser aller Bitte ausgesprochen. Wir wünschen uns nämlich ein Bild von Ihrer Hand, ein Bild, auf dem recht viele Kinder zu sehen sind. Es versteht sich, daß wir Sie für Ihre Güte und Mühe gebührlich entlohnen werden.«

Indem Regulo überdachte, daß er noch nie Kinder gemalt habe, durchschaute er sogleich das listige Anliegen. Den Siedlern war offenbar jeglicher Nachwuchs versagt, und nun hofften sie, durch ein Bild ans Ziel ihrer Wünsche zu gelangen.

Der Rektor nahm es für ein gutes Zeichen, daß Regulo schwieg, und fuhr fort: »Wir alle bringen Ihrer sorgfältigen Kunst große Verehrung entgegen. Darum müßten die Kinder, die Sie uns malen, sehr genau und bis aufs letzte Tüpfelchen fertig gemalt sein.«

»So«, sprach Regulo und lächelte grimmig, »müßten sie das sein? Nun, ich werde mir den Fall überdenken.

Sollte keine Antwort kommen, so geben Sie sich selbst die Antwort!«

Mit diesen Worten zog er den Kunstfreund fort und ließ die Siedler stehen. Der Kunstfreund wußte sich Regulos Verhalten nicht zu deuten, er erkannte den stillen, bescheidenen Maler kaum wieder. Dumpf nahm er es hin, daß Regulo noch am gleichen Tage nach Hause fuhr, ohne sich zu erklären, jedoch nicht, ohne ihm das siebzehnte Bild verkauft zu haben.

In seinem Häuschen angelangt, ging Regulo mit sich zu Rate. Er überlegte, ob er den Ausreißern Kinder nachschicken solle oder nicht. Doch der Kampf, den er in seinem Herzen ausfocht, entschied sich gegen die Siedler. Anstatt das erbetene Bild zu beginnen, setzte er sich vor die Leinwand und malte ein Tierstück: einen roten Fuchs und einen kleinen Hasen, die so friedlich nebeneinander saßen, als walte nicht die geringste Feindschaft zwischen ihnen.

Als Regulo das nächste Mal in die Stadt ging, waren wieder die Kinder hinter ihm her und sangen: »Maler, Maler, mal uns was! Roter Fuchs und kleiner Has!« Darauf hatte Regulo gewartet. Er trat beim Krämer ein, erstand ein große Tüte mit Leckereien und verteilte sie an die Schreier. Nachdem er auf diese Weise ihr Vertrauen erworben hatte, lud er sie ein, sein jüngstes Bild zu besichtigen. Ein froher Zug bewegte sich auf Regulos Häuschen zu, und als das Bild gezeigt ward, gefiel es allgemein. Treppauf, treppab liefen die Kinder, stifteten überall Verwirrung, spielten mit Farben und Paletten, hießen manche Gemälde gut, andere schlecht und tranken den Kakao, den ihnen der Maler gebraut. Regulo aber ging umher und zeichnete die Kleinen eifrig ab, mit scharfem Auge und spitzem Bleistift. Er prägte sie sich so deutlich ein, daß er sie hinfort nach Belieben in seine Kunst hineinnehmen konnte.

Die nächsten Tage sahen Regulo emsig bei der Arbeit. Er malte ein Bild mit vielen, vielen Kindern, hütete sich jedoch, sie bis aufs letzte Tüpfelchen zu vollenden. Als das Werk getan war, hing Regulo das Bild an die Wand und wartete seine Zeit ab. Er war geduldiger als die Siedler, die unruhig der Kinder harrten, und nahm seinen Vorteil wahr.

Von Zeit zu Zeit sah er nach dem Bilde hin und lächelte schlau. Und dann geschah, was er erwartet hatte: nach und nach fanden sich auf der großen Leinwand alle Figuren ein, die sich aus seinen Bildern heimlich davongestohlen hatten. Alle, alle kamen sie zurück, der Rektor und das uneinige Paar, der Notar und die wassersüchtige Frau, der beleibte Herr und was dem Maler sonst abhanden gekommen war. Wie vom Schicksal zueinander geweht, standen und saßen sie da, mitten zwischen den Kindern, die unbekümmert vor sich hinspielten. Die Kinder waren nicht zu ihnen gekommen; darum hatten sie sich den Kindern zugesellt. Regulo nannte das Bild »Der Menschen Leben« und hatte einen großen Erfolg damit.

Am gleichen Tage, da der Staat das Bild erwarb, schrieb der Kunstfreund an den Maler, es habe sich kürzlich Seltsames zugetragen. Die Siedler, die er zusammen mit Regulo besucht, seien plötzlich verschwunden, ohne die geringste Spur zu hinterlassen. Man müsse annehmen, eine heimliche Weisung habe sie an den Ort zurückberufen, von dem sie gekommen seien, und so war es wohl auch.

Gerhard Jaschke
Zu Gast in einem Bild von Magritte?

Ein Mann will den Raum verlassen und bleibt in der Tür stecken. Einem zweiten kommt die Wand in die Quere. Ein anderer geht durch Glas. Ein vierter ist noch niemandem aufgefallen.

Was für ein Einfall, sagen die Frauen, und ziehen die Vorhänge zu. Im Schatten des Mondes bleicht selbst die Vernunft! Ulkig, nicht wahr!

Der Hausmeister klopft an die Tür. Lassen wir ihn nur klopfen. Er soll sehen, daß wir gar nicht öffnen wollen. Das ist Logik.

Der Mann, der in der Tür steckengeblieben ist, flucht. Der in der Wand pickt, detto. Nur der durchs Glas gegangen ist, ist nicht mehr zu hören. Erhoffen wir das Allerbeste für ihn.

Schwarze Palette

Arnold Bennett
Das Geheimnis

»Was meinen Sie damit?« fragte Priam Farll. Doch seine Stimme klang matt, und er hätte genausogut gesagt haben können: »Ich weiß wohl, was Sie meinen, und ich würde eine Million Pfund oder so dafür zahlen, wenn ich im Boden versinken könnte.« Ein paar Minuten früher hätte er nur fünfhundert Pfund oder so dafür gezahlt, einfach davonlaufen zu können. Jetzt aber hätte ihm nur noch ein Wunder helfen können. Das Universum schien über Priam Farll zusammenzustürzen.

Mr. Oxford lächelte immer noch; er lächelte jedoch wie ein Mann, der seinen Atem für den letzten Einsatz spart. Man spürte, daß er sich nicht länger zurückhalten konnte.

»Sie *sind* Priam Farll, nicht wahr?« sagte Mr. Oxford mit sehr leiser Stimme.

»Was bringt Sie auf die Idee, daß ich Priam Farll bin?«

»Ich glaube, daß Sie Priam Farll sind, weil Sie das Bild gemalt haben, das ich heute morgen von Ihnen gekauft habe, und weil ich sicher bin, daß niemand anders als Priam Farll es gemalt haben könnte.«

»Dann haben Sie also den ganzen Vormittag über nur mit mir gespielt!«

»Bitte, versuchen Sie das anders zu sehen, *cher maître*«, bat Mr. Oxford im Flüsterton. »Ich wollte nur ganz sichergehen. Ich weiß, daß Priam Farll in Westminster Abbey beigesetzt sein soll. Aber für mich ist die Existenz dieses offensichtlich gerade erst gemalten Bildes von

Putney High Street der unumstößliche Beweis, daß er nicht in Westminister Abbey beigesetzt, sondern weiter am Leben ist. Es ist doch erstaunlich, daß man bei der Beerdigung einem Irrtum unterlegen sein soll – einem ganz erstaunlichen Irrtum, aus dem man alle möglichen Schlußfolgerungen ziehen kann! Aber das geht mich nichts an. Natürlich muß es triftige Gründe für das Geschehene geben. Ich bin an ihnen nicht interessiert – beruflich, meine ich. Ich stelle nur fest, wenn ich ein bestimmtes Bild sehe, auf dem die Farbe noch feucht ist: ›Dies Bild wurde von einem bestimmten Maler gemalt. Ich bin Experte und stehe mit meinem Ruf dafür ein.‹ Es hat keinen Sinn, mir vormachen zu wollen, daß der fragliche Maler vor einigen Jahren gestorben und in Westminister Abbey mit allen nationalen Ehren beigesetzt worden sei. Ich sage, das kann nicht so gewesen sein. Ich bin ein Conaisseur. Und wenn die Fakten seines Todes und seiner Beisetzung nicht mit den Erkenntnissen meines Wissens als Kunstexperte übereinstimmen, sind sie keine Fakten. Ich sage, es hat eine – eine Verwechslung stattgefunden, was den – eh – den Leichnam betrifft. Nun, *cher maître*, was halten Sie von meiner Behauptung?« Mr. Oxford trommelte leicht mit den Fingern auf dem Tisch.

»Ich weiß nicht«, sagte Priam. Was wiederum eine Lüge war.

»Sie *sind* Priam Farll, nicht wahr?« beharrte Mr. Oxford.

»Also, wenn Sie darauf bestehen«, zischte Priam wütend, ›bin ich's eben. Und nun wissen Sie's!«

Mr. Oxford gab sein Lächeln auf. Er hatte es eine

unglaubliche Zeitlang durchgehalten. Er gab es auf und seufzte leise, aber abgrundtief. Er hatte sich auf sehr dünnem Eis bewegt und das Ufer nur unter gefahrvollem Knistern und Knacken erreicht; und jetzt ging ihm erst das Ausmaß des bestandenen Wagnisses auf. Er war seines Wissens als Kunstexperte absolut sicher gewesen. Doch wenn jemand sagt, daß er ganz sicher sei, bedeutet das immer, besonders wenn er es mit ungeheurem Nachdruck sagt, daß er in Wirklichkeit eben »nicht ganz sicher« ist. So war es auch mit Mr. Oxford. Und wirklich, aus der bloßen Existenz eines Bildes zu schließen, daß die gewaltigste aller Nationen so gewaltig hatte hinters Licht geführt werden können, setzt normalerweise mehr als bloße Tollkühnheit von seiten des Schlußfolgerers voraus.

»Aber ich möchte nicht, daß es bekannt wird«, erklärte Priam, immer noch in wütendem Flüsterton. »Und ich möchte nicht darüber sprechen.« In dem Verdacht, sie könnten womöglich lauschen, sah er sich aufgebracht nach den Zwergen um, die sich in der Nähe befanden.

»Sehr richtig«, sagte Mr. Oxford, aber in einem Ton, dem die Überzeugung fehlte.

»Es ist schließlich eine Angelegenheit, die nur mich etwas angeht«, bekräftigte Priam.

»Sehr richtig«, wiederholte Mr. Oxford. »Zumindest *sollte* sie nur Sie etwas angehen. Und ich kann Ihnen nur mit Nachdruck versichern, daß ich der letzte Mensch auf der Welt bin, der seine Nase da hineinstecken möchte; aber –«

»Sie wollen sich bitte daran erinnern«, unterbrach

Priam ihn, »daß Sie dieses Bild heute morgen einfach als *Bild* gekauft haben, nur seiner Güte wegen. Sie haben kein Recht, es mit meinem Namen zu versehen, und ich muß Sie entschieden bitten, das nicht zu tun.«

»Gewiß«, stimmte Mr. Oxford zu. »Ich habe es als ein Meisterwerk gekauft, und ich bin völlig zufrieden mit meinem Geschäft. Ich brauche keine Signatur.«

»Ich habe meine Bilder seit zwanzig Jahren nicht mehr signiert«, erklärte Priam.

»Verzeihen sie bitte«, meinte Mr. Oxford. »Jeder Quadratzentimeter eines jeden Ihrer Bilder trägt unmißverständlich Ihre Handschrift. Sie könnten keinen Pinsel auf eine Leinwand setzen, ohne sie gleichzeitig zu signieren. Nur die größten Maler genießen dieses Privileg, keine Buchstaben in die Ecken ihrer Bilder setzen zu müssen, ohne Gefahr zu laufen, daß andere Maler später ihren Ruhm für sich in Anspruch nehmen. Für mich sind alle Ihre Bilder signiert. Aber es gibt Leute, die mehr Beweise sehen wollen, als ein Kunstexperte ihnen geben kann, und da beginnen nun einmal die Unannehmlichkeiten.«

»Unannehmlichkeiten?« fragte Priam, während sein elendes Gefühl sich noch weiter verstärkte.

»Ja«, sagte Mr. Oxford. »Ich mußte es Ihnen sagen, damit Sie die Situation verstehen können.« Er wurde sehr ernst und zeigte damit, daß er endlich zur Sache gekommen war. »Vor einiger Zeit ist ein Mann, ein kleiner Händler, bei mir erschienen und hat mir ein Bild angeboten, das ich sofort als eines von Ihnen erkannt habe. Ich habe es gekauft.«

»Wieviel haben Sie dafür bezahlt?« knurrte Priam.

Nach kurzem Überlegen antwortete Mr. Oxford: »Warum soll ich es Ihnen nicht sagen: ich habe fünfzig Pfund dafür bezahlt.«

»Tatsächlich!« rief Priam aus, dem bewußt wurde, daß einer – oder einige – gut vierhundert Prozent an seiner Arbeit verdient hatten, bis sie bei einem großen Händler angekommen war.

»Wer war der Bursche?«

»Oh, ein kleiner Händler. Ein Niemand. Ein Jude, natürlich.« Wie Mr. Oxford das Wort »Jude« aussprach, war von unbeschreiblicher Ironie. Da der Händler ein Jude war, wußte Priam, daß es nicht sein Rahmenmacher gewesen sein konnte, ein reinrassiger Yorkshire-Mann aus Ravensthorpe. Mr. Oxford fuhr fort: »Ich habe das Bild weiterverkauft und dafür garantiert, daß es ein Priam Farll ist.«

»Den Teufel haben Sie das!«

»O doch. Ich hatte genügend Vertrauen in mein Urteil.«

»Wer hat es gekauft?«

»Whitney C. Witt aus New York. Er ist natürlich bereits ein alter Mann. Ich nehme an, daß Sie sich an ihn erinnern, *cher maître*?« Mr. Oxford zwinkerte mit den Augen. »Ich habe es ihm verkauft, und natürlich akzeptierte er meine Garantie. Bald darauf wurden mir weitere Bilder angeboten, offensichtlich von Ihnen, und von demselben Händler. Und ich kaufte sie. Ich kaufte eins nach dem andern. Insgesamt, möchte ich sagen, vierzig Stück.«

»Hat Ihr kleiner Händler erraten, wer die Bilder gemalt hat?« fragte Priam argwöhnisch.

»Der doch nicht! Glauben Sie, er hätte sie mir sonst für fünfzig Pfund pro Stück verkauft? Hören Sie, zuerst glaubte ich, daß ich Bilder kaufte, die vor Ihrem angenommenen Tod gemalt wurden. Ich dachte wie die ganze übrige Welt, daß Sie – in der Abtei ruhen. Dann kamen mir langsam Zweifel. Und als eines Tages ein wenig Farbe an meinem Daumen kleben blieb, war ich entsetzt, kann ich Ihnen sagen. Dennoch blieb ich bei meiner Ansicht und garantierte weiterhin die Echtheit der Bilder als Farlls.«

»Und Sie kamen nie auf den Gedanken, Nachforschungen anzustellen?«

»O doch«, sagte Mr. Oxford. »Ich tat mein Bestes, aus dem Händler herauszuholen, woher er die Bilder bezog, aber er wollte es mir nicht sagen. Ich roch so etwas wie ein Geheimnis. Und da ich keine berufliche Verwendung für Geheimnisse habe, beschloß ich, dieses Geheimnis ruhen zu lassen. Das tat ich dann auch.«

»Ja, warum lassen Sie es nicht dabei bewenden?« fragte Priam.

»Weil die Umstände es mir nicht gestatten. Ich habe praktisch alle diese Bilder an Whitney C. Witt verkauft. Das war in Ordnung. Jedenfalls dachte ich, daß es in Ordnung sei. Ich bürgte mit Parfitts' Namen und Ruf dafür, daß sie von Ihnen seien. Und dann hörte ich eines Tages von Mr. Witt, daß sich auf der Rückseite der Leinwand eines der Bilder ein Stempel mit dem Namen des Leinwandherstellers und ein Datum befänden und daß dieses ein Datum nach Ihrem angeblichen Tod sei; außerdem hätten seine Anwälte in London bei den Herstellern nachgefragt, und diese Leute seien bereit zu beweisen, daß diese Leinwand erst nach der Beisetzung von Farll hergestellt worden sei. Sehen Sie jetzt die Klemme, in der ich stecke?«

Priam nickte.

»Meine Reputation – Parfitts' – steht auf dem Spiel. Wenn diese Bilder nicht von Ihnen sind, bin ich ein Betrüger. Der Name Parfitts' ist für immer dahin, und es gibt den größten Skandal aller Zeiten. Witt droht mit gerichtlichen Schritten. Ich habe ihm angeboten, alles zum gleichen Preis zurückzunehmen, den er mir gezahlt hat, ohne jede Kommission. Er will aber nicht. Er ist ein alter Mann, schon ein bißchen verrückt, nehme ich an, und er will einfach nicht. Er ist verärgert. Er glaubt, einem Betrug aufgesessen zu sein, und er sagt, daß er der Sache auf den Grund gehen will. Ich muß ihm also beweisen, daß die Bilder von Ihnen stammen. Ich muß ihm klarmachen, welche Gründe ich für meine Echtheitsgarantie hatte. Um diese lange Geschichte zu beenden: ich habe Sie gefunden, und ich bin sehr froh darüber!« Er seufzte erneut erleichtert auf.

»Sagen Sie mal«, fragte Priam, »wieviel hat Witt Ihnen insgesamt für meine Bilder bezahlt?«

Nach kurzem Zögern antwortete Mr. Oxford: »Ich sehe keinen Grund, es Ihnen zu verheimlichen. Er hat mir etwas über zweiundsiebzigtausend Pfund gezahlt.« Er lächelte entschuldigend.

Als Priam Farll überlegte, daß er nur ungefähr vierhundert Pfund für diese Bilder erhalten hatte – weitaus weniger als ein Prozent von dem, was dieser glänzende, wohlhabende Händler schließlich dafür herausgeschlagen hatte, loderte die tradionelle Wut des Künstlers gegen den Kunsthändler – des Erschaffers gegen den parasitischen Vermittler – in seinem Herzen auf. Bislang hatte er nie einen ernsten Grund zur Klage gegen seine Händler gehabt. (Überaus erfolgreiche Künstler haben auch selten einen.) Jetzt aber sah er Kunsthändler, wie der durchschnittliche Maler sie sieht, als die Verursacher allen Übels! Jetzt erkannte er, mit welchen Methoden Mr. Oxford seinen kostbaren Wagen, seine Kleider, seinen Club und seine unterwürfige Dienerschar erworben hatte. All dies war nicht *von* Mr. Oxford sondern *für* Mr. Oxford verdient worden, in schäbigen Ateliers, ja sogar in Bodenkammern, von schäbigen, fleißigen Malern! Mr. Oxford war weiter nichts als ein reicher, verschwenderischer Dieb, ein Schmarotzer am Glanz des Genies. Mr. Oxford war, mit einem Wort, des Teufels, und Priam stellte ihn im stillen, aber entschieden, auf den ihm gebührenden Platz.

Priam dachte äußerst ungerecht. Niemand hatte Priam gebeten zu sterben. Niemand hatte ihn gebeten, seine Identität aufzugeben. Wenn er in letzter Zeit nur Zehner statt Tausender für seine Bilder bekommen hatte, war das allein seine Schuld. Mr. Oxford hatte lediglich gekauft und verkauft; und das entsprach nur seiner wahren Funktion. Doch Mr. Oxfords Sünde war für Priam in Wirklichkeit die Sünde, recht gehabt zu haben.

Es hätte weniger Scharfblick benötigt, als Mr. Oxford ihn besaß, um zu erkennen, daß Priam Farll diese Neuigkeiten sehr schlecht aufnahm.

»Um unser beider Vorteil willen, *cher maître*«, sagte Mr. Oxford in überredendem Ton, »halte ich es für ratsam, daß Sie mich in die Lage versetzen, Mr. Witt die Echtheit meiner Garantie zu beweisen.«

»Warum zu unser beider Vorteil?«

»Nun, weil ich mit Freuden, sagen wir, sechsunddreißigtausend Pfund an Sie zahlen würde als Anerkennung für – eh –« Er unterbrach sich plötzlich.

Wahrscheinlich war ihm in diesem Augenblick aufgegangen, daß er einen verhängnisvollen Fauxpas begangen hatte. Entweder hätte er überhaupt nichts oder die ganze Summe, die er erhalten hatte, anbieten müssen, abzüglich vielleicht einer kleinen Kommission. Priam vorzuschlagen, mit ihm halbe-halbe zu machen, war der instinktive Impuls, die fatale Dummheit eines geborenen Händlers. Und Mr. Oxford war ein geborener Händler.

»Ich werde keinen Penny annehmen«, erklärte Priam. »Und ich kann Ihnen auf keine Weise helfen. Es tut mir leid, aber ich muß jetzt gehen. Ich bin schon sehr spät dran.«

Seine kalte, unwiderstehliche Wut trieb ihn voran, und ohne Rücksicht auf die gesellschaftlichen Umgangsformen in einem Club, verließ er den Tisch.

Mr. Oxford, der immer mehr wieder zum Händler wurde, stand ebenfalls auf und folgte ihm, führte ihn sogar zu dem riesigen Garderobenraum – auf dem ganzen Wege beschwichtigend und überredend auf Priam einflüsternd.

»Es könnte zu einer Gerichtsverhandlung kommen«, erklärte Mr. Oxford in der großen Eingangshalle, »und Ihre Zeugenaussage würde dann für mich unentbehrlich sein.«

»Damit kann ich nichts zu tun haben. Guten Tag!«

Der Riese an der Tür konnte das gigantische Portal kaum schnell genug für ihn öffnen. Er floh – floh, verfolgt von Alptraumvisionen entsetzlicher öffentlicher Auftritte in einem Gerichtssaal. Unvorstellbare Qualen! Er verwünschte Mr. Oxford an die schlimmsten Orte und schwor, daß er keinen Finger rühren würde, um Mr. Oxford vor lebenslanger Zuchthausstrafe zu bewahren.

Sigismund von Radecki
Du bist der Mann!

An einem Sonnabendvormittag des Oktober 1891 war im Wassili-Ostrow-Stadtteil von Petersburg eine furchtbare Mordtat verübt worden. Im Dachgeschoß eines Hauses der 19. Linie wohnte eine Wäscherin mit ihrer 13jährigen Tochter. Als die Mutter die Wäsche ausgetragen hatte, etwa um 12 Uhr mittags heimkehrte, fand sie die Wohnungstür halb offen. Eintretend, sah sie ihre Tochter leblos im Blute auf dem Bette liegen.

Dieser Mord erregte ungeheures Aufsehen in der Stadt, zumal die Nachforschungen der Polizei nach dem Täter völlig erfolglos blieben. In den Zeitungen wurden schwere Anklagen gegen die Kriminalpolizei laut.

Etwa fünf Monate nach diesem Fall war im Schaufenster der berühmten Gemäldesammlung Daziaro das mit dem Rom-Preis ausgezeichnete Bild eines bis dahin unbekannten jungen Malers ausgestellt. Es hieß: »Der Mord in der 19. Linie«, und gab mit äußerstem Realismus den Dachraum und das auf dem Bett ruhende tote Mädchen wieder. In die halboffene Wohnungstür aber hatte der Künstler die untersetzte Gestalt eines rotblonden Mannes hineinkomponiert, der, im Begriffe fortzuschleichen, noch einen letzten Blick auf das Opfer wirft.

Das Bild hatte starken Zulauf. Vor dem Schaufenster drängte sich ständig eine große Menschenmenge.

Am zweiten Tage dieser Ausstellung hörte der in der Nähe postierte Schutzmann einen gellenden Schrei aus dem Menschengedränge vor dem Schaufenster. Herzutretend, fand er einen untersetzten, rotblonden Mann sich in Krämpfen auf dem Trottoir wälzen. Als der Schutzmann ihn aufhob, bezichtigte sich der Mensch heulend des Mordes an dem Mädchen. Jetzt hatte auch die Menge seine auffallende Ähnlichkeit mit dem Täter auf dem Bilde bemerkt und drohte, ihn zu lynchen. Er wurde in Polizeigewahrsam genommen.

Die Polizei ließ den Maler unter einem Vorwande telegraphisch aus Rom zurückberufen. Auf dem Bahnhof wurde er verhaftet. Vor dem Untersuchungsrichter sagte er aus:

»An jenem Sonnabendvormittag befand ich mich zufällig in der Nähe der Mordstelle und gelangte zusammen mit der Polizei in den Dachraum. Ich hatte Blei und Papier mit und fertigte sogleich eine genaue Skizze des Tatortes an, die ich zu Hause durch eine Farbenskizze aus dem Gedächtnis vervollständigte. Der Gedanke an das entsetzliche Geschehnis ließ mir keine Ruhe, bis ich mich endlich entschloß, es mir von der Seele zu malen. Lange suchte ich in den Kneipen und Teehäusern von

Wassili Ostrow nach einem geeigneten Modell zu dem Mörder. Eines Tages sah im ich im ›Goldenen Anker‹ in der 6. Linie einen Mann, bei dessen Anblick sich meine nervöse, suchende Unruhe sogleich legte. Ich hatte mein Modell gefunden: so konnte *er* ausgesehen haben. Der Kellner sagte mir, daß der Mann hier öfters Tee trinke. Er sei finster und verschlossen und werde wohl kaum auf das Modellstehen eingehen, wenn er auch ziemlich zerlumpt aussehe ... So skizzierte ich ihn mehrmals heimlich, wobei ich mir Mühe gab, seinem Blick nicht zu begegnen. Endlich hatte ich ihn auf dem Papier und begann mein Bild.«

Der Künstler wurde mit dem Mann konfrontiert und erklärte: »Er ist es.« Die materiellen Angaben des geständigen Mörders erwiesen sich bei der Nachprüfung als richtig. Er wurde überführt und verurteilt.

Kurt Tucholsky
Das Bildnis

Dies ist die Geschichte vom ›*Bildnis*‹, wie sie in dem Buche von Gogol mit Bildern von W. Masiutin (im Verlage von Julius Hoffmann zu Stuttgart) geschrieben steht:

Der junge Maler kauft bei einem Trödler ein merkwürdiges Bild – das Porträt eines seltsamen Kerls mit glostenden schwarzen Augen. Dem Künstler geht es miserablicht: aber nachts, als er schläft, steigt der seltsame Kerl aus seinem Bilderrahmen, tanzt im Zimmer umher, fletscht die Zähne – nur zwei zu Tode erschrockne Augen starren dich aus einer Bettdecke an – und hantiert mit Geldrollen. Rollen mit Dukaten ... Und so große Angst der junge Maler hat: er greift nach einer und behält eine. Und erwacht. Ein Traum –? Sicherlich – denn die Rolle ist weg.

Am nächsten Tag wird er gepfändet – der Gerichtsvollzieher will auch jenes Bildnis fortnehmen, greift es zu hart an, der Rahmen zerbricht, und heraus fällt eine Rolle mit viel Geld: mit 1000 Dukaten. Und nun hat der Maler Geld.

Und Erfolg. Von Stund an Erfolg, wie es eben im Märchen ist. Aber was dann kommt, ist gar kein Märchen. Geld verdirbt. Und langsam, unheimlich langsam, kaufen sie dem erfolgreichen Künstler die Seele aus dem Leibe: er akkommodiert sich, macht Konzessionen, läßt Härten fort, richtete sich nach der Kundschaft – und geht den großen, breiten Weg zum Glück. Und er hat viel Geld.

Und ist sehr glücklich ...

Bis er eines Tages das Bild eines neuen Mannes sieht, der grade aufgetaucht ist. »Von seinen Augen fiel die Binde. O Gott! Wie hatte er nur die besten Jahre seiner Jugend so grausam zugrunde richten und den Funken des Feuers verlöschen können, das vielleicht in seiner Brust gebrannt hatte, das sich vielleicht jetzt in Schönheit und Majestät entwickelt und ebenso Tränen der Bewunderung und des Dankes hervorgerufen hätte wie jenes Bild!« Und geht nach Hause und will dem Neuen, dem Echten da nacheifern. Und kann es nicht mehr. Es ist vorbei. Und dann sieht er das merkwürdige Bild mit den schwarzen Augen, das schuld ist an seinem unglücklichen Glück – und stürzt sich auf das Bild und zerreißt es – und kauft sich für sein Geld alle schönen Bilder, deren er habhaft werden kann, und zerstampft sie – kann er schon nichts mehr Gutes machen: die anderen sollens auch nicht! Und wird wahnsinnig und stirbt.

Das steht, mit einer schwachen zweiten Partie, die ich hier nicht erzählt habe, in Gogols Novelle ›*Das Bildnis*‹. Es ist eine lehrreiche Novelle, und die feinen Bilder des russischen Graphikers zieren das schöne Buch. Es sind sehr gute Illustrationen, wundervoll durchzeichnet und schlagend scharf.

Und es gibt vielleicht einen oder den andern unter euch, der sich durch die Novelle getroffen fühlen dürfte. Dem sei sie recht herzlich empfohlen.

Theodor Kramer
Der alte Maler

Nun badet sich die Stadt im Frühlingslicht,
doch meine Finger sind verkrümmt von Gicht;
wie sich der Blust der Roßkastanien kerzt,
in ein paar Klecksen mal ich's, daß es schmerzt.

Vorm Schank für die drei Leut, für Tisch und Krug
sind die paar Striche, die ich zieh, genug
(hab selbst nicht wen, der mich verwöhnt und herzt);
aus Bast den Brotkorb mal ich, daß es schmerzt.

Ein Pflock der Bettler, der das Werkel dreht,
ein Wisch der Geizhals, der vorübergeht,

und schier vom Glitzern alles ausgemerzt;
die schwarze Kurbel mal ich, daß es schmerzt.

Erich Kästner
Nekrolog für den Maler E. H.

Ach, er war ein guter Maler,
doch ein schlechter Steuerzahler.
Denn sein Bilderstapel stand
still mit dem Gesicht zu Wand.

Einsam war der Mann und bald
fünfundvierzig Jahre alt.
Und er wagte nicht mehr, offen
auf sein bißchen Glück zu hoffen.

Schulden, die er nie bezahlte,
saßen rings im Atelier.
Sinnlos war es, daß er malte!
Und sein Leben tat ihm weh.

Als er keinen Mut mehr hatte,
stopfte er zerpflückte Watte
in die Tür- und Fensterspalten,
um das Zimmer dichtzuhalten.

Danach schrieb er ein paar Briefe
zur Erklärung der Motive.
Und im weiteren Verlauf
drehte er den Gashahn auf.

Krank und müde vom Getue
um die goldne Gunst der Welt,
setzte er sich nun zur Ruhe,
wenn auch ohne Ruhegeld.

Eine Woche saß die Leiche
ungestört in ihrem Reiche.
Bis der Herr Portier erschien.
Denn nur der vermißte ihn.

Paar Bekannte standen stumm
später um das Grab herum.
Ohne Blechmusik und Predigt
wurde hier der Rest erledigt.

Alle Augen blieben trocken.
Hinterher im Stammcafé
fragte einer ganz erschrocken:
»Wer nimmt nun das Atelier?«

O. Henry
Das letzte Blatt

In einem kleinen Bezirk westlich des Washington Square sind die Straßen verrückt geworden und haben sich in kleine Streifen aufgebrochen, die »Plätze« genannt werden. Diese Plätze bilden seltsame Winkel und Kurven. Eine Straße kreuzt sich selbst ein- oder zweimal. In dieser Straße hat ein Künstler einmal eine Möglichkeit entdeckt, die von Wert sein kann. Stellen Sie sich vor, ein

Bote mit einer Rechnung für Farben, Papier und Leinwand, der diese Route abgeht, kommt sich plötzlich auf dem Rückweg selbst entgegen, ohne daß ein Cent auf Abschlag bezahlt worden ist!

In dem malerischen alten Greenwich Village sah man daher bald das Künstlervölkchen herumstreifen auf der Suche nach Nordfenstern, nach Giebeln aus dem achtzehnten Jahrhundert, nach holländischen Dachstuben und niedrigen Mieten. Dann brachten sie ein paar Zinnbecher und angeschlagene Teller aus der Sechsten Avenue hierher und bildeten eine »Kolonie«.

Unter einem Dach eines behäbigen, dreistöckigen Klinkerhauses hatten Sue und Johnsy ihr Atelier. Johnsy war eine Abkürzung für Joanna. Die eine war aus Maine, die andere aus Kalifornien. Sie hatten sich an der Table d'hôte eines Kettenrestaurants in der Achten Straße kennengelernt und festgestellt, daß sie im Bezug auf Kunst, Chikoree-Salat und Kimonoärmel den gleichen Geschmack hatten, und das Resultat war ein gemeinsames Atelier.

Das war im Mai. Im November stelzte ein kalter, unsichtbarer Fremdling, den die Doktoren Lungenentzündung nannten, durch die Kolonie und berührte mit seinen eisigen Fingern hier einen und dort einen. Drüben auf der Ostseite schritt dieser Wüstling kühn daher und fällte seine Opfer dutzendweise, aber durch das Labyrinth der engen und vermoosten »Plätze« schritt er nur zaghaft.

Man konnte diesen Herrn Lungenentzündung nicht als einen ritterlichen alten Herrn bezeichnen; ein zartes, kleines Ding, dessen Blut in den weichen kalifornischen

Winden dünn geworden, war kaum eine angemessene Beute für den kurzatmigen alten Tölpel mit den roten Fäusten. Aber sein Schlag traf Johnsy, und sie lag fast bewegungslos auf ihrem bemalten Eisenbett und blickte durch die kleinen holländischen Scheiben auf die Brandmauer des Nebenhauses.

Eines Morgens rief der Doktor mit den buschigen grauen Augenbrauen Sue in den Flur.

»Ihre Chancen stehen, na – so ungefähr eins zu zehn«, sagte er und schlug dabei das Quecksilber in seinem Fieberthermometer nach unten. »Und diese eine Chance ist der Wunsch zu leben. Die Art, wie die Leute vor der Tür des Leichenbestatters Schlange stehen, macht unser ganzes Arzneibuch zu einem Witz. Unser Fräulein hat sich in den Kopf gesetzt, daß sie nicht wieder gesund wird. Gibt es etwas, was sie bedrückt?«

»Sie – sie wollte einmal die Bucht von Neapel malen«, sagte Sue.

»Malen! – Unsinn! Hat sie irgendwas im Kopf, an das zu denken sich lohnt – zum Beispiel einen Mann?«

»Einen Mann?« sagte Sue mit einem klirrenden Ton in der Stimme wie von einer zu straff gespannten Saite. »Ist ein Mann es denn wert – aber nein, Herr Doktor, so etwas ist ausgeschlossen.«

»Nun, dann ist es die Schwäche«, sagte der Arzt. »Ich werde alles tun, was die Wissenschaft, sofern sie durch meine Bemühungen hindurchsickert, tun kann. Aber sobald die Patientin anfängt, die Kutschen in ihrem Leichenzug zu zählen, haben die Medizinen nur noch die halbe Heilwirkung. Wenn sie sie dazu bringen können, eine einzige Frage nach dem Schnitt der Mantelärmel in der neuen Wintermode zu stellen, dann stehen ihre Chancen schon eins zu fünf statt eins zu zehn.«

Nachdem der Doktor gegangen war, ging Sue in ihr Arbeitszimmer und weinte ein japanisches Papiertaschentuch zu einem Brei. Dann schwenkte sie munter mit ihrem Zeichenbrett in Johnsys Zimmer hinein und pfiff dabei einen Schlager.

Johnsy lag unter ihren Decken, die sich kaum wölbten, das Gesicht dem Fenster zugekehrt. Sue hörte auf zu pfeifen, denn sie glaubte, Johnsy schliefe.

Sie rückte ihr Brett zurecht und begann eine Federzeichnung: eine Illustration zu einer Zeitungsgeschichte. Junge Maler müssen sich den Weg zur Kunst bahnen, indem sie Zeitungsgeschichten illustrieren, die junge Schriftsteller schreiben, um sich den Weg in die Literatur zu bahnen.

Sue begann mit leichten Strichen, die Gestalt des Helden, eines Cowboy aus Idaho, mit eleganten Reithosen zu bekleiden, wie sie bei Pferderennen getragen werden, und ihm ein Monokel ins Auge zu klemmen. Plötzlich hörte sie ein leises Geräusch, das sich siebenmal wiederholte. Schnell trat sie an das Bett.

Johnsys Augen waren weit geöffnet. Sie blickte aus dem Fenster, und zählte – zählte rückwärts.

»Zwölf«, sagte sie, und ein wenig später, »elf«, und dann »zehn« und »neun« und dann »acht« und »sieben« schnell hintereinander.

Sue spähte besorgt aus dem Fenster. Was gab es da zu zählen? Man sah nur einen leeren, öden Hof, und in einer Entfernung von sechs Metern die blinde Backsteinmauer des Nachbarhauses. Ein uralter, verknoteter wilder Weinstock, der im unteren Teil abgestorben war, kletterte bis zur halben Höhe der Mauer hinauf. Der kalte Herbstwind hatte die Blätter abgerissen, und die fast kahlen Äste klammerten sich wie ein Skelett an die bröcklige Mauer.

»Was ist denn, Herzchen?« fragte Sue.

»Sechs«, sagte Johnsy. Es war beinahe ein Flüstern.

»Sie fallen jetzt schneller. Vor drei Tagen waren es noch beinahe hundert. Ich bekam Kopfschmerzen beim Zählen. Aber jetzt ist es leicht. Da fällt wieder eins. Jetzt sind es nur noch fünf.

»Fünf – was, Herzchen? Sag es deiner Sudie.«

»Blätter. An den Ranken. Wenn das letzte fällt, muß ich auch weg. Das weiß ich seit drei Tagen. Hat der Doktor dir das nicht gesagt?«

»Ach, einen solchen Blödsinn habe ich noch nie gehört«, widersprach Sue mit gutgespieltem Spott. »Was haben denn welke Weinblätter mit deiner Genesung zu tun? Und du hast doch diesen Wein immer so gern gehabt, du unartiges Mädchen. Sei keine Gans! Also, der Doktor hat mir heute morgen gesagt, daß deine Chancen, gesund zu werden, also laß mich überlegen, was er genau gesagt hat – er sagte, die Chancen ständen zehn zu eins. Also, eine bessere Chance können wir hier in New York, wo wir immerzu mit der Straßenbahn fahren oder an Neubauten vorbeigehen, gar nicht haben. Versuch jetzt ein Schlückchen Suppe zu nehmen, und laß Sue wieder an ihre Zeichnung gehen, damit sie sie diesem Verleger verkaufen und ihrem kranken Kind Portwein und für sich selbst, weil sie so gierig ist, Koteletten kaufen kann.«

»Du brauchst keinen Wein mehr zu kaufen«, sagte Johnsy und blickte starr aus dem Fenster. »Da fällt wieder eins. Jetzt sind nur noch vier übrig. Ich werde das letzte fallen sehen, bevor es dunkel wird, und dann will ich mich auch fallen lassen.«

»Johnsy, mein Herzchen«, sagte Sue und beugte sich über sie, »versprich mir, die Augen geschlossen zu halten und nicht mehr aus dem Fenster zu schauen, bis ich mit der Zeichnung fertig bin. Ich muß die Blätter morgen abgeben. Ich brauche das Licht, sonst würde ich die Jalousie herunterlassen.«

»Könntest du nicht nebenan zeichnen? »fragte Johnsy ungerührt.

»Ich möchte lieber hier bei dir bleiben«, sagte Sue. »Und ich will auch nicht, daß du dauernd nach diesen blöden Weinblättern schaust.«

»Sag mir sofort Bescheid, wenn du fertig bist«, sagte Johnsy und schloß ihre Augen. Sie lag da, so weiß und still wie eine gestürzte Statue, »denn ich will das letzte Blatt fallen sehen. Ich habe das Warten satt. Ich habe das Denken satt. Ich möchte alles loslassen und hinunterschweben, hinunter, wie diese armen müden Blättern.«

»Versuch zu schlafen«, sagte Sue. »Ich muß den alten Behrmann heraufrufen, damit er mir für den alten, einsamen Bergmann Modell steht. Ich bin in einer Minute zurück. Rühr dich nicht, bis ich zurück bin.« Der alte Behrmann war ein Maler, der unter ihnen im Erdgeschoß wohnte. Er war über sechzig und hatte einen Bart wie der Moses des Michelangelo, der sich von seinem Satyrkopf an seiner Gnomengestalt hinunterlockte. Behrmann hatte als Maler versagt. Vierzig Jahre lang hatte er den Pinsel geschwungen, ohne auch nur den Saum vom Gewand seiner Herrin, der Kunst, zu berühren. Er war immer im Begriff, ein Meisterwerk zu schaffen, hatte aber nie damit angefangen. Seit mehreren Jahren hatte er nichts mehr gemalt außer einer gelegentlichen Schmiererei für irgendwelche Reklamezwecke. Er verdiente sich ein wenig Geld, indem er den jungen Künstlern der Kolonie, die sich kein professionelles Modell leisten konnten, Modell stand. Er trank Gin im Übermaß und redete immer noch von einem zukünftigen Meisterwerk. Im übrigen war er ein energisches altes Männchen, das sich über Weichherzigkeit schrecklich lustig machte und sich als ganz spezieller Wachhund der beiden jungen Künstlerinnen, die im Atelier über ihm wohnten, betrachtete.

Sue fand in der dämmrigen Höhle unten einen Behrmann, der durchdringend nach Wacholder roch. In der Ecke stand auf einer Staffelei eine leere Leinwand. Sie wartete dort schon seit fünfundzwanzig Jahren auf den ersten Pinselstrich des Meisterwerks. Sue erzählte Behrmann von Johnsys Fieberphantasien, und daß sie fürchtete, Johnsy, die selbst so leicht und zerbrechlich war wie ein Blatt, könnte weggeblasen werden, wenn sie aufhörte, sich an diese Welt festzuklammern.

Der alte Behrmann, dessen gerötete Augen tränten, schrie seine Verachtung und seinen Hohn über solch idiotische Vorstellungen einfach heraus.

»Was!« schrie er. »Gib es denn Menschen auf der Welt, die so blöd sind, daß sie sterben, weil die Blätter von einem verdammten Weinstock fallen. So was hab ich noch nie gehört. Nein, ich will nicht für Ihren blöden

Idioten von Bergmann Modell stehen. Warum lassen Sie es zu, daß ihr ein solcher Blödsinn in den Kopf kommt? Ach, die arme kleine Miss Johnsy.«

»Sie ist sehr krank und schwach«, sagte Sue, »und sie phantasiert im Fieber. Also gut, Mr. Behrmann, wenn Sie mir nicht Modell stehen wollen, den lassen Sie's bleiben. Aber ich finde, Sie sind ein gräßlicher alter – Fitzliputzli.«

»So sind die Frauen!« schrie Behrmann. »Wer hat denn gesagt, daß ich Ihnen nicht sitzen will? Los jetzt – ich komme mit. Ich sag' Ihnen doch seit einer halben Stunde, daß ich sitzen will. O Gott, dies ist keine Stadt, in der so ein liebes Wesen wie Miss Johnsy krank werden dürfte. Eines Tages male ich ein Meisterwerk, und dann gehen wir alle zusammen weg. Ganz bestimmt.«

Als sie nach oben kamen, war Johnsy eingeschlafen. Sue zog die Blende bis auf die Fensterbank hinunter und winkte Behrmann in das Nebenzimmer. Von dort spähten sie ängstlich nach dem Weinstock. Dann blickten sie sich einen Augenblick wortlos an. Draußen fiel ein kalter, mit Schnee vermischter Regen. Behrmann in seinem alten blauen Hemd setzte sich als einsamer Bergmann auf einen umgestülpten Kessel, der einen Felsen darstellte.

Als Sue am nächsten Morgen nach einem kurzen Schlaf erwachte, starrte Johnsy mit trüben, weit geöffneten Augen auf die grüne, heruntergezogene Jalousie. »Zieh sie hoch: ich will sehen«, verlangte sie mit flüsternder Stimme.

Mit zerschlagenen Gliedern stand Sue auf und tat ihr den Willen.

Und sieh da! Nach dem schweren Regen und dem heftigen Wind, der die ganze Nacht angehalten hatte, hob sich immer noch ein Weinblatt gegen die Backsteinwand ab. Es war das letzte an den Zweigen. Am Stengel war es noch dunkelgrün, aber die gezahnten Ränder waren schon vom Gelb der Auflösung und des Verfalls verfärbt. So hielt es sich tapfer an einem Zweig, drei bis vier Meter über dem Boden.

»Es ist das letzte«, sagte Johnsy. »Ich hatte ganz sicher erwartet, daß es in der Nacht fallen würde. Ich hörte den Wind. Es wird heute fallen, und ich werde mit ihm sterben.«

»Aber, aber«, sagte Sue und legte ihr erschöpftes Gesicht auf das Kissen, »wenn du nicht an dich denken willst, so denk doch an mich. Was sollte ich denn anfangen?«

Aber Johnsy gab keine Antwort. Das allereinsamste auf dieser Welt ist eine Seele, die sich bereitmacht, ihre lange, geheimnisvolle Reise anzutreten. Die Vorstellung, daß sie sterben werde, schien sich ihrer immer mehr zu bemächtigen. Während die Bande, die sie an die Freundin und an die Erde knüpften, sich eines nach dem andern lösten.

Der Tag verstrich, und noch im Abenddämmer konnten sie das einsame Weinblatt sehen, daß sich mit seinem Stengel an die Wand klammerte. Und dann kam mit der Nacht der Nordwind wieder, während der Regen immer noch gegen die Fenster prasselte und von den niedrigen holländischen Dachtraufen herunterklatschte.

Als es wieder hell wurde, befahl Johnsy unbarmherzig, die Jalousie hochzuziehen.

Das Weinblatt war immer noch da. Johnsy lag einige Zeit da und betrachtete es. Und dann rief sie Sue, die über dem Gaskocher ihre Hühnersuppe rührte.

»Ich bin ein böses Mädchen gewesen, Sudie«, sagte Johnsy. »Irgend etwas hat dieses letzte Blatt am Zweig haften lassen, um mir zu zeigen, wie böse ich war Es ist eine Sünde, sterben zu wollen. Bring mir jetzt ein bißchen Suppe und einen Schluck Milch mit einem Tropfen Portwein darin, und – nein, bring mir zuerst einen Handspiegel und schieb mir ein paar Kissen in den Rükken; ich will mich aufsetzen und dir beim Kochen zusehen.«

Und eine Stunde später sagte sie:

»Sudie, eines Tages werde ich doch noch die Bucht von Neapel malen.«

Am Nachmittag kam der Doktor, und als er ging, fand Sue einen Vorwand, um auf den Flur zu treten.

»Die Chancen sind jetzt gleich«, sagte der Doktor und nahm Sues magere, zitternde Hand in seine. »Bei guter Pflege werden sie gewinnen. Und nun muß ich noch nach einem anderen Patienten im Haus sehen. Er heißt Behrmann, ich glaube, auch eine Art Künstler. Auch Lungenentzündung. Er ist alt und schwach, und der Anfall ist heftig. Es besteht wenig Hoffnung; aber er kommt heute ins Krankenhaus, da kann er besser versorgt werden.«

Am nächsten Tag sagte der Doktor zu Sue: »Sie ist außer Gefahr. Sie haben gesiegt. Jetzt braucht sie kräftige Kost und Pflege – sonst nichts mehr.«

Und an diesem Nachmittag trat Sue an Johnsys Bett. Die lag da ganz gemütlich und strickte an einem ganz blauen und ganz nutzlosen Wollschal, und Sue legte ihr einen Arm um Schultern und Kissen.

»Ich muß dir etwas erzählen, mein weißes Mäuschen«, sagte sie. »Mr. Behrmann ist gestern im Krankenhaus an Lungenentzündung gestorben. Er war nur zwei Tage krank. Am ersten Tag hat ihn der Hausmeister ganz hilflos vor Schmerzen in seinem Zimmer unten gefunden. Seine Schuhe und seine Kleider waren ganz durchnäßt und eiskalt. Sie konnten sich nicht vorstellen, wo er in einer so schrecklichen Nacht gewesen war. Und dann fanden sie eine Laterne, die immer noch brannte, und eine Leiter, die von ihrem Platz weggezerrt worden war, ein paar Pinsel und eine Palette, auf der Grün und Gelb gemischt worden war – und, sieh mal aus dem Fenster, Herzchen, sieh dir das letzte Weinblatt an. Hast du dich nie gewundert, warum es nicht flatterte und sich nicht bewegte, als der Wind blies? Ach, Herzchen, es ist Behrmanns Meisterwerk – er hat es dort in der Nacht gemalt, als das letzte Blatt gefallen war.«

Nelly Sachs
Die Malerin [M. Z.]

So gingst du, eine Bettlerin, und öffnetest
die Tür:
Tod, Tod wo bist du –
Unterm Fuß du –

Zum Schlafmeer mich führ –
Ich wollte die Liebsten malen

Sie fangen schon an zu fahlen
Wie ich den Finger rühr.

Der Sand in meinem löchrigen Schuh
Das warst du – du – du –
Male ich Sand der einmal Fleisch war –
Oder Goldhaar – oder Schwarzhaar –
Oder die Küsse und deine schmeichelnde Hand
Sand male ich, Sand – Sand – Sand –

Ernst Bloch
Ein Maler nimmt Abschied

Die Geschichte von dem alten Maler gehört so hierher, der seinen Freunden sein letztes Bild zeigte: ein Park war darauf zu sehen, ein schmaler Weg, der sanft hindurchführte, an Bäumen und Wasser vorüber, bis zu der kleinen roten Tür eines Palasts. Aber wie sich die Freunde zu dem Maler wenden wollten, das seltsame Rot, war dieser nicht mehr neben ihnen, sondern im Bilde, wandelte auf dem schmalen Weg zur fabelhaften Tür, stand vor ihr still, kehrte sich um, lächelte, öffnete und verschwand.

Die Einsamkeit des Malers beim Malen der Welt

Dichter und Schriftsteller erzählen Geschichten über Maler. Künstler setzen Dichter ins Bild. Gibt die Gegenprobe etwas her?

Der Kontrast zwischen Spitzwegs zipfelmützigem »Armem Poeten« und Rodins titanischem »Denker«, der ursprünglich »Le Poète« heißen sollte, könnte kaum größer sein. Was geht den skandierenden Verseschmied der danteske Heros über der Menschheitstragödie an? Der verklärte Biedermeier und Poet dazu mit dem Gedankenriesen, dessen grüblerische Imagination Welten gebiert?

So abwegig der Vergleich zu springen scheint: beide sind mit geballtem Ernst auf ihren Schaffensakt konzentriert, beide verdichten den schöpferischen Moment im Gespräch mit sich selbst. Ziseliert der Pedant nicht gerade die maßgebliche Silbe aus? Komprimiert der muskelschwere Grübler sein Dichten und Denken nicht gerade im Augenblick der Emanation zur Tat? Sind nicht beide isoliert, überkrönt und durch ihre Überkrönung gezeichnet, ob dies nun die schüttere Kuppel des Regenschirms oder der lastende Baldachin der »Drei Grazien« ist? Wohnen nicht beide, in der Dachkammer oder auf dem Weltgebäude, irgendwie doch über den Köpfen, irgendwie doch »auf der Menschheit Höhen«? Erheben sich nicht beide über das profane Getriebe und kreisen sollipsistisch in sich selbst? Ist der gewaltige Autismus des Denkers in der preziösen Zuspitzung von Zeigefinger und Daumen des Poeten nicht auf seinen kleinsten, allerkleinsten Nenner gebracht? Schließt dieser Zirkelschluß nicht förmlich aus, was pauschal immer wieder Gesellschaft heißt?

Allzu weit sind die Dichter von den Malern also nicht entfernt. Viele Geschichten handeln von der Entfremdung, den Konflikten, Mißverständnissen mit der Welt. Von der Mauer, die sich zwischen dem malenden Exoten und einer banalen, unerreichbaren bürgerlichen Umgebung türmt. Unentwegt dringt dieses dualistische Muster durch. Dahinter steckt ein diagnostisches Klischeee, doch die Kunstgeschichte der vergangenen 200 Jahre liefert Material genug für seine Verankerung in der Realität. Die Schere, die sich zwischen der künstlerischen Moderne und ihrem immer weniger geneigten Publikum öffnet, ist eben doch mehr als ein Klischee. Nur wenige Geschichten heben die heile, schöne, »bildende« Kunst ohne Schrammen und Blessuren aufs Podest. Bilder, die ein Abglanz göttlicher Schönheit sind (wie im Mittelalter), problemlos die Mimesis perfektionieren (wie in der Renaissance) oder die heißeste menschliche Lebensdichte atmen (wie bei Goya) kommen nur selten vor. Die meisten Geschichten markieren einen Riß.

Nach einer gängigen Auffassung wurzelt dieser Riß im späten 18. Jahrhundert. Vorher, bis zum Ancien Régime, herrschte eine fragile Übereinstimmung zwischen kirchlichen, fürstlichen oder bürgerlichen Auftraggebern und dem Künstler, der, letztlich konsensfähig, den Zeitgeist illuminiert. Es gab Mißverständnisse, gewiß, so daß Franz Rohs Buch über den »Verkannten Künstler« schon im frühen 18. Jahrhundert beginnt, doch betroffen sind vor allem schwankende Vorlieben und Moden, ohne Folgen für den Grundkonsens. In zwei Novellen hat Mörike den künstlerischen Prototyp unmittelbar vor und bald nach der Wende ebenso anschaulich wie einseitig konturiert. Mozart, 1787 auf der Reise nach Prag, ist nicht zuletzt auch ein Virtuose der liebenswürdigsten, eloquent geselligen Kommunikation. Alles erfüllt sich in einer wohlumfriedeten Gesellschaftskultur, in der Mozart sich, beglückt und beglückend, verströmt. Ein musikalisches Glückskind auf der heiteren, eleganten Seite des Ancien Régime, auf der ésprit noch nicht konträr, sondern komplementär zum Genie erscheint. Folie für den frühen Tod. Die Novelle entstand, als souveräner Rückblick, 1847. Doch schon gegen 1830 hatte Mörike, jetzt als Zeitgenosse, das Schicksal des Malers Nolten konzipiert. Nolten scheitert, typisch spätromantisch, an seiner weltvergessenen Einspinnung in Schein und Illusion einer doppelt gefährdeten Künstlerexistenz.

Nichts markiert den Bruch schärfer als ein Vergleich zwischen den Stichen des Gabriel Jacques de St. Aubin vom Salon des 18. Jahrhunderts mit den Salon-Karikaturen Daumiers knapp 100 Jahre danach. Bei St. Aubin: ein lebhaft parlierendes Publikum, dessen Kontur geschmeidig zusammenklingt, gepflegte Konversationen über so konträre Künstler wie Chardin und Boucher, Fragonard und Greuze. Selbst Widersprüche sind noch Positionen in einem kultivierten Diskurs. Bei Daumier dagegen: der abgezehrte Maler, mit Schlappmütze, Knebelbart und hungrigem Blick, den das behäbige Amüsement des Bürgers entsetzt zurückschrecken läßt: Du Depp, hau ab! Die Kluft ist unüberbrückbar geworden.

So läge der Bruch zwischen Künstler/Maler und Gesellschaft also wirklich gegen 1800, mit der Französischen Revolution als historischem Meilenstein, Geniezeit und Romantik als Bruchlinien, der Klassik als insularer Hochebene im bereits zerklüfteten Terrain? Die Frage ist komplex genug, um sie retrospektiv auszuweiten. Denn beim Rückblick kommt noch ein anderer Wandel ans Licht. Wir erkennen, daß die Stellung der Maler sich nicht erst gegen 1800, sondern schon einmal gegen 1500 verändert hat. Dieser Wandel ist nicht weniger fundamental. Er führt überhaupt erst vom Handwerk zur Kunst.

Gerade die Maler bleiben, im Vergleich mit Dichtern (Philosophen, Rhetorikern, Musikern) viele Jahrhunderte lang unterprivilegiert. Anders als die Poeten, die seit Homer in heiligem Enthusiasmus den Zorn oder die Freuden der Muse singen, waren Maler im besten Fall bestaunte Illusionisten des Augentrugs. Zu den artes liberales, den Künsten für freie Männer, zählte ihre Arbeit nicht. Plutarch hat um 100 n. Chr., als Resümee einer Sklavenhaltergesellschaft, die Handarbeit diskreditiert: Wir genießen die Werke und verachten ihre Urheber.« 1000 Jahre später, im Mittelalter, waren die Maler dann weniger verachtet als fest ins Handwerk gebunden, doch immer noch ohne die höheren Weihen von Poesie und Gelehrsamkeit. Ein malender Kaiser: ein Fauxpas Ein Gedichte schreibender, Traktate verfassender Kaiser: von Nero bis Mark Aurel, von Heinrich VI. bis Friedrich II. von Staufen ein zusätzliches Ruhmesblatt. Erst im Quattrocento ziehen die Maler, zumindest progressiven Theorien zufolge, mit Dichtern und Wissenschaftlern gleich. Leone Battista Albertis »Traktat über die Malerei« bezeugt 1436 einen neuen Stolz. Die Malerei sei »voll göttlicher Kraft, die beste und älteste Zier aller Dinge, Schatz der freien Menschen ... Die intensive Neigung zur Malkunst« kennzeichne »den vollkommenen Geist«. Dieser Geist brilliert nicht nur als Maler, sondern kennt sich auch in Körpermechanik und Seelenregungen aus, ist wissenschaftlich versiert und besitzt außerdem noch gute Manieren und eine verträgliche Natur. Leonardo löst das penibel ein. Von jetzt an können Maler ebenso angesehen und geehrt wie die Vertreter der artes liberales sein.

Die Basis für einen solchen Aufstieg bleibt allerdings noch lange schmal. Der frühe Lorbeer wächst den Malern vor allem in Italien zu. Dürers Stoßseufzer aus Venedig »Hier bin ich ein Herr, dahom ein Schmarotzer« tut Nürnberg vermutlich unrecht, doch ein Echo findet sich noch 50 Jahre später in Vasaris gloriosen »Viten der berühmtesten Maler, Bildhauer und Architekten«. Fast gleichzeitig brachte Johan Neudorfer seine »Nachrichten von Künstlern und Werkleuten aus Nürnberg« heraus, die unterschiedslos durcheinander gewürfelt sind. In den Niederlanden reklamieren die Maler noch um 1650 demonstrativ ihren Anspruch auf die noblere Tradition. Das Delfter Haus der Lukasgilde zeigt im Dekkenbild die klassischen sieben freien Künste – und als achte die Malerei. Auf einem Atelierbild von Jan Steen lehnt sichtbar hervorgehoben eine Laute neben der Staffelei. Der Maler, in den Lebensumständen meist ebenso bescheiden wie der Musikant, stellt sich gleich.

An der Spitze glänzt in Zukunft der erfolgreiche, aus

Zunft und Gilde entlassene »moderne« Künstler, der weltläufige, mit Ämtern und Titeln versehene Höfling, Hofmaler, ganz oben der regierende Malerfürst. Das galante Weltkind Raffael und der zähe Rechnungssteller und Palastbesitzer Tizian bereiten ihn vor. Rubens, Velazquez, Bernini, van Dyck führen ihn im Barock auf einen Gipfel. Mit Reynolds blüht er im 18. Jahrhundert noch einmal herrschaftlich auf. Bei den Lenbachs verflacht er 100 Jahre später ins Großbürgerliche. Die Lüpertz von heute veräußerlichen ihn zum Habitus.

Mit dem breiten Strom hat dies allerdings wenig zu tun. Hier kämpfen die nicht weniger »modernen«, noch lange nach Stunden oder Figurenzahl entlohnten Nachfolger der Handwerker um einen schwierigen Markt. Allein in Antwerpen sind 1560 über 300 Maler eingeschrieben, fast doppelt so viele wie Bäcker. Vielerorts besitzen die Zünfte ein zähes Leben. Vor allem in Holland herrscht im goldenen 17. Jahrhundert das bürgerliche oder kleinbürgerliche, ums tägliche Brot malende Mitglied der Lukasgilde vor. Die Generalstaaten wimmeln von Malern, die offenkundig mehr Anerkennung als Auskommen finden und zusätzlich mit Bildern handeln wie Rembrandt und Vermeer oder einen Brotberuf ausüben wie der Tulpenhändler van Goyen, der Eichmeister Hobbema, der Feldscher Ruysdael, der Bierbrauer van Steen.

Auch psychologisch verläuft der Abschied vom Handwerk nicht immer reibungslos. Das neue Selbstverständnis und die Ablösung von Malkonventionen durch die Erkundung neuer Perspektiven, Illusionseffekten, malerischer Finessen fördern im 15. und

16. Jahrhundert den melancholischen, in sich verschlossenen, »saturngeborenen« (Witkower) Künstlertyp. Besonders Maler gelten seit ihrer Entlassung aus den Regeln und Normen des Handwerks auch als Abweichler von der gesellschaftlichen Regel und Norm. Der »typische« Künstler, der sich auf seiner Sternenbahn verliert, ist nicht erst das Produkt von Geniezeit und Romantik – er reicht, ob als Klischee oder real, viel weiter zurück. Für die Frührenaissance und den Manierismus beschreibt Vasari zahlreiche Eigenbrötler, Sonderlinge, passionierte Arbeitseremiten: Uccello, der sich, von den Köstlichkeiten der Perspektive erfüllt, wochenlang in der Kammer einsperrt und sein Weib kalt liegen läßt, Pontormo, dessen Wohnatelier nur über eine einzige Leiter zu ersteigen ist. »Er war sehr einsam«, kommentiert Vasari lapidar. Es scheint, als ob Florenz, die Urheimat geborener Individualisten, bei der Ausprägung dieser extremen Außenseiter (oder der Vorstellung davon) an der Spitze stand. Selbst Michelangelo war für seinen Drang zur Absonderung berühmt.

Aber auch Exzentrik durchläuft Veränderungen, die wiederum das Ergebnis gesellschaftlicher Veränderungen sind. Das barock extrovertierte 17. Jahrhundert bringt neben höfischen Gesellschaftsmenschen auch sehr viel deftigere Formen geselliger Exzentrik hervor. Die holländischen »Bentvögel«, eine Bruderschaft in Rom malender Gastarbeiter, waren für ihre 24stündigen exzessiven Saufgelage berüchtigt. Frans Hals soll, glauben wir Houbraken, ein begnadeter Kneipenbruder gewesen sein, Adriaen Brouwer ein Wirtshausraufbold, der seine Motive aus dem vollen eigenen Leben schöpfte. Nicht nur der Rückzug ins verbarrikadierte Atelier, auch die ausschweifende Geselligkeit trägt also zum Bild des auffälligen Künstlers bei. So liegen bereits lange vor dem viel berufenen »künstlerischen Subjekt« viele Züge parat. Der weltläufige Gentleman oder Dandy wie der berührungsscheue, überspannte Sonderling, der werkversessene Asket wie der üppige Prasser. Züge, die seit der Romantik ins Bild des Bohemien zwischen Dachkammer und Künstlerfest eingehen.

Eines unterscheidet diese Maler jedoch meistens von ihren Nachfolgern in späterer Zeit. Sie stehen, ungeachtet aller Kapriolen und wirtschaftlicher Nöte, immer noch in einer festen Übereinkunft mit ihrem Publikum. Selbst Rembrandt, lange Jahre Inbegriff des »verkannten Genies«, war, wie wir heute wissen, nicht nur der Leiter einer expandierenden Malwerkstatt, sondern auch ein bemerkenswert erfolgreicher Schulgründer. Das Leben von Frans Hals spielte sich als ein endloser Kampf mit Gläubigern und chaotischen Familienverhältnissen ab. Außerdem war er, wie Houbraken berichtet, »jeden Abend betrunken. Trotzdem hatten seine Schüler große Achtung vor ihm, und die Älteren wechselten sich ab ... ihn am Abend aus der Kneipe zu holen, nach Hause zu bringen, zogen ihm die Schuhe aus und halfen ihm ins Bett.« Fazit: Hals *hatte* Schüler, er war, trotz permanentem Zahlungsverzug, ein geachtetes Mitglied der Gilde und mit Aufträgen versorgt. Auch der schlimmste Suff änderte nichts an der Zustimmung zu seiner flottpinsligen, treffgenauen Kunst. In Italien erhalten selbst der mörderische Raufbold Caravaggio und der Straßenräuber Leone Leoni Aufträge von Kirche und Papst. Der krankhaft besessene Spieler Guido Reni begründet einen der folgenreichsten Augenaufschläge der christlichen Ikonografie. Ganz offenkundig malen nicht nur die wohletablierten Meister und arrivierten Hofkünstler im Einklang mit ihrer Umgebung. Auch die Zuverdiener, Sozialfälle, Zügellosen, Kneipengenies, Grenzfälle zu Kriminalität und Psychopathologie werden als Maler akzeptiert. Wenn Franz Roh viele Künstler als Opfer einer »jahrhundertelangen Geschichte des kulturellen Mißverstehens« beklagt, so übersieht er, wie normal hier falsche neben richtigen zeitgenössischen Urteilen stehen. Sozialpsychologisch mag zwischen Bürger und Maler ein Graben klaffen. Kulturell existiert dieser Graben noch kaum.

Dazu kommt, daß die neu gegründeten Akademien den erfolgreichen, professionellen Maler auch gesellschaftlich neu legitimieren. Sie korrigieren das Bild des haltlosen, unzuverlässigen Außenseiters und garantieren künstlerische Wohlanständigkeit. Auf diese Weise stekken sie nun über 200 Jahre lang den Rahmen für die Kunstgeschichte ab. Erst später, im fortgeschrittenen 19. Jahrhundert, im Stadium ihrer Erstarrung im Offiziellen, zementieren sie die Kluft zur weiterdrängenden Avantgarde. Obgleich die Akademien (seit 1565 in Florenz, 1593 in Rom, 1648 in Paris) zunächst Bastionen staatlich sanktionierter Auftragskunst sind, obgleich sie die Kunst zeitweise im Sinne einer fürstlichen, zentralistischen Kulturpolitik zu regulieren versuchten, erwies der Hof sich gerade im maßgeblichen Paris schon sehr bald als eine zu schmale Basis. Der Druck, nicht zuletzt Käufer außerhalb und unterhalb der höchsten Kreise zu gewinnen, öffnete die Akademie rasch ins städtische Bürgertum. Der Salon, als regelmäßige Leistungsschau und Aushängeschild der Académie Royale, orientierte sich mit seinen vermittlungsbedachten, dickleibigen, auflagenstarken Katalogen an einem breiten Besucherstrom. Mehr noch, der Salon spielte sogar eine beachtliche Rolle im intellektuellen Vorspiel zur Französischen Revolution. Was Jürgen Habermas als »Strukturwandel der Öffentlichkeit« in Deutschland dem literarischen und philosophischen Diskurs zuschreibt, die Einübung ins politische Raisonnement, leistet in Paris schon Jahre vorher die Salonkritik – eine Bilderausstellung wird zum Probelauf für die bürgerliche Emanzipation! Kein Wunder, daß der durch und durch bürgerliche Chardin, dessen neue Bescheidenheit den höfischen und aristokratischen Pomp demontiert, ja, moralisch desavouiert, jahrelang als »decorateur«, als Hängekommissar für den Salon fungiert! Im Salon von 1787 hängt direkt neben dem höfisch ländlichen Porträt der Königin Marie Antoinette Davids »Schwur der Horatier«, dessen »Fallbeilästhetik« (Werner Hofmann) das Bild nach 1789 zur programmatischen Ikone der Revolution erhebt. Selbst die Akademien, ursprünglich Zulieferer für den höfischen Bedarf, waren lange vor der Revolution bürgerlich unterwandert und gerade dadurch in vitalem Kontakt mit den kulturellen Kraftlinien der Zeit.

Das ändert sich im nächsten Jahrhundert. Der Auszug Courbets aus dem Salon von 1856 legt den Bruch zwischen Akademie und Avantgarde für jedermann sichtbar bloß. Unter der spektakulären Einzelaktion liegen jedoch sehr viel breitere, tiefere Verwerfungen zwischen

Gesellschaft und Kunst. So falsch es wäre, die letzten beiden Jahrhunderte ausschließlich aus der Perspektive eines Konfliktes zu sehen, so engagiert das Bildungsbürgertum des 19. Jahrhunderts mit Kunstvereinen, Ausstellungsprojekten, Bildertourneen den Brückenschlag organisiert, so maßgeblich der Staat im 20. Jahrhundert das Betriebssystem Kunst subventioniert und über eine umfriedete Expertenherrschaft auch noch die hermetisch verkapselte Kunst zu erreichen versucht – so unübersehbar ist der Riß. Der Historismus hebt 1000 Künstler aufs Denkmalpodest und läßt die eigenen Zeitgenossen ideell und manchmal auch materiell verhungern. Unsere eigene Gegenwart befriedet Außenseiter, Bilderstürmer, Museoklasten im Museum und schleift sie damit, Rebellion inbegriffen, zum decorum ab. Der Ansturm künstlerischer Utopien auf Materialismus, Passatismus, Moral, Kultur wurde entweder nicht zur Kenntnis genommen oder in die ästhetische Quarantäne gesteckt. Das gilt heute mehr denn je. Nicht der Mißerfolg macht das Scheitern des modernen Künstlers aus, sondern die Folgenlosigkeit. Die Seismografen und Hellseher der Epoche sind Fremdlinge in ihrer eigenen Zeit. Deshalb handeln viele Geschichten von der Verunsicherung und Frustration, die auf beiden Seiten herrscht. Aus dem psychischen und sozialen Sonderfall wird immer häufiger das Scheitern am Zwiespalt von Leben und Kunst. Wie kam es dazu?

Ich isoliere einen einzelnen Strang. Er verläuft an einem neuen Bild des Künstlers entlang. Der artifex doctus der Renaissance hatte das Handwerk hinter sich zurückgelassen und empfahl sich dadurch für ein höheres

Prestige. Intellektuelle Kenntnisse hoben sein Werk auf die Stufe der artes liberales. Selbst wo die Gelehrsamkeit sich, wie in Holland, meist in optisch oder perspektivtechnisch exakt fundierten Genre-Szenen erschöpft, trägt sie den Status mit.

Gegen Ende des 17. Jahrhunderts beginnt in England und kurz danach in Frankreich eine philosophische Diskussion. Sie entzündet sich an der alten Dichotomie von ingenium und studium: Nicht erlernbares Wissen, sondern angeborenes Genie mache den Künstler aus. Als gewaltigster »poet of nature« wurde in England Shakespeare inthronisiert. Bei Diderot, im Umkreis der Enzyklopädie, bricht der neue Geniebegriff dann mit dem ganzen Pathos des Schöpferischen hervor: Das Genie stürmt, erst Generationen später verstanden, seiner Epoche voraus, bekämpft alle Regelschönheiten des »gout« – ein »monstre«, das sich an den Konventionen der Moral wie Ästhetik vergeht. Bald dringt diese Vorstellung auch nach Deutschland und in die Schweiz, immer noch im Rekurs auf die dichterischen »Naturgenies« Shakespeare, Pindar, Homer, während die Malerei lange nur am Rande ins Blickfeld rückt. Erst als A. G. Baumgarten seit 1750 (300 Jahre nach Alberti!) auch der Malerei eine eigene »veritas aesthetica« bescheinigt, ist sie endgültig aus der 2000jährigen Verpflichtung auf Naturkopie und technische Regeln befreit. Erstaunlich, wie spät die Theorie nachvollzieht, was die Praxis längst erwiesen hatte!

Im Sturm und Drang schäumt der Begriff des »Originalgenies« über. Der junge Goethe schreibt 1774, jetzt auch auf die Malerei übertragbar: »Was doch allen

Schreibens Anfang und Ende ist, die Reproduktion der Welt um mich durch die innere Welt, bleibt den Gaffern und Schwätzern ewig ein verborgenes Geheimnis.« Wo aber nur noch die »innere Welt« die Reproduktion der äußeren bestimmt, ist der Boden für die Entzweiung bereit. Wer garantiert, daß innere Welten für alle nachvollziehbar und verbindlich sind? Deshalb nahm schon der reife Goethe diese radikale Subjektivität wieder zurück und kreidete sie der Romantik als »Krankheit« an. Auch Hegel wehrte sich gegen die »schlechte Begeisterung«. Doch die Idee der Eigengesetzlichkeit war in der Welt. Baudelaire proklamiert sein Avantgardemodell der nouveauté: »Der Künstler geht nur bei sich selbst zu Lehen.« Noch Adorno diagnostiziert in seiner »Ästhetischen Theorie«: wahre Kunst bestehe »in der Weigerung, sich auf einen Pakt mit dem status quo einzulassen.« Am Konflikt zwischen Genie und Gegenwart, Maler und Menge führt kein Weg mehr vorbei.

Der schmerzhafte Dissoziationsprozeß spiegelt sich in realen – inneren wie äußeren – Künstlerschicksalen, aber auch in der Literatur. Von Anfang an rücken dabei auch Maler in den Vordergrund. Schon Heinses titanischer uomo universale Ardhingello, der Gründungsheros des deutschen Künstlerromans, ist vor allem ein Maler, der Vasaris florentinischer Vorliebe für die Linie widerspricht und alle Wahrheit in der Farbe sucht. Bei Tieck, Mörike, Keller, Stifter, Balzac, E. A. Poe, Zola erscheinen Maler als Prototypen einer scheiternden schöpferischen Passion. Zentrales Motiv vieler Geschichten ist so das gestörte Verhältnis von Kunst und Lebenswelt.

Auf seiten der Bürger: Verunsicherung, der Verdacht

auf Manipulation, Mystifikation und die Strategien der Scharlatanerie. Mißverständnisse, Ignoranz, Unerreichbarkeit. Die richtige Signatur oder die falsche Hängung machen den Erfolg. Ein Nährboden für Satire und Ressentiments. Auch Schriftsteller sind nicht immer frei davon.

Auf seiten der Künstler: gelegentlich Anpassung, Eulenspiegelei. Öfter Verweigerung, die Einsamkeit des Malers, der endgültige Rückzug in den innersten Kreis. Wer auf Wasser malt, malt auf subtile Weise für sich selbst.

Dazwischen viele Fragen. Was ist Malerei? Was ist Kunst? Mimesis oder Genesis? Gottesdienst oder Menschendienst? Schönheit oder Häßlichkeit? Sinnliche Epidermis oder verborgene Wahrheit unter der sichtbaren Haut? Kaum ein Weg von der perfekten Nachahmung über den psychischen Essentialismus bis zum Geheimnis Gottes im Pfeifenrauch, kaum eine Lehre von Platons Idealismus über Baudelaires Ästhetik des Schocks bis zu Adornos negativer Dialektik, die von den Geschichten nicht berührt werden!

Am direktesten zeigt sich das gestörte Verhältnis von Kunst und Leben in den Torsionen und Turbulenzen des alten Pygmalionmotivs. Die Zone, in der beide Pole sich berühren, wird zur gefährlichen Falle, die über der Kunst oder dem Leben zusammenschnappt. Derartige Grenzüberschreitungen reichen als literarisches Thema von der Romantik bis zur Gegenwart. Allerdings kehren sich die Fronten um. In der Romantik bedroht die Kunst das Leben, frißt es auf. E. A. Poes fiebriges Prosastück über das »ovale Porträt« spitzt das bis zur Wörtlichkeit zu. Die unbegreiflich lebendig wirkende Unbekannte auf dem Porträt stirbt, sobald ihr Bild fertig gemalt ist. Das Bild saugt ihre Lebenskraft in sich, löscht sie aus – ein anderer Vampyr. Dagegen gibt schon Kellers oder Stifters poetischer Realismus dem Leben seine Übermacht zurück. In Stifters Erzählung »Die Nachkommenschaften« malt der junge Friedrich Roderer, auf einer äußersten Gegenposition zur genialischen Projektion einer inneren Welt, »die Wirklichkeit so wirklich, wie sie ist« – bis die Malerei sich erübrigt und die obsessive Malwut durch den bürgerlichen Eheschluß beendigt wird. Roderer hört auf zu malen, so wie Poes Unbekannte zu leben aufhört. Eine neuere Geschichte radikalisiert dieses Motiv, wiederum bis zur Wörtlichkeit. Dem Maler entlaufen ganze gemalte Populationen aus seinen Bildern und machen sich in der Außenwelt ansässig. Solange er jedes Bild zu Ende malt, behält das Leben die Oberhand.

Gewinnt die klassische Moderne daraus nicht sogar ihren konstitutiven utopischen Impuls? Am Horizont dieser Moderne geht die Kunst im Leben auf, eben nicht als Störfall, sondern als ästhetische und soziale Utopie? Die russischen Konstruktivisten, die Stilbewegung, die Surrealisten, zuletzt Beuys. Das Jahrhundertprinzip Readymade und Collage nimmt den Konflikt ins einzelne Werk zurück und löst ihn hier, symbolisch, im Modell. Da alle Hoffnungen und Symbole letztlich doch im Museum enden: das produktivste Mißverständnis der modernen Kunst. Scheitern und Gelingen verschmelzen in eins.

Manfred Schneckenburger

Textnachweise

Jürg Amann · 2. 7. 1947 Winterthur – Der Maler. Aus: Patagonien. Prosa. © R. Piper GmbH & Co.KG, München 1985

Stefan Andres · 26. 6. 1906 Breitwies b. Dhrönchen – 29. 6. 1970 Rom
El Greco malt den Großinquisitor (Auszug). Aus: Novellen und Erzählungen. © R. Piper & Co. Verlag, München 1962

Hans Bender · 1. 7. 1919 Mühlhausen/Kraichgau
Pierre-Joseph Redouté 1759-1840. Aus: Hier bleiben wir. Gedichte. Edition ZYPresse, Köln. 1992. Mit freundlicher Genehmigung des Autors.

Arnold Bennett · 27. 5. 1867 Hanley/Staffordshire – 27. 3. 1931
Das Geheimnis. Aus: Lebendig begraben. Roman. Deutsch von Peter Naujack. Manesse Verlag, Zürich 1983

Ernst Bloch · 8. 7. 1885 Ludwigshafen – 4. 8. 1977 Tübingen
Ein Maler nimmt Abschied*. Aus: Das Tor-Motiv. In: Spuren. Suhrkamp Verlag Frankfurt am Main 1969

Johannes Bobrowski · 9. 4. 1917 Tilsit – 2. 9. 1965 Berlin
Der Ikonenmaler. Aus: Wegzeichen. Ein Almanach aus dem Union Verlag. Buchverlag Union GmbH, Berlin 1987

Hermann Bote · um 1460-1520 Braunschweig
Die 27. Historie. Aus: Till Eulenspiegel. Insel Verlag Frankfurt am Main 1978

Beat Brechbühl · 28. 7. 1939 Opplingen b. Bern
Rechnung eines Kirchenmalers. Aus: Der geschlagene Hund pißt an die Säulen des Tempels. Diogenes Verlag, Zürich 1972. © Verlag im Waldgut 1996

Bertolt Brecht · 10. 2. 1898 Augsburg – 14. 8. 1956 Berlin
Rat an die Bildenden Künstler. Aus: Gesammelte Gedichte Bd. II. Suhrkamp Verlag Frankfurt am Main 1967

Gottfried August Bürger · 31. 12. 1747 Molmerswende/Harz – 8. 6. 1794 Göttingen
Die beiden Maler. Aus: Bürgers Gedichte in zwei Teilen. Vermischte Gedichte. Deutsches Verlagshaus Bong & Co., Berlin

Wilhelm Busch · 15. 4. 1832 Wiedensahl/Hann. – 9. 1. 1908 Mechthausen/Harz
Für einen Porträtmaler. Aus: Gedichte. Diogenes Verlag, Zürich 1974

Albert Camus · 7. 11. 1913 Mondovi/Algerien – 4. 1. 1960
Jonas oder Der Künstler bei der Arbeit (Auszug). Aus: Gesammelte Erzählungen. Deutsch von Guido G. Meister. Copyright © 1966 by Rowohlt Verlag GmbH, Reinbek

Karel Capek · 9. 1. 1890 Schwadowitz – 25. 12. 1938 Prag. Bilderstürmer. Aus: Wie in alten Zeiten. Das Buch der Apokryphen. © Aufbau-Verlag Berlin und Weimar 1977

Roald Dahl · 13. 9. 1916 Llandaff b. Cardiff
Haut. Aus: ... und noch ein Küßchen! Weitere ungewöhnliche Geschichten. Copyright © 1963 by Rowohlt Verlag GmbH, Reinbek

Richard Dehmel · 18. 11. 1863 Wendisch-Hermsdorf/Spreewald – 8. 2. 1920 Blankensee b. Hamburg
Rembrandts Gebet. Aus: Simplicissimus. Illustrierte Wochenschrift. Herausgegeben von Albert Langen. München 1906/07 11. Jahrgang Nr. 15

Marie von Ebner-Eschenbach · 13. 9. 1830 Schloß Zdislavic b. Kremsier – 12. 3. 1916 Wien
Der Maler. Aus: Altweibersommer. Leipzig 1930

Johannes Edfelt · 21. 12. 1904 Kyrkefalla/Skaraborgs Län
Der Maler. Aus: Fieberbrief. Prosagedichte. Carl Hanser Verlag, München 1984

Hans Magnus Enzensberger · 11. 11. 1929 Kaufbeuren/Allgäu
Abendmahl. Venezianisch, 16. Jahrhundert. Aus: Der Fliegende Robert. Gedichte/Szenen/Essays. Suhrkamp Verlag Frankfurt am Main 1989

Han Feizi gest. 2333 v. u. Z.
Was schwer zu malen ist. Aus: Altchinesische Fabeln. Aus dem Chinesischen übertragen von Käthe Zhao und Senta Lewin. © Reclam Verlag Leipzig 1972

Lion Feuchtwanger · 7. 7. 1884 München – 21. 12. 1958 Los Angeles
Goya und ›Die Nackte‹ des Velazquez*. Aus: Goya. Roman. © Aufbau-Verlag Berlin und Weimar 1968

Erich Fried · 6. 5. 1921 Wien – 22. 11. 1988 Baden-Baden
Klage um Picasso. Aus: Einbruch der Wirklichkeit. Gedichte. Klaus Wagenbach Verlag, Berlin 1991

Fritz Rudolf Fries · 19. 5. 1935 Bilbao/Spanien
Paul Gauguin. Aus: Herbsttage im Niederbarnim. Gedichte. © Aufbau-Verlag Berlin und Weimar 1988

Christian Fürchtegott Gellert · 4. 7. 1715 Hainichen/Erzgeb. – 13. 12. 1769 Leipzig
Der Maler. Aus: Im Anfang war das Wort. Herausgegeben von Günter Kunert. Hoesch Werke AG, Dortmund 1983

Heinrich Wilhelm von Gerstenberg · 3. 1. 1737 Tondern/Schleswig – 1. 11. 1823 Altona
An den Maler. Aus: Deutsche Gedichte des 18. Jahrhunderts. Herausgegeben von Klaus Bohnen. Philipp Reclam jun. Verlag, Stuttgart 1987

Johann Wolfgang Goethe · 28. 8. 1749 Frankfurt am Main – 22 3. 1832 Weimar
Amor als Landschaftsmaler. Aus: Goethes Gedichte in zeitlicher Reihenfolge. Insel Verlag Franfurt am Main 1982

Fritz Graßhoff · 9. 12. 1913 Quedlingburg/Harz
Anekdote. Aus: Die große Halunkenpostille. Songs/Balladen/Moritaten. Deutscher Taschenbuch Verlag, München 1963. Mit freundlicher Genehmigung des Autors

Albert Paris von Gütersloh (eig. Albert Conrad Kiehtreiber) · 5. 2. 1887 Wien – 16. 5. 1973 Baden b. Wien
Die Fabel von der Malerei. Aus: Die Menschenfreunde. Erzählungen I. © R. Piper GmbH & Co.KG, München 1987

Peter Härtling · 13. 11. 1933 Chemnitz
Der Satz des Malers. Aus: Die Gedichte 1953-1987. Luchterhand Literaturverlag GmbH, Frankfurt am Main 1989. © 1995 by Verlag Kiepenheuer & Witsch Köln

Hugo Hartung · 17. 9. 1902 Netzschkau/Vogtl.-2. 5. 1972 München
Korbinian oder das Ende der Kunst. Aus: Die glitzernde Marietta. Erzählungen. Droste Verlag, Düsseldorf 1962

Christian Friedrich Hebbel · 18. 3. 1813 Wesselburen in Dithmarschen – 13. 12. 1863 Wien
Der Maler. Aus: Hebbels Werke in zehn Teilen. Bd. 1-2. Deutsches Verlagshaus Bong & Co., Berlin o. J.

Helmut Heissenbüttel · 21. 6. 1921 Rüstringen b. Wilhelmshaven
Der Wassermaler. Aus: Textbücher 1-6. Verlag Klett-Cotta, Stuttgart 1980

O. Henry (eig. William Sidney Porner) · 11. 9. 1862 Greensboro (N. C.) – 5. 6. 1910 New York

Das letzte Blatt. Aus: Die klügere Jungfrau. Gesammelte Stories I. Walter-Verlag AG, Olten 1973

Werner Herbst · 20. 1. 1943 Wien

Zeichen der Stille und Zeichen der Fülle. Zu den Arbeiten des Malers Hans Kienesberger (Auszug). Aus: Freibord, Wien 1990. Mit freundlicher Genehmigung des Autors

Hermann Hesse · 2. 7. 1877 Calw/Württ. – 9. 8. 1962 Montagnola/ Schweiz

Der Maler. Aus: Märchen. Suhrkamp Verlag Frankfurt am Main 1981

Hoffmann von Fallersleben (eig. August Heinrich Hoffmann) · 2. 4. 1798 Fallersleben bei Braunschweig – 19. 1. 1874 Schloß Corvey a. d. Weser

Die freien Künste. Aus: Auswahl in drei Bänden. Bd. 1-2. Deutsches Verlagshaus Bong & Co., Berlin o. J.

Aldous Huxley · 26. 7. 1894 Godalming – 22. 11. 1963 Hollywood

Das Porträt. Aus: Die Reise zum wonnigen Fisch. Verlag Paul Neff KG, Wien o. J. © R. Riper GmbH & Co. KG, München 1988

Gerhard Jaschke · 7. 4. 1949 Wien

Zu Gast in einem Bild von Magritte? (Hier erstmals mit freundlicher Genehmigung des Autors veröffentlicht)

Jüdische Erzählung: Zwei Künste. Aus: Der Born Judas. Legenden, Märchen und Erzählungen. Gesammelt von Micha Josef bin Gorion. Herausgegeben und mit einem Nachwort von Emanuel bin Gorion. Insel-Verlag, Wiesbaden 1959

Franz Kafka · 3. 7. 1883 Prag – 3. 6. 1924 Sanatorium Kierling b. Wien

Josef K. und der Maler. Aus: Der Prozeß. Roman. Fischer Taschenbuch Verlag GmbH, Frankfurt am Main 1976.

Erich Kästner · 23. 2. 1899 Dresden – 29. 7. 1974 München

Nekrolog für den Maler E. H. Aus: Gesammelte Schriften für Erwachsene. Atrium Verlag Zürich 1969 © by Erich Kästner Erben, München

Yaak Karsunke · 4. 6. 1934 Berlin

portraits of artists. Aus: Literaturmagazin 6/76. Herausgegeben von Hans C. Buch. Rowohlt Verlag, Reinbek b. Hamburg. Mit freundlicher Genehmigung des Autors

Heinrich von Kleist · 18. 10. 1777 Frankfurt/O. – 21. 11. 1811 Wannsee b. Potsdam

Der Brief eines Malers an seinen Sohn. Aus: Sämtliche Werke. Herausgegeben von Hans Jürgen Meinerts. Sigbert Mohn Verlag, Gütersloh o. J.

Jiri Kolár · 24. 9. 1914 Protivín

Das sprechende Bild. Aus: Das sprechende Bild. Poeme – Collagen – Poeme. Suhrkamp Verlag Frankfurt am Main 1971. © Dilia

Theodor Kramer · 1. 1. 1897 Niederhollabrunn/Niederösterr. – 3. 4. 1958 Wien

Der alte Maler. Aus: Gesammelte Gedichte. Bd. II. © Europaverlag Wien, 1985

Günter Kunert · 6. 3. 1929 Berlin

Das Bild der Schlacht am Isonzo. Aus: Die Schreie der Fledermäuse. Carl Hanser Verlag, München 1979

Kurt Kusenberg · 24. 6. 1904 Göteborg – 3. 10. 1983 Hamburg

Der letzte Pinselstrich. Aus: Mal was anderes! © 1969 by Rowohlt Verlag GmbH, Reinbek

Antoine Houdart de La Motte · 18. 1. 1672 Paris – 26. 12. 1731 ebda.

Das Ebenbild. Aus: Lessings sämtliche Werke. (Übersetzung). Walter de Gruyter & Co., Berlin 1979

Siegfried Lenz · 17. 3. 1926 Lyck/Masuren

Malverbot. Aus: Deutschstunde. Roman. © Hoffmann und Campe Verlag, Hamburg 1968

Rainer Malkowski · 26. 12. 1939 Berlin

Mein Freund, der Maler. Aus: Einladung ins Freie. Gedichte. Suhrkamp Verlag Frankfurt am Main 1977

Carlo Manzoni · 28. 3. 1909 Gargnano Garda

Der Maler. Aus: Die Lügengeschichten des Carlo Manzoni. Deutscher Taschenbuch Verlag, München 1970. © by Langen Müller in der F. A. Herbig-Verlagsbuchhandlung GmbH, München.

Kurt Marti · 31. 1. 1921 Bern

Maler. Aus: Zärtlichkeit und Schmerz. Notizen. Hermann Luchterhand Verlag GmbH, Darmstadt/Neuwied 1981. Mit freundlicher Genehmigung des Autors

Guy de Maupassant · 5. 8. 1850 Schloß Miromesnil (Seine-Inférieure) – 7. 7. 1893 Passy bei Paris

Das Modell. Aus: Weitere fünfzig Novellen. N. O. Scarpi. Manesse Bibliothek der Weltliteratur. Manesse Verlag, Zürich 1967

André Maurois (eig. Émile Herzog) · 26. 7. 1885 Elbeuf – 9. 10. 1967 Paris
Die Geburt eines Meisters. Aus: Zeitgenössische Französische Erzählungen. Übersetzung von Ulrich F. Müller. Langewiesche Brandt Verlag, Ebenhausen b. München 1958

Johann Heinrich Merck (eig. Johann Heinrich Reimhardt der Jüngere) 11. 4. 1741 Darmstadt – 27. 6. 1791 ebda.
Michel Angelo. Aus: Werke. Herausgegeben von Arthur Henkel. Insel Verlag Frankfurt am Main 1968

Conrad Ferdinand Meyer · 11. 10. 1825 Zürich – 28. 11. 1898 Kilchberg b. Zürich
Nach einem Niederländer. Aus: Gedichte und Balladen. Nymphenburger Verlagshandlung, München 1985

Christian Morgenstern · 6. 5. 1871 München – 31. 3. 1914 Meran
Der Maler. Aus: Ausgewählte Werke. Lyrik. Gustav Kiepenheuer Verlag, Leipzig/Weimar 1985

Friedrich Wilhelm Nietzsche · 15. 10. 1844 Röcken b. Lützen – 25. 8. 1900 Weimar
Der realistische Maler. Aus: Die Fröhliche Wissenschaft. Alfred Körner Verlag, Stuttgart 1956

Erika Pdretti
Das Modell. Aus: Valerie oder Das unerzogene Auge. Suhrkamp Verlag Frankfurt am Main 1986

Johann Heinrich Pestalozzi · 12. 1. 1746 Züruch – 17. 2. 1827 Brugg
Der Menschenmaler. Aus: Gesammelte Werke in zehn Bänden. Bd. 4. Herausgegeben von Emile Bossart (u. a.). Rascher Verlag, Zürich 1946

Philander (eigt. Johann Burkhard Mencke) · 1674 Pleißestadt – 1732 Leipzig
Die größte Kunst. Aus: Das neue Narrenschiff. Schwänke und Anekdoten aus vier Jahrhunderten. Herausgegeben von Heinz Grothe. Henry Goverts Verlag GmbH, Stuttgart 1968

Heinz Piontek · 15. 11. 1925 Kreuzburg/Oberschlesien
Am Künstlerstammtisch. Aus: Anhalten um eine Hand. Ausgewählte Erzählungen © Bergstadtverlag Wilhelm Gottlieb Korn, Würzburg 1990

Edgar Allan Poe · 19. 1. 1809 Boston – 7. 10. 1849 Baltimor
Das ovale Porträt. Aus: Ausgewählte Werke. Herausgegeben von Günter Gentsch. Insel Verlag Frankfurt am Main und Leipzig 1990

Alfred Polgar · 17. 10. 1873 Wien – 24. 4. 1955 Zürich
Auf Holz gemalt. Aus: Kleine Schriften. Bd. II. Herausgegeben von Marcel Reich-Ranicki. Copyright © 1983 by Rowohlt Verlag GmbH, Reinbek

Jacques Prévert · 4. 1. 1900 Neuilly-sur-Seine – 11. 4. 1977 Omonvill-la-Petite
Picasso geht spazieren. Aus: Gedichte und Chansons. Übersetzt von Kurt Kusenberg. Copyright © 1962 by Rowohlt Verlag GmbH, Reinbek

Sigismund von Radecki · 19. 11. 1891 Riga – 13. 3. 1970 Gladbeck/Westf.
Du bist der Mann! Aus: Das ABC des Lachens. Rowohlt Verlag GmbH, Hamburg 1953. Mit freundlicher Genehmigung von Frau Ruth Weilandt

Jean Rhys (eig. Gwen Williams) · 24. 8. 1894 Roseau/Dominica (Westindien) – 14. 5. 1979 Devonshire
Tee bei einem Künstler. Aus: Adieu Marcus, adieu Rose. Erzählungen. Rogner & Bernhard bei Zweitausendeins, München 1985

Rainer Maria Rilke · 4. 12. 1875 Prag – 29. 12. 1926 Val Mont b. Montreaux
Wladimir der Wolkenmaler. Aus: Sämtliche Werke. Bd. IV. Frühe Erzählungen und Dramen. Insel Verlag Frankfurt am Main 1961

Joachim Ringelnatz (eig. Hans Bötticher) · 7. 8. 1883 Wurzen – 17. 11. 1934 Berlin
Maler und Tierfreund. Aus: Gesamtwerk in sieben Bänden. © 1994 by Diogenes Verlag AG Zürich

Alexander Roda Roda (eig. Sandór Friedrich Rosenfeld) · 13. 4. 1872 Puszta Zdenci/Slavonien – 20. 8. 1945 New York
Malerei (Auszug). Aus: Das große Roda Roda-Buch. © Paul Zsolnay Verlag Gesellschaft m.b.H., Wien/Darmstadt 1988

Nelly Sachs · 10. 12. 1891 Berlin – 12. 5. 1970 Stockholm
Die Malerin. Aus: Fahrt ins Staublose. Gedichte. Suhrkamp Verlag Frankfurt am Main 1961

Richard von Schaukal · 27. 5. 1874 Brünn – 10. 10. 1942 Wien
Goya. Aus: Deutsche Lyrik seit Liliencron. Herausgegeben von Hans Bethge. Hesse & Becker Verlag, Leipzig o. J. Mit freundlicher Genehmigung von Frau Barbara Schaukal

Wieland Schmied · 5. 2. 1929 Frankfurt am Main
Francis Bacon malt den Papst des Velazquez. Aus: Schach mit Marcel Duchamp und andere Gedichte für Künstler. Ernst Klett Verlag, Stuttgart 1980. Mit freundlicher Genehmigung des Autors

Valentin Schumann um 1520 Leipzig – Todesdatum unbekannt
Der Auftrag. Aus: Die Musen lächeln. Herausgegeben von Helmuth Leonhardt. Verlag der Freizeitbibliothek, Hamburg o. J.

Kurt Schwitters · 20. 6. 1887 Hannover – 8. 1. 1948 Ambleside
Der junge Kunstmaler Meier. Aus: Das literarische Werk. Bd. III, © Verlag M. DuMont Buchverlag, Köln 1975

Carl Spitzweg · 24. 4. 1845 Liestal/Schweiz – 29. 12. 1924 Luzern
Maler-Schnadahüpfel. Aus: Und abends tu ich dichten. Gedichte und Zeichnungen. Deutscher Taschenbuch Verlag, München 1979

Theodor Storm · 14. 9. 1817 Husum/Schleswig – 4. 7. 1888 Hademarschen/Holst.
Eine Malerarbeit (Auszug). Aus: Gesammelte Werke. Novellen II. Nymphenburger Verlagshandlung GmbH, München 1981

B.(runo) *Traven* · 1882 (?) – 26. 3. 1969 Mexico City
Malkunst. Aus: Werkausgaben in Einzelbänden. Bd. XIII. Herausgegeben von Edgar Päßler. Büchergilde Gutenberg, Frankfurt am Main 1983. Mit freundlicher Genehmigung der Studienbibliothek zur Geschichte der Arbeiterbewegung

Anton Pawlowitsch Tschechow · 29. 1. 1860 Taganrog – 15. 7. 1904 Badenweiler
Talent. Aus: Vom Regen in die Traufe. Deutsch von Gerhard Dick. Rütten & Loening Verlag, Berlin 1974

Kurt Tucholsky · 9. 1. 1890 Berlin – 21. 12. 1935 Hindas b. Göteborg
Das Bildnis. Aus: Gesammelte Werke. Bd. III. Herausgegeben von Fritz J. Raddatz und Mary Gerold-Tucholsky. Copyright © 1960 by Rowohlt Verlag GmbH, Reinbek

Thomas Valentin · 13. 1. 1922 Weilburg/Lahn – 22. 12. 1980 Lippstadt
Vincent malt einen Stuhl. Aus: Jugend einer Studienrätin. Claassen Verlag, Düsseldorf 1974

Robert Walser · 15. 4. 1878 Biel – 25. 12. 1956 Herisau
Maler, Poet und Dame. Aus: Gesammelte Werke. Suhrkamp Verlag Frankfurt am Main

F(ranz) *C*(arl) *Weiskopf* · 3. 4. 1900 Prag – 14. 9. 1955 Berlin

Souvenir. Aus: Gesammelte Werke. Bd. VI. Dietz Verlag, Berlin 1960. © Aufbau-Verlag Berlin und Weimar

Alfred Wolfenstein · 28. 12. 1883 Halle/Saale – 22. 1. 1945 Paris

Keine Rolle. Aus: Werke. Bd. III. © Hase & Koehler Verlag, Mainz 1985

Albin Zollinger · 24. 1. 1895 Zürich – 7. 11. 1941 ebda.

Der kunstreiche Maler. Aus: Werke. Bd. V. Prosastücke. Herausgegeben von Silvia Weimar. Artemis Verlag, München/Zürich 1983

Die mit einem * versehenen Überschriften stammen vom Herausgeber

Kunst und Musik
im insel taschenbuch

Oskar Bätschmann: Edouard Manet. Der Tod des Maximilian. Eine Kunst-Monographie. Mit Abbildungen und einer farbigen Klapptafel. it 1482

Besuche im Städel. Betrachtungen zu Bildern. Herausgegeben von Klaus Gallwitz. Mit biographischen Notizen von Dolf Sternberger. it 939

Gottfried Boehm: Paul Cézanne. Montagne Sainte-Victoire. Eine Kunst-Monographie. Mit Abbildungen und einer farbigen Klapptafel. it 826

Roland Bothner: Auguste Rodin. Die Bürger von Calais. Eine Kunst-Monographie. Mit Abbildungen und einer farbigen Klapptafel. it 1483

Cézanne. Leben und Werk in Texten und Bildern. Von Margret Boehm-Hunold. it 1140

George Clémenceau: Claude Monet. Betrachtungen und Erinnerungen eines Freundes. Mit farbigen Abbildungen und einem Nachwort von Gottfried Boehm. it 1152

Das Evangeliar Heinrichs des Löwen. Erläutert von Elisabeth Klemm. Mit farbigen Bildtafeln. it 1121

Die Familie Mendelssohn. 1729 bis 1847. Nach Briefen und Tagebüchern herausgegeben von Sebastian Hensel. it 1671

Esther Gallwitz: Kleiner Kräutergarten. Kräuter und Blumen bei den Alten Meistern im Städel. Mit farbigen Abbildungen. it 1420

Sebastian Goeppert / Herma Goeppert-Frank: Pablo Picasso. Minotauromachie. Mit zahlreichen Abbildungen und einer Klapptafel. it 1533

Goethes Gedanken über Musik. Eine Sammlung aus seinen Werken, Briefen, Gesprächen und Tagebüchern. Herausgegeben von Hedwig Walwei-Wiegelmann. Mit achtundvierzig Abbildungen, erläutert von Hartmut Schmidt. it 800

Vincent van Gogh: Briefe an seinen Bruder. Drei Bände in Kassette. Herausgegeben von Johanna Gesina van Gogh-Bongers. Deutsch von Leo Klein-Diepold und Carl Einstein. Mit farbigen Abbildungen. it 954

– Feuer der Seele. Gedanken zum Leben, zur Liebe und zur Kunst. Ausgewählt aus seinen Briefen und mit einem Nachwort versehen von Ursula Michels-Wenz. it 1265

Van Gogh in seinen Briefen. Mit Abbildungen. it 177

Herman Grimm: Das Leben Michelangelos. it 1758

Gernot Gruber: Mozart. Leben und Werk in Texten und Bildern. Von Gernot Gruber. it 1695

157/1/12.95